PRONTO PARA USAR E AMPLIAR
SEGUNDO VOLUME JAVA

NILSON440@GMAIL.COM

I0408511

Escritor (Marcel Candido da Silva) preto, assassinado ao meio-dia calçadão de copacabana posto 2 (23/03/2020). Até no YOUTUBE o vídeo explicativo foi desativado demonstrando o braço forte e o dedo no gatilho pelo Estado racista. A cada 23 minutos(ONU) um preto é assassinado no Brazil pelo braço armado do estado e sem punição.

SUMÁRIO

PRONTO PARA USAR E AMPLIAR

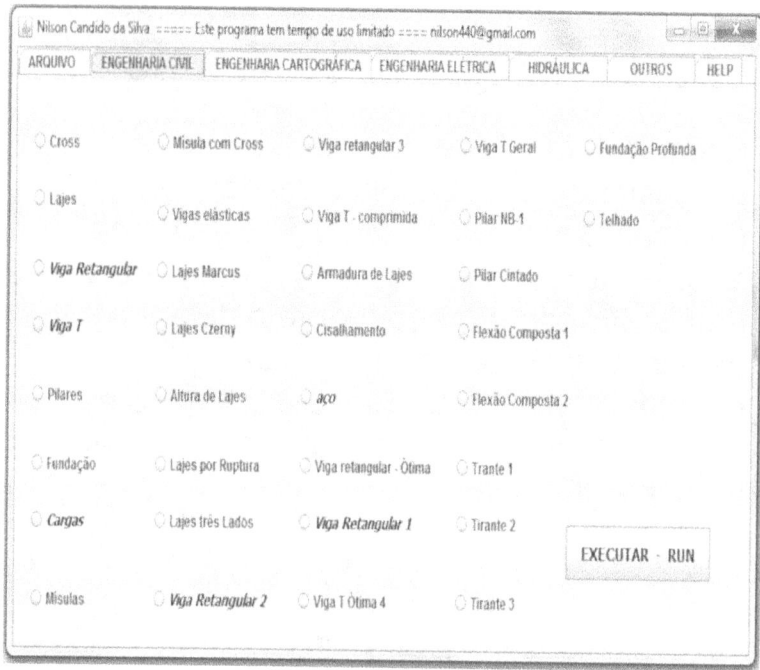

package main_12;

import javax.swing.JOptionPane;

import view.nilson_12_GUI;

```java
/**
 *
 * @author pc
 */
public class Main_12 {

    /**
     * @param args the command line arguments
     */
    public static void main(String[] args) {

        String st,so = "";
            for(int i = 0; i < args.length; i++) {
            so = so + args[i];   } st = so.trim();
        if (!(st.equals ("Tecla1996")))
        { JOptionPane.showInternalMessageDialog(null,"
Contate nilson440@gmail.com"); System.exit(0); }
            new nilson_12_GUI().setVisible(true);
    }
}


package view;

import java.io.File;
import java.io.FileWriter;
import java.io.IOException;
import javax.swing.JOptionPane;
```

3

```java
public class arquivo {
    public static void Write(String Texto){
        File arq = new File("nilson1.txt");
        if (!(arq.exists())){
        try {
        arq.createNewFile();
        } catch (IOException e) {

JOptionPane.showMessageDialog(null,"NilsonStart
=====  Contate nilson440@gmail.com");
        System.exit(0);
        }
        }
        try{
          FileWriter arqu = new FileWriter("nilson1.txt");

        arqu.write(Texto);
        arqu.flush();
        } catch (IOException e) {

JOptionPane.showMessageDialog(null,"NilsonStart
======   Contate nilson440@gmail.com");
        System.exit(0);}


    }
}
/*
```

```java
 * Click
nbfs://nbhost/SystemFileSystem/Templates/Licenses/li
cense-default.txt to change this license

 * Click
nbfs://nbhost/SystemFileSystem/Templates/Classes/C
lass.java to edit this template
 */

package view;


import javax.swing.text.AttributeSet;

import javax.swing.text.BadLocationException;

import javax.swing.text.PlainDocument;


/**
 *
 * @author  nilson440@gmail.com
 */

public class entDados
    extends PlainDocument{


  public enum TipoEntrada {

    NUMEROINTEIRO,
NUMERODECIMAL,ZERODECIMAL,
INTZERODECIMAL,NOME, EMAIL, DATA,TUDU;

  };

  private int qtdCaracteres;

  private TipoEntrada tpEntrada;
```

```java
    public entDados(int qtdCaracteres, TipoEntrada
tpEntrada) {
        this.qtdCaracteres = qtdCaracteres;
        this.tpEntrada = tpEntrada;
    }
    @Override
    public void insertString(int i, String string,
AttributeSet as) throws BadLocationException {
        if (string == null || getLength() == qtdCaracteres){
            return;
        }
        int totalCarac = getLength() + string.length();

        String regex = "";
        switch(tpEntrada){
        case NUMEROINTEIRO: if(getLength() == 0)
regex = "[^1-9]"; else regex = "[^0-9]"; break;


        case NUMERODECIMAL: if(getLength() == 0)
regex = "[^1-9]"; else
                        if
(getText(0,getLength()).contains(".")) regex = "[^0-9]";
else regex = "[^0-9.]"; break;


        case ZERODECIMAL:   if(getLength() == 0)
regex = "[^0]"; else
                        if (getLength() == 1) regex =
"[^.]"; else regex = "[^0-9]"; break;
```

```java
        case INTZERODECIMAL:  if(getLength() == 0)
regex = "[^0-9]"; else  if
(getText(0,getLength()).contains("0") && getLength()
== 1) regex = "[^.]";
                        else if
(getText(0,getLength()).contains(".")) regex = "[^0-9]";
else regex = "[^0-9.]"; break;


        case NOME:        regex = "[^\\p{IsLatin} ]";
break;
        case EMAIL:        regex = "[^\\p{IsLatin}@.\\-
_][^0-9/]"; break;
        case DATA:        regex = "[^0-9/]"; break;
        case TUDU:        regex =
"^[(]\\p{L}&&[\\p{IsLatin}]]|0-9||´|-]+$"; break;
    }
    string = string.replaceAll(regex, "");


    if (totalCarac <= qtdCaracteres){
        super.insertString(i, string, as);
    }else{
        String nova = string.substring(0,
qtdCaracteres);
        super.insertString(i, nova, as);
    }
  }
}


package view;
```

```java
import java.io.BufferedReader;
import java.io.FileReader;
import javax.swing.JFrame;
import javax.swing.JScrollPane;
import javax.swing.JTextArea;

/**
 *
 * @author pc
 */
public class scroll extends JFrame{
 private JScrollPane jScrollPane;
   private JTextArea jTextArea ;
   private static final String FILE_PATH="nilson12.txt";

   public scroll() {
      try {
         jTextArea = new JTextArea(24, 31);

         jTextArea.read(new BufferedReader(new
FileReader(FILE_PATH)), null);

      } catch (Exception e){

         e.printStackTrace();
      }
```

```java
setTitle("Nilson440@gmail.com  se encontrar alguma
divergência documente com cálculos e envia pra ser
corrigido.  NILSON12.TXT");
    jScrollPane = new JScrollPane(this.jTextArea);
    this.add(this.jScrollPane);
    this.setSize(800, 400);

setDefaultCloseOperation(DISPOSE_ON_CLOSE);
    this.setVisible(true);
  }
    }
```

```java
/*
 * Click
nbfs://nbhost/SystemFileSystem/Templates/Licenses/li
cense-default.txt to change this license
 * Click
nbfs://nbhost/SystemFileSystem/Templates/GUIForms
/JFrame.java to edit this template
 */
package view;
```

```java
import java.io.BufferedWriter;

import java.io.File;

import java.io.FileWriter;

import java.io.IOException;

import java.text.DecimalFormat;

import javax.swing.JOptionPane;

import static
view.entDados.TipoEntrada.INTZERODECIMAL;

import static
view.entDados.TipoEntrada.NUMEROINTEIRO;

import static view.entDados.TipoEntrada.TUDU;


/**
 *
 * @author pc
 */
public class nilson_12_GUI extends
javax.swing.JFrame {


DecimalFormat d2 = new DecimalFormat("##
###.##");

    DecimalFormat d1 = new DecimalFormat("##
###.#");

    DecimalFormat d0 = new DecimalFormat("## ###");

 public static final  double[] Ciot =
{0.121,0.244,0.357,0.465,0.565,0.657,0.742,0.811,0.8
72

,0.917,0.955,0.987,1.0 ,1.0 ,1.0 ,1.0 ,1.0 ,1.0,1.0
,1.0 ,1.0 ,1.0 ,1.0 ,1.0 ,1.0 ,1.0 ,1.0
```

,1.0 ,1.0 ,1.0 ,1.0 ,1.0 ,1.0};

public static final double[]CepsilonC =
{0.20,0.42,0.64,0.87,1.11,1.36,1.63,1.90,2.20,2.50

,2.82,3.16,3.50,3.50,3.50,3.50,3.50,3.50,3.50,3.50,3.5
0,3.50,3.50,3.50,3.50,3.50,3.50,3.50,3.50,3.50,3.50,3.
50,3.50};

public static final double[]CepsilonA =
{10.0,10.0,10.0,10.0,10.0,10.0,10.0,10.0,10.0,10.0,10.
0

,10.0,10.0,9.00,8.17,7.44,6.79,6.22,5.71,5.25,4.83,4.4
5

,4.11,3.79,3.59,3.23,3.00,2.75,2.53,2.33,2.15,1.97,1.8
};

public static final double[]CKx=
{0.02,0.04,0.06,0.08,0.10,0.12,0.14,0.16,0.18,0.20

,0.22,0.24,0.26,0.28,0.30,0.32,0.34,0.36,0.38,0.40,0.4
2,0.44,0.46,0.48,0.50,0.52,0.54,0.56,0.58,0.60,0.62,0.
64,0.66};

public static final double[]CKz =
{0.99,0.98,0.98,0.97,0.96,0.95,0.94,0.94,0.93,0.92

,0.91,0.90,0.90,0.89,0.88,0.87,0.86,0.86,0.85,0.84,0.8
3,0.82,0.82,0.81,0.80,0.79,0.78,0.78,0.77,0.76,0.75,0.
74,0.74};

public static final double[]Cfck110 =
{88.4,44.2,29.9,22.8,18.6,15.8,13.8,12.4,11.4,10.5

,9.92,9.38,8.94,8.67,8.42,8.20,8.00,7.78,7.61,7.46,7.3
3,7.2,7.04,6.94,6.84,6.75,6.67,6.55,6.47,6.41,6.34,6.2
9,6.19};

public static final double[]Cfck135
={79.8,39.9,27.0,20.6,16.8,14.3,12.5,11.2,10.2,9.5

,8.93,8.46,8.07,7.82,7.60,7.40,7.22,7.02,6.87,6.74,6.6
1,6.50,6.36,6.26,6.17,6.09,6.02,5.91,5.84,5.78,5.73,5.
67,5.59};

public static final double[] Cfck150
={75.7,37.9,25.6,19.5,15.9,13.5,11.9,10.6,9.70,9.02

,8.47,8.03,7.66,7.42,7.21,7.02,6.85,6.66,6.52,6.39,6.2
7,6.17,6.03,5.94,5.86,5.78,5.71,5.61,5.54,5.49,5.43,5.
38,5.30};

public static final double[]Cfck180
={69.1,34.6,23.3,17.8,14.5,12.4,10.8,9.68,8.86,8.23

,7.73,7.33,6.99,6.77,6.58,6.41,6.25,6.08,5.95,5.83,5.7
3,5.63,5.51,5.42,5.35,5.28,5.21,5.12,5.06,5.01,4.96,4.
91,4.84};

public static final double[] Cfck200
={65.5,32.8,22.1,16.9,13.8,11.7,10.3,9.19,8.40,7.81

,7.33,6.95,6.63,6.43,6.24,6.08,5.93,5.77,5.65,5.54,5.4
3,5.34,5.22,5.15,5.07,5.01,4.94,4.85,4.80,4.75,4.71,4.
66,4.59};

public static final double[]Cfck220
={62.5,31.3,21.1,16.1,13.1,11.2,9.79,8.76,8.01,7.44

,7.00,6.63,6.32,6.13,5.95,5.80,5.66,5.50,5.38,5.28,5.1
8,5.09,4.98,4.91,4.84,4.77,4.71,4.63,4.58,4.53,4.49,4.
45,4.38};

public static final double[] Cfck240
={59.8,29.9,20.2,15.4,12.6,10.7,9.37,8.39,7.67,7.13

,6.70,6.34,6.05,5.87,5.70,5.55,5.42,5.26,5.15,5.05,4.9
6,4.88,4.77,4.70,4.63,4.57,4.51,4.43,4.38,4.34,4.30,4.
26,4.19};

public static final double[] Cfck260
={57.5,28.8,19.4,14.8,12.1,10.3,9.01,8.06,7.37,6.85

,6.43,6.09,5.82,5.64,5.48,5.33,5.20,5.06,4.95,4.85,4.7
7,4.68,4.58,4.51,4.45,4.39,4.34,4.26,4.21,4.17,4.13,4.
09,4.03};

public static final double[] CCA25
={2.14,2.13,2.12,2.10,2.08,2.06,2.05,2.04,2.02,2.00

,1.98,1.97,1.96,1.94,1.92,1.90,1.86,1.85,1.84,1.82,1.8
0,1.78,1.77,1.76,1.74,1.72,1.70,1.69,1.68,1.66,1.64,1.
60,1.59};

public static final double[]CCA40
={3.44,3.42,3.40,3.37,3.34,3.30,3.28,3.27,3.23,3.20

,3.17,3.15,3.13,3.10,3.06,3.03,2.99,2.97,2.96,2.92,2.8
9,2.87,2.85,2.82,2.75,2.67,2.57,2.51,2.47,2.38,2.32,2.
24,2.09};

public static final double[]CCA50
={4.30,4.28,4.26,4.22,4.17,4.13,4.10,4.08,4.04,4.00

,3.96,3.94,3.91,3.87,3.83,3.78,3.76,3.74,3.70,3.65,3.6
1,3.59,3.57,3.45,3.34,3.22,3.12,3.05,2.95,2.81,2.54,2.
31,2.24};

public static final double[]CCA60
={5.17,5.14,5.11,5.06,5.00,4.96,4.93,4.90,4.85,4.80

,4.75,4.73,4.70,4.64,4.59,4.54,4.51,4.48,4.43,4.38,4.3
3,4.30,4.15,4.02,3.88,3.75,3.62,3.41,3.03,2.84,2.71,2.
53,2.41};

public static final double[] CDiamAco =
{5,6.3,8,10,12.5,16,20,22.2,25,32};

public static final double[] CasAco =
{0.196,0.312,0.503,0.785,1.23,2.01,3.14,3.87,4.91,8.0
4};

public static final double[]CK40 =
{1,0.985,0.925,0.865,0.861,0.876,0.891,0.906,0.921,0
.936,0.951,0.966,0.981,0.996,1,1,1,1,1};

```java
public static final  double[]CKepsilon =
{1,1.2,1.4,1.6,1.8,2,2.2,2.4,2.6,2.8,3,3.2,3.4,3.6,3.8,4,
4.2,4.4,4.6};

public static final  double[]CK50 =
{1,1,1,0.985,0.925,0.865,0.861,0.876,0.891,0.906,0.9
21,0.936,0.951,0.966,0.981,0.996,1,1,1};

public static final  double[]CK60 =
{1,1,1,1,0.988,0.947,0.907,0.859,0.859,0.874,0.889,0.
904,0.919,0.934,0.949,0.964,0.979,0.994,1};


int Tipo_aco,fck,i;


   double
Md,MDTorc,MomentoMd,Eh,BwLarg,AltViga,Recobri,
DimAs,DAgreg,comprViga,

DimEstribo,numBTracao,NumBcompr,NumBarr,espac
ototalbarrasC,espacototalbarrasT,

DlinhaT,DlinhaC,asTracao,AsCompr,deltaMd,MdT,kii,
LinNeutr,asMin,

AsCalcEstribo,AsMinEstribo, EspEstribo
,DmaxEstribo,talWd,

talwdviga,talwdmax,PpRev,SCarg,flechaMD,AsTorc,B
wPeLarg,espessLaj,AlfaMin,KiiMin,

KxMin,KzMin,EpsiloncMin,EpsiloncMaxMin,iotMin,Alfa
,Kx,Kz,Epsilonc,EpsiloncMax,Iot;

byte tipoC,tipoT,tipo,x,y;

String
NomeViga,comunica,comunica1,comunicaC,comunica
T,ComunicaTorc;

File arquiv = new File ("nilson12.txt");
```

```java
public  void minimo () {

 switch (Tipo_aco) {

case 25: AlfaMin=1.59;KzMin= 0.74;KxMin= 0.66;

EpsiloncMin=1.80;EpsiloncMaxMin=3.5;iotMin=1.00;

switch (fck) {case 110:KiiMin=6.19;break; case
135:KiiMin=5.59; break; case 150:KiiMin=5.30;

break; case 180:KiiMin=4.84; break; case
200:KiiMin=4.59;break; case 220:KiiMin=4.38;break;
case 240:KiiMin=4.19;

break; case
260:KiiMin=4.03;break;}Alfa=CCA25[i];break;




case 40:  AlfaMin =2.82;KzMin = 0.81;KxMin = 0.48;

EpsiloncMin =3.79;EpsiloncMaxMin =3.50;iotMin
=1.00;

switch (fck) { case 110:KiiMin =6.94;break; case
135:KiiMin =6.26;

break; case 150:KiiMin =5.94;break; case
180:KiiMin=5.42;break; case 200:KiiMin=5.15;break;
case 220:KiiMin=4.91;break; case 240:KiiMin=4.70;

break; case 260:KiiMin =4.51;break;}Alfa
=CCA40[i];break;


case 50:AlfaMin=3.57;KzMin= 0.82;KxMin= 0.46;

EpsiloncMin=4.11;EpsiloncMaxMin=3.5;iotMin=1.00;

switch (fck) {case 110: KiiMin=7.04; break; case
135:KiiMin=6.36;break; case 150:KiiMin=6.03;
```

```java
break; case 180:KiiMin=5.51; break; case
200:KiiMin=5.22;break; case 220:KiiMin=4.98;break;
case 240:KiiMin=4.77;

break; case 260:KiiMin=4.58;break;}
Alfa=CCA50[i];break;


case 60:  AlfaMin=4.33;KzMin= 0.83;KxMin= 0.42;

EpsiloncMin=4.83;EpsiloncMaxMin=3.50;iotMin=1.00;

switch (fck) {  case 110:KiiMin=7.33;break; case
135:KiiMin=6.61;break; case 150:KiiMin=6.27;

break; case 180:KiiMin=5.73;break; case
200:KiiMin=5.43;break; case 220:KiiMin=5.18;break;
case 240:KiiMin=4.96;

break; case 260:KiiMin=4.77;break;}
Alfa=CCA60[i];break;}


Kz = CKz[i];Kx = CKx[i];Epsilonc = CepsilonC[i];

EpsiloncMax = CepsilonA[i];Iot = Ciot[i];

}
    /**
     *
     * @param stri
     */
    public void Ffck110(double stri){
        int j;
        for ( j = 0; j < Cfck110.length; j++) {
        if (stri == Cfck110[j]) {i=j; break;}
         if (stri > Cfck110[j]) {i=j-1; break;}}
        minimo();
```

```java
    }


    public void Ffck135(double stri){
        int j;
        for ( j = 0; j < Cfck135.length; j++) {
         if (stri == Cfck135[j]) {i=j; break;}
          if (stri > Cfck135[j]) {i=j-1; break;}}
          minimo();
        }
      public void Ffck150(double stri){
        int j;
        for ( j = 0; j < Cfck150.length; j++) {
         if (stri == Cfck150[j]) {i=j; break;}
          if (stri > Cfck150[j]) {i=j-1; break;}}
         minimo();
        }
    public void Ffck180(double stri){
        int j;
        for ( j = 0; j < Cfck180.length; j++) {
         if (stri == Cfck180[j]) {i=j; break;}
          if (stri > Cfck180[j]) {i=j-1; break;}}
        minimo();
        }
    public void Ffck200(double stri){
        int j;
        for ( j = 0; j < Cfck200.length; j++) {
```

```java
        if (stri == Cfck200[j]) {i=j; break;}
         if (stri > Cfck200[j]) {i=j-1; break;}}
        minimo();
       }
   public void Ffck220(double stri){
       int j;
       for ( j = 0; j < Cfck220.length; j++) {
        if (stri == Cfck220[j]) {i=j; break;}
         if (stri > Cfck220[j]) {i=j-1; break;}}
        minimo();
       }
   public void Ffck240(double stri){
       int j;
       for ( j = 0; j < Cfck240.length; j++) {
        if (stri == Cfck240[j]) {i=j; break;}
         if (stri > Cfck240[j]) {i=j-1; break;}}
        minimo();
       }

   public void Ffck260(double stri){
       int j;
       for ( j = 0; j < Cfck260.length; j++) {
        if (stri == Cfck260[j]) {i=j; break;}
         if (stri > Cfck260[j]) {i=j-1; break;}}
        minimo();
       }
```

```
public void ProcFck(){
switch (fck) {
    case 110:Ffck110(kii);    break;
    case 135:Ffck135(kii);    break;
    case 150:Ffck150(kii);    break;
    case 180: Ffck180(kii);   break;
    case 200: Ffck200(kii);   break;
    case 240: Ffck240(kii);   break;
    case 260: Ffck260(kii);   break;};
            }


public void AsViga27(){
//{  calcula a área de aço como pag 123 susekind}
double talsd;


kii=(DlinhaT)/Math.sqrt(Md/(BwLarg/100));
ProcFck();
if (Kx>KxMin)  comunica="Seção com armadura de
compressão.";
if (Kx<0.26)   comunica="Seção subarmada.";
if ((Kx>=0.26)&& (Kx<=KxMin))  comunica="Seção
normalmente armada.";


switch(Tipo_aco){ case 25:asMin= 0.0025 * (AltViga-
DlinhaT) * BwLarg;break;
case 40,50,60:asMin= 0.0015* DlinhaT *
BwLarg;break;};
```

```
if  ((comunica !="Seção com armadura de
compressão."))

asTracao=Md/(Alfa*DlinhaT/100); else {

MdT=BwLarg/100*(DlinhaT*DlinhaT/KiiMin);

deltaMd=Md-MdT;

talsd =1;

switch(Tipo_aco){ case 25:talsd=2.119;break;case
40:talsd=3.36;break; case 50:talsd=4.082;break;case
60:talsd=4.746;break;};

AsCompr=deltaMd/(DlinhaC/100 * talsd);

asTracao= (MdT/(AlfaMin * DlinhaT/100)) +
((KzMin*deltaMd)/(AlfaMin*DlinhaC/100));

                                        };

}


public void escolhaTipo27 (double areaAco,double
bwlarg){

double Dlinha,bw,ETB;


comunica1=" ";

NumBarr=(areaAco / (Math.PI*(DimAs * DimAs)/4));

if (NumBarr - (int)NumBarr != 0)  NumBarr
=((int)NumBarr)+1;

Dlinha=(Recobri+DimEstribo);

bw=BwLarg-(2*Dlinha); Eh = 2;

if (Eh < (1.2*DAgreg)) Eh = 1.2 * DAgreg;

if (Eh < DimAs) Eh=DimAs;
```

```
ETB=((NumBarr*DimAs) + ((NumBarr-1)*Eh));
if (ETB <  bw) {  tipo=1;return;};


if (((NumBarr - (int)NumBarr)/2)==0) {
ETB =((NumBarr*DimAs) + (((NumBarr/2)-1)*Eh));
if (ETB <  bw) { tipo=2;return;};
                              };
if (((NumBarr - (int)NumBarr)/3)==0) {
ETB=((NumBarr / 3*2*DimAs) + (((NumBarr/3*2)-
1)*Eh));
if (ETB <  bw) { tipo=4;return;};
                              };
if (((NumBarr - (int)NumBarr)/2)== 0){
ETB=((NumBarr / 2* DimAs) + (((NumBarr / 2) -
1)*Eh));
if (ETB <  bw) { tipo=3;return;};
                              };


if (((NumBarr - (int)NumBarr)/4)==0) {
ETB=(NumBarr/2*DimAs) + (((NumBarr/4-1)*Eh));
if (ETB <  bw){ tipo=5;return;};
                              };
NumBarr=NumBarr+1;


ETB=((NumBarr / 3*2*DimAs) + (((NumBarr/3*2)-
1)*Eh));
```

```
if (ETB <  bw)  { tipo=4;return;};



ETB=((NumBarr / 2* DimAs) + (((NumBarr / 2) -
1)*Eh));
if (ETB <  bw) { tipo=3;return;};


ETB=(NumBarr/2*DimAs) + (((NumBarr/4-1)*Eh));
if (ETB <  bw){ tipo=5;return;};


comunica1="A disposição do aço na seção é feita de
acordo com  o item 16.";
}


public void RefTipo27(){


switch (tipoT) {
   case 3,5: DlinhaT =AltViga-
(Recobri+DimEstribo+DimAs);break;
   case 4: DlinhaT =AltViga-
(Recobri+DimEstribo+(DimAs*0.933012702));break;};
if (comunica=="Seção com armadura de
compressão.")
switch (tipoC) {
case 3,5: DlinhaC=DlinhaT-
(Recobri+DimEstribo+DimAs);break;
case 4: DlinhaC=DlinhaT-
(Recobri+DimEstribo+(DimAs*0.933012702));break;};
}
```

```
public void estribo27 (){
double Ro1,fi1,romin=0.1,neta,fyd,bwlargRo;


switch(fck) {
    case 110,135:switch (Tipo_aco) { case
25:romin=0.17;break;case 40:romin=0.11;break;case
50,60:romin=0.09;break;};break;

    case 150,180:switch (Tipo_aco) { case
25:romin=0.21;break;case 40:romin=0.13;break;case
50,60:romin=0.10;break;};break;

    case 200,220:switch (Tipo_aco) { case
25:romin=0.24;break;case 40:romin=0.15;break;case
50,60:romin=0.12;break;};break;

    case 240,260:switch (Tipo_aco) { case
25:romin=0.29;break;case 40:romin=0.18;break;case
50,60:romin=0.14;break;};break;};

bwlargRo =60;if (bwlargRo > BwLarg)
bwlargRo=BwLarg;

AsMinEstribo=bwlargRo*romin;

DmaxEstribo = bwlargRo/12; if
(DmaxEstribo>(DlinhaT/12))
DmaxEstribo=(DlinhaT/12);

switch ((int)(DmaxEstribo*10)){ case
0,1,2,3,4:DmaxEstribo=5;break;case
5,6:DmaxEstribo=6.3;break;

case 7,8:DmaxEstribo=8;break;case
9,10:DmaxEstribo=10;break; default:
DmaxEstribo=12.5;break;};

EspEstribo=DlinhaT/2; if (EspEstribo>30)
EspEstribo=30;
```

```
if (comunica=="Seção com armadura de
compressão.")

switch (Tipo_aco) {case 25:if (EspEstribo>(21*DimAs))
EspEstribo= 21*DimAs;break;

case 40,50,60:if (EspEstribo>(12*DimAs))
EspEstribo= 12*DimAs;break;};

talwdmax=(talwdviga*1000)/(BwPeLarg*DlinhaT);

Ro1=
(numBTracao*Math.PI*(DimAs*DimAs)/4)/((BwLarg*es
pessLaj)+(BwPeLarg*(AltViga-espessLaj)));

fi1=0.225+15*Ro1;

neta=1-((fi1*Math.sqrt(fck))/(1.15*talwdmax));fyd=2;

switch(Tipo_aco) {case  25:fyd=2.5/1.15;break;case
40:fyd=4/1.15;break;case 50:fyd=5/1.15;break;case
60:fyd=6/1.15;break;};

AsCalcEstribo=1.15*neta*(talWd/(DlinhaT/100))/fyd;


}

public void torcor27(){

double bS,hS,t,SecaoTorc,b,h,fyd,Twd,Ttu,Twu,Ttd;


b=BwPeLarg;h=AltViga;  hS=h;

if (h>(3*b)) h=3*b;

t=Recobri+DimEstribo+(DimAs/2); bS= b-(2*t);hS=h-
(2*t);

if (bS>=(5/6*b)) { t=b/6;bS=b-t; hS=h-t;};

if (bS<(5/6*b)) { t=bS/5;bS=bS-t;hS=hS-t;};

SecaoTorc=bS*hS;

Ttu=0.22*fck/1.4;
```

```
Twu=0.25*fck/1.4;

Twd=(talWd*1000)/(BwPeLarg*DlinhaT);

Ttd=(MDTorc*100000)/(2*SecaoTorc*t); fyd=2;

switch (Tipo_aco) {case 25:fyd=2.5/1.15;break;case
40:fyd=4/1.15;break;case 50:fyd=5/1.15;break;case
60:fyd=6/1.15;break;};

if ((Ttu > Ttd) && (((Ttd/Ttu)+(Twd/Twu))<1))
AsTorc=(MDTorc*10000)/(2*SecaoTorc*fyd);

else ComunicaTorc="A Secão de concreto não ok
para a torção. Calcule de novo.";

};


public void desenhartipo27(){
//   {"┬";"┼";" ┗";"┴";"┛";"·"; "├";"┤";"·"; "┌";"┐";"·";
"│";"·";"─";"·";"▓";"·";"▒";"▓";"█";"█"}



    int conte;
    double  DlinhaTaux;


int  x1,x2,y1,y2,YL;

String mensagem,mensagem1,mensagem2;

double
Ec,N,J,fyd,epc,eps,flecha,etas,Roerre,ftK,nB,aux1,aux
2,aux3,x;
    if(arquiv.exists()) arquiv.delete();
      try {
    arquiv.createNewFile();
    FileWriter fw = new FileWriter(arquiv);
```

```
        BufferedWriter bw = new BufferedWriter(fw);


    bw.write( "
==========================================
============================ ");bw.newLine();
    bw.write( "      ====================RIGHTS BY
Nilson Candido da Silva==================
");bw.newLine();
    bw.write( "      =============================
BEGIN  ================================
");bw.newLine();


    bw.newLine();bw.newLine();bw.newLine();
    bw.write("                        DADOS DE ENTRADA
");bw.newLine();
    bw.write("
==================");bw.newLine();bw.newLine(
);
    bw.write("  1 - Nome da Viga:
"+NomeViga1.getText()+" ");bw.newLine();
    bw.write("  2 - Momento aplicado relativo a todas as
cargas (MT):  "+MomentoMd2.getText()+"
");bw.newLine();
    bw.write("  3 - Momento aplicado relativo a peso
próprio + revestimento (MT) :
"+flechaMD3.getText()+" ");bw.newLine();
    bw.write("  4 - Cortante atuante nesta seção (T):
"+talWd4.getText()+" ");bw.newLine();
    bw.write("  5 - Cortante atuante máximo na viga (T):
"+talwdViga5.getText()+" ");bw.newLine();
```

```
bw.write("  6 - Momento torsor (MT) :
"+MDTorc6.getText()+" ");bw.newLine();

bw.write("  7 - Carga permanente (T/M) :
"+PpRev7.getText()+" ");bw.newLine();

bw.write("  8 - Sobrecarga (T/M) :
"+SCarg8.getText()+" ");bw.newLine();

bw.write("  9 - Comprimento da viga (CM):
"+comprViga9.getText()+" ");bw.newLine();

bw.write(" 10 - Largura da viga (CM) :
"+BwLarg10.getText()+" ");bw.newLine();

bw.write(" 11 - Comprimento da viga (CM):
"+espessLaj11.getText()+" ");bw.newLine();

bw.write(" 12 - Largura(base) da viga ser  (Cm): :
"+BwPeLarg12.getText()+" ");bw.newLine();

bw.write(" 13 - Altura da viga (CM) :
"+AltViga13.getText()+" ");bw.newLine();

bw.write(" 14 - Tipo do aço a ser utilizado (25-40-50-
60) :  "+Tipo_aco14.getText()+" ");bw.newLine();

bw.write(" 15 - Diâmetro do Estribo (5,6.3,8,10MM :
"+DimEstribo15.getText()+" ");bw.newLine();

bw.write(" 16 - Diâmetro do aço a ser utilizado na
flexão(MM) :  "+DimAs16.getText()+" ");bw.newLine();

bw.write(" 17 - Resistência do concreto (110 a 260
KG/CM²) :  "+fck17.getText()+" ");bw.newLine();

bw.write(" 18 - Recobrimento  da armadura (CM) :
"+Recobri18.getText()+" ");bw.newLine();

bw.write(" 19 - Diâmetro máximo do agregado(1 a 5
CM)  :  "+DAgreg19.getText()+" ");

bw.newLine();bw.newLine();bw.newLine();
```

```
bw.write("                   DESENHO DA SEÇÃO
");bw.newLine();

bw.write("                   ================
");bw.newLine();bw.newLine();bw.newLine();bw.newLi
ne();

bw.write(" Obs; Desenhe a seção da viga com a
armadura. Normas de espaçamento. Se seção
insuficiente aumente
dimensões.");bw.newLine();bw.newLine();bw.newLine(
);

new aux12_GUI().setVisible(true);


mensagem=comunica;

bw.write("20- Quanto a distribuição do aço:
"+mensagem);bw.newLine();

mensagem = d2.format(DlinhaT);

bw.write("21- Do topo até C.G. do aço tracionado =
"+mensagem+" Centímetros.");bw.newLine();

mensagem = d2.format(asMin);

bw.write("22- Área mínima de aço na flexão (NB1) é =
"+mensagem+" cm2.");bw.newLine();

mensagem = d2.format(LinNeutr);

bw.write("23- Linha neutra a partir do topo = "+
mensagem+" Centímetros.");bw.newLine();

if (LinNeutr<espessLaj){

bw.write("    A linha neutra está situada na laje e por
este item a estrutura é boa.");bw.newLine();}

                   else
```

```
bw.write("    A linha neutra está fora da laje. calcule
de novo, diminua a altura da viga.");bw.newLine();

mensagem = d2.format(AltViga);

bw.write("24-       A = "+ mensagem+"
Centímetros.");bw.newLine();

mensagem = d2.format(BwPeLarg);

bw.write("25- B = "+mensagem+"
Centímetros.");bw.newLine();

mensagem = d2.format(BwLarg);

bw.write("26- C = "+mensagem+"
Centímetros.");bw.newLine();

mensagem = d2.format(espessLaj);

bw.write("27- D = "+mensagem+"
Centímetros.");bw.newLine();

mensagem = d2.format(Math.PI*(DimAs*DimAs)/4);

bw.write("28- A área de aço de cada barra é  =
"+mensagem+" cm2.");bw.newLine();

mensagem = d2.format(DimAs*10);

bw.write("29- O diâmetro de cada barra é  =
"+mensagem+" mm.");bw.newLine();

mensagem = d2.format(AsMinEstribo);

bw.write("30- A Área mínima de aço para estribo
vertical(NB1) = "+mensagem+"
cm2/m.");bw.newLine();

mensagem = d2.format(DmaxEstribo);

bw.write("31- O diâmetro máximo de estribo(NB1) =
"+mensagem+" mm.");bw.newLine();

mensagem = d2.format(EspEstribo);

bw.write("32- O espaçamento máximo entre
estribos(NB1) = "+mensagem+" cm.");bw.newLine();
```

```
mensagem = d2.format(AsCalcEstribo);

bw.write("33- A Área calculada de aço para estribo
vertical = "+mensagem+" cm2/m.");bw.newLine();

mensagem =
d2.format(AsCalcEstribo/(Math.PI*(DimEstribo*
DimEstribo)/2));

bw.write("34- O número necessário de estribo
(cisalhamento) = "+mensagem+" /m.");bw.newLine();


bw.write("          NA SEÇÃO TRACIONADA
");bw.newLine();

bw.write("          ====================
");bw.newLine();

mensagem = d2.format(Eh);

bw.write("35- Menor espaçamento entre cada AS1 =
"+mensagem +" Centímetros.");bw.newLine();

mensagem = d2.format(Tipo_aco);

switch (tipoT) {

   case 1:

bw.write("36- AS1 = uma barra de aço CA-
"+mensagem+"-B.");bw.newLine();break;

   case 2:

bw.write("36- AS1 = Conjunto de duas barra de aço
CA-"+mensagem+"-B lado a
lado.",2,5);bw.newLine();break;

   case 3:

bw.write("36- AS1 = Conjunto de duas barra de aço
CA-"+mensagem+"-B uma sobre a
outra.");bw.newLine();break;

   case 4:
```

```java
bw.write("36- AS1 = Conjunto de três barra de aço
CA-"+mensagem+"-B inscrita num
triângulo.");bw.newLine();break;

   case 5:

bw.write("36- AS1 = Conjunto de quatro barra de aço
CA-"+mensagem+"-B inscrita num
quadrado.");bw.newLine();break;

   default:

bw.write("36- "+comunicaT+".");bw.newLine();break;};


mensagem = d2.format(numBTracao);

bw.write("37- O número total de barras de aço
colocadas na parte inferior");bw.newLine();

bw.write("    é de "+mensagem+"
barras.");bw.newLine();

mensagem = d2.format(asTracao);

bw.write("38- A área de aço calculada para a flexão é
= "+mensagem+" cm2.");bw.newLine();

mensagem = d2.format(numBTracao*Math.PI*(DimAs
* DimAs)/4);

bw.write("39- A área de aço do total de barras é =
"+mensagem+" cm2.");bw.newLine();


bw.write("          NA SEÇÃO
COMPRIMIDA");bw.newLine();

bw.write("
===================");bw.newLine();

if (comunica!="Seção com armadura de
compressão.") {
```

```
bw.write("40- AS2 =  barra de aço apenas para
montagem da armação.");bw.newLine();
  } else {


NumBcompr=NumBarr;

mensagem = d2.format(Eh);

bw.write("40- Menor espaçamento entre cada AS2 =
"+mensagem +" Centímetros.");bw.newLine();

mensagem = d2.format(Tipo_aco);

switch (tipoC) {

   case 1:

bw.write("41- AS2 = uma barra de aço CA-
"+mensagem+"-B.");bw.newLine();break;

   case 2:

bw.write("41- AS2 = Conjunto de duas barra de aço
CA-"+mensagem+"-B lado a
lado.");bw.newLine();break;

   case 3:

bw.write("41- AS2 = Conjunto de duas barra de aço
CA-"+mensagem+"-B uma sobre a
outra.");bw.newLine();break;

   case 4:

bw.write("41- AS2 = Conjunto de três barra de aço
CA-"+mensagem+"-B inscrita num
triângulo.");bw.newLine();break;

   case 5:

bw.write("41- AS2 = Conjunto de quatro barra de aço
CA-"+mensagem+"-B inscrita num
quadrado.");bw.newLine();break;

   default :
```

```
bw.write("41- "+comunicaC+".");bw.newLine();break;};


mensagem = d2.format(NumBcompr);

bw.write("42- O número total de barras de aço
colocadas na parte superior");bw.newLine();

bw.write("   é de "+mensagem+"
barras.");bw.newLine();

mensagem = d2.format(AsCompr);

bw.write("43- A área de aço calculada para a
compressão é  = "+mensagem+" cm2.");bw.newLine();

mensagem =
d2.format(NumBcompr*Math.PI*(DimAs*DimAs)/4);

bw.write("44- A área de aço do total de barras de
compressão é = "+mensagem+" cm2.");bw.newLine();

                 };

if (comunica=="Seção com armadura de
compressão.") YL=44; else YL=40;

if (MDTorc != 0) {

bw.newLine();

bw.write("          TORÇÃO");bw.newLine();

bw.write("          ======");bw.newLine();

if (ComunicaTorc=="A Secão de concreto não ok para
a torção. Calcule de novo."){

bw.write(" "+(YL+1)+" - "+ComunicaTorc);
bw.newLine();}

else {

mensagem = d2.format(AsTorc);

bw.write(" "+(YL+1)+"- A área de estribos de combate
a Torção ="+mensagem+" cm2/m.");bw.newLine();
```

```
                    };};

if (comunica=="Seção com armadura de
compressão.") YL=44; else YL=40;

if (MDTorc != 0)  YL=YL+1;

bw.write("");bw.newLine();

bw.write("
COMPLEMENTOS");bw.newLine();

bw.write("                    ============");bw.newLine();

mensagem = d2.format(talwdmax);mensagem1 =
d2.format(0.25*fck/1.4);

if (talwdmax<(0.25*fck/1.4)) {

bw.write(" "+(YL+1)+"- Biela comprimida pelo cortante
está ok");bw.newLine();

bw.write("              ("+mensagem+" kg/cm2 e
"+mensagem1+" kg/cm2");bw.newLine();

} else {

bw.write(" "+(YL+1)+"- Perigo de esmagamento da
biela. Diminuir cortante ou aumentar a
base.");bw.newLine();

bw.write("              ("+mensagem+" kg/cm2 e
"+mensagem1+" kg/cm2");bw.newLine();

      };

mensagem =
d2.format(0.05*(BwPeLarg/100)*DlinhaT);fyd=4;

if (AltViga>60) {

switch (Tipo_aco){

   case 40,50,60:

bw.write(" "+(YL+2)+"- A área de costelas
="+mensagem+" cm2.");bw.newLine();break;};}
```

```
else bw.write(" "+YL+2+"- Não é necessária área de armação para costelas.");bw.newLine();

switch (Tipo_aco) { case 25:fyd=2.5/1.15; break;case 40:fyd=4/1.15;break;case 50:fyd=5/1.15;break;case 60:fyd=6/1.15;break;};

mensagem = d2.format((((1.15*BwPeLarg*DlinhaT/100)/fyd))*((BwLarg-BwPeLarg)/2)/BwLarg);

bw.write(" "+(YL+3)+"- A armação de costura da viga T ="+mensagem+" cm2.");bw.newLine();

mensagem = d2.format((((1.15*BwPeLarg*DlinhaT/100)/espessLaj))*(((BwLarg-BwPeLarg)/2)/BwLarg));

mensagem1 = d2.format(11.5*0.25*fck/1.4);

if (((((1.15*BwPeLarg*DlinhaT/100)/espessLaj))*(((BwLarg-BwPeLarg)/2)/BwLarg)) < (1.15*(0.25*fck/1.4)))

{

bw.write(" "+(YL+4)+"- A ligação mesa-viga está ok. ");bw.newLine();

bw.write("          "+mensagem+" t/m2 e "+mensagem1+" t/m2");bw.newLine();

} else {

bw.write(" "+(YL+4)+"- A ligação mesa-viga não ok. Aumente a espessura da laje nesta seção.");bw.newLine();

bw.write("          ("+mensagem+" t/m2 e "+mensagem1+" t/m2");bw.newLine();

};

mensagem = d2.format((1.15*talwdmax*BwPeLarg)/(numBTracao*Math.PI*DimAs));
```

```
mensagem1 =d2.format(1.6*
Math.cbrt(fck/1.4*fck/1.4));

if
(((1.15*talwdmax*BwPeLarg)/(numBTracao*Math.PI*D
imAs)) < (1.6*Math.cbrt(fck/1.4*fck/1.4)))

{

bw.write(" "+(YL+5)+"- Escorregamento da armação
testada está ok. ");bw.newLine();

bw.write("              ("+mensagem+" kg/cm2 e
"+mensagem1+" kg/cm2");bw.newLine();

} else {

bw.write(" "+(YL+5)+"- Escorregamento não ok.
Solução usar barras de menor
diâmetro.");bw.newLine();

bw.write("              ("+mensagem+" kg/cm2 e
"+mensagem1+" kg/cm2");bw.newLine();

};


Ec=18900*Math.sqrt((fck+35));

N=2100000/Ec;


aux2=(DlinhaT*((numBTracao*Math.PI*(DimAs*DimAs
)/4)))+ ((DlinhaT-
DlinhaC)*((NumBcompr*Math.PI*(DimAs*DimAs)/4)));

aux1=N*((numBTracao*Math.PI*(DimAs*DimAs)/4)+
(NumBcompr*Math.PI*(DimAs*DimAs)/4))/BwLarg;

x=Math.sqrt(aux1*aux1+ (2*N/BwLarg*aux2))-aux1;

if (x<espessLaj) {
```

```
aux3=N*(NumBcompr*Math.PI*(DimAs*DimAs)/4)*(x-
DlinhaT-DlinhaC)*(x-DlinhaT-DlinhaC);

J=(BwLarg*x*x*x/3)+(N*numBTracao*Math.PI*(DimAs
*DimAs/4)* (DlinhaT-x)*(DlinhaT-x))+aux3;

} else {

J=(BwLarg*espessLaj*espessLaj*espessLaj)/12+BwL
arg*espessLaj*(x-(espessLaj/2))*(x-(espessLaj/2))+

((N*(numBTracao*Math.PI*(DimAs*DimAs)/4)*(Dlinha
T-x)*(DlinhaT-x)))+

(N*(NumBcompr*Math.PI*(DimAs*DimAs)/4)*(x-
(DlinhaT-DlinhaC))* (x-(DlinhaT-DlinhaC)));

        };

mensagem = d2.format(Ec*J/10000000);

bw.write(" "+(YL+6)+" - Rigidez da seção = "+
mensagem+" m4.");bw.newLine();

epc= (flechaMD*100000*x)/(Ec*J);

eps= (flechaMD*100000*(DlinhaT-x))/(Ec*J);

flecha=((5*10*PpRev*(comprViga*comprViga*comprVi
ga*comprViga))/(384*Ec*J))*((3*epc+eps)/(epc+eps));

mensagem = d2.format(flecha);

bw.write(" "+(YL+7)+"- Flecha sob carga de longa
duração = "+mensagem+" cm.");bw.newLine();

mensagem = d2.format(comprViga/500); aux1=flecha;

bw.write("          Pela NB-1 flecha deve ficar menor
que "+mensagem+" cm.");bw.newLine();

flecha=(0.7*5*10*SCarg*comprViga*comprViga*compr
Viga*comprViga)/(384*Ec*J)*((3*epc+eps)/(epc+eps));

mensagem = d2.format(flecha); mensagem1 =
d2.format(aux1);mensagem2 =
d2.format(aux1+flecha);
```

```
bw.write(" "+(YL+8)+" - Flecha sob carga de curta
duração = "+mensagem+" " +

mensagem1+" = "+mensagem2+" cm.");bw.newLine();

mensagem = d2.format(comprViga/300);

bw.write("    Pela NB-1 flecha deve ficar menor que
"+mensagem+" cm.");bw.newLine();


switch  (Tipo_aco) {case 25:fyd=25;break;case
40:fyd=20;break;case 50:fyd=17;break;case
60:fyd=15;break;};

bw.write("    Se esta viga estiver em prédio a NB-1
indica que :");bw.newLine();

if ((comprViga/(fyd)) <=DlinhaT)

bw.write("    1- biapoiada , viga ok."); else

bw.write("    1- biapoiada , viga não
ok.");bw.newLine();

if ((comprViga/(fyd*1.2)) <=DlinhaT)

bw.write("    2- contínua, viga ok."); else

bw.write("    2- contínua, viga não ok.");bw.newLine();

if ((comprViga/(fyd*1.7)) <=DlinhaT)

bw.write("    3- biengastada, viga ok."); else

bw.write("    3- biengastada, viga não
ok.");bw.newLine();

if ((comprViga/(fyd*0.5)) <=DlinhaT)

bw.write("    4- balanço, viga ok."); else

bw.write("    4- balanço, viga não ok.");bw.newLine();

bw.write(" OBS: Se acaso a flecha for maior que o
admitido aumente a altura da viga.");bw.newLine();

etas=N*(MomentoMd*100000)*(DlinhaT-x)/J;ftK=21;
```

```
switch (fck){case
110,135,150,180:ftK=fck/10;break;case
200,220,240,260:ftK=7+(0.06*fck);break;};

Roerre=
(numBTracao*Math.PI*(DimAs*DimAs)/4)/(0.25*BwPe
Larg*AltViga);nB=1;

switch(Tipo_aco) {case 25:nB=1;break; case
40:nB=1.2;break;case 50,60:nB=1.5;break;};

aux1=(DimAs*10/((2*nB)-
0.75))*(etas/2100000)*((4/Roerre)+45);

aux2=(DimAs*10/((2*nB)-
0.75))*(etas/2100000)*(3*etas/ftK);

aux3=((DimEstribo+Recobri)/Recobri);

mensagem = d2.format(aux1);

mensagem1 = d2.format(aux2);

mensagem2 = d2.format(aux3);

if ((aux1<aux3) || (aux2<aux3)) {

bw.write(" "+(YL+9)+"- para meio agressivo o limite de
fisuração está ok.");bw.newLine();}

                else

bw.write(" "+(YL+9)+"- para meio agressivo a sua viga
está não ok.");bw.newLine();

bw.write("          "+mensagem+" e "+mensagem1+" e
"+mensagem2);bw.newLine();

aux3=aux3*2;mensagem2 = d2.format(aux3);

if ((aux1<aux3) || (aux2<aux3)) {

bw.write(" "+(YL+10)+"- para meio não agressivo o
limite de fisuração está ok.");bw.newLine();}

                else
```

```
bw.write(" "+(YL+10)+"- para meio não agressivo a
sua viga está não ok.");bw.newLine();

bw.write("            ("+mensagem+" e "+mensagem1+" e
"+mensagem2);bw.newLine();

aux3=aux3/2*3;mensagem2 = d2.format(aux3);

if ((aux1<aux3) || (aux2<aux3)) {

bw.write(" "+(YL+11)+"- Sendo uma viga protegida, o
limite de fissuração está ok.");bw.newLine();}

                    else

bw.write(" "+(YL+11)+"- Sendo uma viga protegida, o
limite de fissuração está não ok.");bw.newLine();

bw.write("            "+mensagem+" e "+mensagem1+" e
"+mensagem2);bw.newLine();


bw.write(" OBS: Se viga Não ok para o meio aumente
o recobrimento.");bw.newLine();

 bw.newLine();bw.newLine();bw.newLine();

 bw.write("
=========================================
============================
");bw.newLine();

 bw.write("    ===================RIGHTS BY
Nilson Candido da Silva=================
");bw.newLine();

 bw.write("    ============================
END   ==============================
");bw.newLine();

 bw.close();

 bw.close();
```

```
        }catch (IOException e) {
JOptionPane.showMessageDialog(null," 93 219
contate: nilson440@gmail.com.");}


  arquivo.Write("000.nilson12.jar");
new   scroll();


}


   public void entradado(){
   byte conte; double DlinhaTaux;


   Md=1.4*MomentoMd;
   DlinhaT=AltViga-(Recobri+DimEstribo+(DimAs/2));
   DlinhaC= DlinhaT-(Recobri+DimEstribo+(DimAs/2));
conte=0;


   do {   DlinhaTaux=DlinhaT; conte++;
   AsViga27(); escolhaTipo27 (asTracao,BwLarg);
tipoT=tipo;comunicaT=comunica1;
   numBTracao=NumBarr;
   if (comunica=="Se‡Æo com armadura de
compressÆo.") {
        escolhaTipo27 (AsCompr,BwLarg);
tipoC=tipo;comunicaC=comunica1;
        NumBcompr=NumBarr ;                    };
RefTipo27();
   } while ((DlinhaT != DlinhaTaux) || (conte<4));
```

```java
    LinNeutr=Kx*DlinhaT;

    estribo27();torcor27();

    if (comunica !="Se‡Æo com armadura de
compressÆo.") DlinhaC = 0;


    desenhartipo27();
}
    /**
     * Creates new form nilson_12_GUI
     */
    public nilson_12_GUI() {
        initComponents();


    NomeViga1.setDocument(new
entDados(120,TUDU));

    MomentoMd2.setDocument(new
entDados(10,INTZERODECIMAL));

    flechaMD3.setDocument(new
entDados(10,INTZERODECIMAL));

    talWd4.setDocument(new
entDados(10,INTZERODECIMAL));

    talwdViga5.setDocument(new
entDados(10,INTZERODECIMAL));

    MDTorc6.setDocument(new
entDados(10,INTZERODECIMAL));


    PpRev7.setDocument(new
entDados(10,INTZERODECIMAL));
```

```java
SCarg8.setDocument(new
entDados(10,INTZERODECIMAL));

comprViga9.setDocument(new
entDados(10,INTZERODECIMAL));

BwLarg10.setDocument(new
entDados(10,INTZERODECIMAL));


espessLaj11.setDocument(new
entDados(10,INTZERODECIMAL));

BwPeLarg12.setDocument(new
entDados(10,INTZERODECIMAL));

AltViga13.setDocument(new
entDados(10,INTZERODECIMAL));

Tipo_aco14.setDocument(new
entDados(10,INTZERODECIMAL));

DimEstribo15.setDocument(new
entDados(10,INTZERODECIMAL));

DimAs16.setDocument(new
entDados(10,INTZERODECIMAL));


fck17.setDocument(new
entDados(10,INTZERODECIMAL));

Recobri18.setDocument(new
entDados(10,INTZERODECIMAL));

DAgreg19.setDocument(new
entDados(10,INTZERODECIMAL));
}
/**

* This method is called from within the constructor
to initialize the form.
```

```java
 * WARNING: Do NOT modify this code. The
content of this method is always

 * regenerated by the Form Editor.

 */

@SuppressWarnings("unchecked")

// <editor-fold defaultstate="collapsed"
desc="Generated Code">

private void initComponents() {


    panelImage1 = new
org.edisoncor.gui.panel.PanelImage();

    labelRect1 = new
org.edisoncor.gui.label.LabelRect();

    labelRect2 = new
org.edisoncor.gui.label.LabelRect();

    labelRect3 = new
org.edisoncor.gui.label.LabelRect();

    labelRect4 = new
org.edisoncor.gui.label.LabelRect();

    labelRect5 = new
org.edisoncor.gui.label.LabelRect();

    labelRect6 = new
org.edisoncor.gui.label.LabelRect();

    labelRect7 = new
org.edisoncor.gui.label.LabelRect();

    labelRect8 = new
org.edisoncor.gui.label.LabelRect();

    labelRect9 = new
org.edisoncor.gui.label.LabelRect();
```

```
labelRect10 = new
org.edisoncor.gui.label.LabelRect();

labelRect11 = new
org.edisoncor.gui.label.LabelRect();

labelRect12 = new
org.edisoncor.gui.label.LabelRect();

labelRect13 = new
org.edisoncor.gui.label.LabelRect();

labelRect14 = new
org.edisoncor.gui.label.LabelRect();

labelRect15 = new
org.edisoncor.gui.label.LabelRect();

labelRect16 = new
org.edisoncor.gui.label.LabelRect();

labelRect17 = new
org.edisoncor.gui.label.LabelRect();

labelRect18 = new
org.edisoncor.gui.label.LabelRect();

labelRect19 = new
org.edisoncor.gui.label.LabelRect();

labelRect20 = new
org.edisoncor.gui.label.LabelRect();

RODAR = new
org.edisoncor.gui.button.ButtonAction();

NomeViga1 = new
org.edisoncor.gui.textField.TextField();

MomentoMd2 = new
org.edisoncor.gui.textField.TextField();

flechaMD3 = new
org.edisoncor.gui.textField.TextField();
```

```java
        talWd4 = new
org.edisoncor.gui.textField.TextField();

        talwdViga5 = new
org.edisoncor.gui.textField.TextField();

        MDTorc6 = new
org.edisoncor.gui.textField.TextField();

        PpRev7 = new
org.edisoncor.gui.textField.TextField();

        SCarg8 = new
org.edisoncor.gui.textField.TextField();

        comprViga9 = new
org.edisoncor.gui.textField.TextField();

        BwLarg10 = new
org.edisoncor.gui.textField.TextField();

        espessLaj11 = new
org.edisoncor.gui.textField.TextField();

        BwPeLarg12 = new
org.edisoncor.gui.textField.TextField();

        AltViga13 = new
org.edisoncor.gui.textField.TextField();

        Tipo_aco14 = new
org.edisoncor.gui.textField.TextField();

        DimEstribo15 = new
org.edisoncor.gui.textField.TextField();

        DimAs16 = new
org.edisoncor.gui.textField.TextField();

        fck17 = new
org.edisoncor.gui.textField.TextField();

        Recobri18 = new
org.edisoncor.gui.textField.TextField();
```

```java
        DAgreg19 = new
org.edisoncor.gui.textField.TextField();

        EXEMPLO = new
org.edisoncor.gui.button.ButtonAction();


setDefaultCloseOperation(javax.swing.WindowConsta
nts.EXIT_ON_CLOSE);

        setTitle("nilson440@gmail.com  -  constatando
qualquer erro ou discrepância documente e envie
para correção. Colabore com o envio de qualquer
quantia para o incentivo. Muito agradecido.");


        panelImage1.setForeground(new
java.awt.Color(51, 0, 51));
        panelImage1.setIcon(new
javax.swing.ImageIcon(getClass().getResource("/view/
ponte francesa.png"))); // NOI18N


        labelRect1.setForeground(new
java.awt.Color(51, 0, 51));
        labelRect1.setText("     CÁLCULO DE VIGA DO
TIPO T");


        labelRect2.setForeground(new
java.awt.Color(51, 0, 51));
        labelRect2.setText("1  -   NOME DA VIGA :");


        labelRect3.setForeground(new
java.awt.Color(51, 0, 51));
```

```java
        labelRect3.setText("2  -   MOMENTO APLICADO
RELATIVO A TODAS AS CARGAS (MT) :");


        labelRect4.setForeground(new
java.awt.Color(51, 0, 51));

        labelRect4.setText("3  -   MOMENTO APLICADO
RELATIVO A PESO PRÓPRIO + REVESTIMENTO
(MT) :");


        labelRect5.setForeground(new
java.awt.Color(51, 0, 51));

        labelRect5.setText("4  -   CORTANTE ATUANTE
NESTA SEÇÃO (MT) :");


        labelRect6.setForeground(new
java.awt.Color(51, 0, 51));

        labelRect6.setText("5  -   CORTANTE MÁXIMO
NA VIGA (MT) :");


        labelRect7.setForeground(new
java.awt.Color(51, 0, 51));

        labelRect7.setText("6  -   MOMENTO TORSOR
(MT) :");


        labelRect8.setForeground(new
java.awt.Color(51, 0, 51));

        labelRect8.setText("7  -   CARGA
PERMANENTE (T/M) : ");
```

```java
labelRect9.setForeground(new
java.awt.Color(51, 0, 51));
        labelRect9.setText("8  -  SOBRECARGA(T/M)
:");


        labelRect10.setForeground(new
java.awt.Color(51, 0, 51));
        labelRect10.setText("9  -  COMPRIMENTO DA
VIGA (CM)");


        labelRect11.setForeground(new
java.awt.Color(51, 0, 51));
        labelRect11.setText("10 - LARGURA DA MESA
(CM) :");


        labelRect12.setForeground(new
java.awt.Color(51, 0, 51));
        labelRect12.setText("11 - ESPESSURA DA
MESA (CM) :");


        labelRect13.setForeground(new
java.awt.Color(51, 0, 51));
        labelRect13.setText("12 - LARGURA (BASE) DA
VIGA (CM) :");


        labelRect14.setForeground(new
java.awt.Color(51, 0, 51));
        labelRect14.setText("13 - ALTURA DA VIGA
(CM) :");
```

```
        labelRect15.setForeground(new
java.awt.Color(51, 0, 51));
        labelRect15.setText("14 -  TIPO DO AÇO A SER
UTILIZADO (25-40-50-60) :");


        labelRect16.setForeground(new
java.awt.Color(51, 0, 51));
        labelRect16.setText("15 -   DIÂMETRO DO
ESTRIBO (5,6.3,8,10 MM) : ");


        labelRect17.setForeground(new
java.awt.Color(51, 0, 51));
        labelRect17.setText("16 -   DIAMETRO DO AÇO
A SER UTILIZADO NA FLEXÃO (MM) :");


        labelRect18.setForeground(new
java.awt.Color(51, 0, 51));
        labelRect18.setText("17 -   RESISTENCIA DO
CONCRETO (110 A 260 KG/CM2) :");


        labelRect19.setForeground(new
java.awt.Color(51, 0, 51));
        labelRect19.setText("18 -   RECOBRIMENTO DA
ARMADURA (CM) :");


        labelRect20.setForeground(new
java.awt.Color(51, 0, 51));
        labelRect20.setText("19 -   DIÂMETRO DO
AGREGADO (1 A 5 CM) : ");
```

```java
        RODAR.setText("RODAR - RUN");

        RODAR.addActionListener(new
java.awt.event.ActionListener() {
            public void
actionPerformed(java.awt.event.ActionEvent evt) {
                RODARActionPerformed(evt);
            }
        });


        NomeViga1.addActionListener(new
java.awt.event.ActionListener() {
            public void
actionPerformed(java.awt.event.ActionEvent evt) {
                NomeViga1ActionPerformed(evt);
            }
        });


        MomentoMd2.addActionListener(new
java.awt.event.ActionListener() {
            public void
actionPerformed(java.awt.event.ActionEvent evt) {
                MomentoMd2ActionPerformed(evt);
            }
        });


        flechaMD3.addActionListener(new
java.awt.event.ActionListener() {
            public void
actionPerformed(java.awt.event.ActionEvent evt) {
```

```java
                flechaMD3ActionPerformed(evt);
            }
        });


        talWd4.addActionListener(new
java.awt.event.ActionListener() {
            public void
actionPerformed(java.awt.event.ActionEvent evt) {
                talWd4ActionPerformed(evt);
            }
        });


        talwdViga5.addActionListener(new
java.awt.event.ActionListener() {
            public void
actionPerformed(java.awt.event.ActionEvent evt) {
                talwdViga5ActionPerformed(evt);
            }
        });


        MDTorc6.addActionListener(new
java.awt.event.ActionListener() {
            public void
actionPerformed(java.awt.event.ActionEvent evt) {
                MDTorc6ActionPerformed(evt);
            }
        });
```

```java
PpRev7.addActionListener(new
java.awt.event.ActionListener() {
        public void
actionPerformed(java.awt.event.ActionEvent evt) {
            PpRev7ActionPerformed(evt);
        }
    });


    SCarg8.addActionListener(new
java.awt.event.ActionListener() {
        public void
actionPerformed(java.awt.event.ActionEvent evt) {
            SCarg8ActionPerformed(evt);
        }
    });


    comprViga9.addActionListener(new
java.awt.event.ActionListener() {
        public void
actionPerformed(java.awt.event.ActionEvent evt) {
            comprViga9ActionPerformed(evt);
        }
    });


    BwLarg10.addActionListener(new
java.awt.event.ActionListener() {
        public void
actionPerformed(java.awt.event.ActionEvent evt) {
            BwLarg10ActionPerformed(evt);
```

```java
        }
    });


    espessLaj11.addActionListener(new
java.awt.event.ActionListener() {
        public void
actionPerformed(java.awt.event.ActionEvent evt) {
            espessLaj11ActionPerformed(evt);
        }
    });


    BwPeLarg12.addActionListener(new
java.awt.event.ActionListener() {
        public void
actionPerformed(java.awt.event.ActionEvent evt) {
            BwPeLarg12ActionPerformed(evt);
        }
    });


    AltViga13.addActionListener(new
java.awt.event.ActionListener() {
        public void
actionPerformed(java.awt.event.ActionEvent evt) {
            AltViga13ActionPerformed(evt);
        }
    });


    Tipo_aco14.addActionListener(new
java.awt.event.ActionListener() {
```

```java
        public void
actionPerformed(java.awt.event.ActionEvent evt) {
            Tipo_aco14ActionPerformed(evt);
        }
    });


    DimEstribo15.addActionListener(new
java.awt.event.ActionListener() {
        public void
actionPerformed(java.awt.event.ActionEvent evt) {
            DimEstribo15ActionPerformed(evt);
        }
    });


    DimAs16.addActionListener(new
java.awt.event.ActionListener() {
        public void
actionPerformed(java.awt.event.ActionEvent evt) {
            DimAs16ActionPerformed(evt);
        }
    });


    fck17.addActionListener(new
java.awt.event.ActionListener() {
        public void
actionPerformed(java.awt.event.ActionEvent evt) {
            fck17ActionPerformed(evt);
        }
    });
```

```java
        Recobri18.addActionListener(new
java.awt.event.ActionListener() {
            public void
actionPerformed(java.awt.event.ActionEvent evt) {
                Recobri18ActionPerformed(evt);
            }
        });


        DAgreg19.addActionListener(new
java.awt.event.ActionListener() {
            public void
actionPerformed(java.awt.event.ActionEvent evt) {
                DAgreg19ActionPerformed(evt);
            }
        });


        EXEMPLO.setText("EXEMPLO");
        EXEMPLO.addActionListener(new
java.awt.event.ActionListener() {
            public void
actionPerformed(java.awt.event.ActionEvent evt) {
                EXEMPLOActionPerformed(evt);
            }
        });


        javax.swing.GroupLayout panelImage1Layout =
new javax.swing.GroupLayout(panelImage1);

        panelImage1.setLayout(panelImage1Layout);
```

```java
panelImage1Layout.setHorizontalGroup(

panelImage1Layout.createParallelGroup(javax.swing.
GroupLayout.Alignment.LEADING)

.addGroup(panelImage1Layout.createSequentialGrou
p()
            .addContainerGap()

.addGroup(panelImage1Layout.createParallelGroup(ja
vax.swing.GroupLayout.Alignment.LEADING, false)

.addGroup(panelImage1Layout.createSequentialGrou
p()
                .addComponent(labelRect2,
javax.swing.GroupLayout.PREFERRED_SIZE,
javax.swing.GroupLayout.DEFAULT_SIZE,
javax.swing.GroupLayout.PREFERRED_SIZE)

.addPreferredGap(javax.swing.LayoutStyle.Componen
tPlacement.UNRELATED)
                .addComponent(NomeViga1,
javax.swing.GroupLayout.PREFERRED_SIZE, 621,
javax.swing.GroupLayout.PREFERRED_SIZE))

.addGroup(panelImage1Layout.createSequentialGrou
p()
                .addComponent(labelRect7,
javax.swing.GroupLayout.PREFERRED_SIZE,
javax.swing.GroupLayout.DEFAULT_SIZE,
javax.swing.GroupLayout.PREFERRED_SIZE)
```

```java
.addPreferredGap(javax.swing.LayoutStyle.Componen
tPlacement.UNRELATED)
                .addComponent(MDTorc6,
javax.swing.GroupLayout.PREFERRED_SIZE, 77,
javax.swing.GroupLayout.PREFERRED_SIZE))


.addGroup(panelImage1Layout.createSequentialGrou
p()
                .addComponent(labelRect9,
javax.swing.GroupLayout.PREFERRED_SIZE,
javax.swing.GroupLayout.DEFAULT_SIZE,
javax.swing.GroupLayout.PREFERRED_SIZE)


.addPreferredGap(javax.swing.LayoutStyle.Componen
tPlacement.UNRELATED)
                .addComponent(SCarg8,
javax.swing.GroupLayout.PREFERRED_SIZE, 79,
javax.swing.GroupLayout.PREFERRED_SIZE))


.addGroup(panelImage1Layout.createSequentialGrou
p()
                .addComponent(labelRect11,
javax.swing.GroupLayout.PREFERRED_SIZE,
javax.swing.GroupLayout.DEFAULT_SIZE,
javax.swing.GroupLayout.PREFERRED_SIZE)


.addPreferredGap(javax.swing.LayoutStyle.Componen
tPlacement.UNRELATED)
                .addComponent(BwLarg10,
javax.swing.GroupLayout.PREFERRED_SIZE, 56,
javax.swing.GroupLayout.PREFERRED_SIZE))
```

```
.addGroup(panelImage1Layout.createSequentialGrou
p()
                .addComponent(labelRect12,
javax.swing.GroupLayout.PREFERRED_SIZE,
javax.swing.GroupLayout.DEFAULT_SIZE,
javax.swing.GroupLayout.PREFERRED_SIZE)


.addPreferredGap(javax.swing.LayoutStyle.Componen
tPlacement.UNRELATED)
                .addComponent(espessLaj11,
javax.swing.GroupLayout.PREFERRED_SIZE, 52,
javax.swing.GroupLayout.PREFERRED_SIZE))


.addGroup(panelImage1Layout.createSequentialGrou
p()
                .addComponent(labelRect16,
javax.swing.GroupLayout.PREFERRED_SIZE,
javax.swing.GroupLayout.DEFAULT_SIZE,
javax.swing.GroupLayout.PREFERRED_SIZE)


.addPreferredGap(javax.swing.LayoutStyle.Componen
tPlacement.RELATED)
                .addComponent(DimEstribo15,
javax.swing.GroupLayout.PREFERRED_SIZE, 188,
javax.swing.GroupLayout.PREFERRED_SIZE))


.addGroup(panelImage1Layout.createSequentialGrou
p()
                .addComponent(labelRect18,
javax.swing.GroupLayout.PREFERRED_SIZE,
javax.swing.GroupLayout.DEFAULT_SIZE,
javax.swing.GroupLayout.PREFERRED_SIZE)
```

```
.addPreferredGap(javax.swing.LayoutStyle.Componen
tPlacement.RELATED)

                .addComponent(fck17,
javax.swing.GroupLayout.PREFERRED_SIZE, 145,
javax.swing.GroupLayout.PREFERRED_SIZE))


.addGroup(panelImage1Layout.createSequentialGrou
p()


.addGroup(panelImage1Layout.createParallelGroup(ja
vax.swing.GroupLayout.Alignment.TRAILING)


.addGroup(javax.swing.GroupLayout.Alignment.LEADI
NG, panelImage1Layout.createSequentialGroup()

                .addComponent(labelRect14,
javax.swing.GroupLayout.PREFERRED_SIZE,
javax.swing.GroupLayout.DEFAULT_SIZE,
javax.swing.GroupLayout.PREFERRED_SIZE)


.addPreferredGap(javax.swing.LayoutStyle.Componen
tPlacement.RELATED)

                .addComponent(AltViga13,
javax.swing.GroupLayout.PREFERRED_SIZE, 81,
javax.swing.GroupLayout.PREFERRED_SIZE))


.addGroup(javax.swing.GroupLayout.Alignment.LEADI
NG, panelImage1Layout.createSequentialGroup()

                .addComponent(labelRect13,
javax.swing.GroupLayout.PREFERRED_SIZE,
javax.swing.GroupLayout.DEFAULT_SIZE,
javax.swing.GroupLayout.PREFERRED_SIZE)
```

```
.addPreferredGap(javax.swing.LayoutStyle.Componen
tPlacement.RELATED)
                        .addComponent(BwPeLarg12,
javax.swing.GroupLayout.PREFERRED_SIZE, 52,
javax.swing.GroupLayout.PREFERRED_SIZE))


.addGroup(javax.swing.GroupLayout.Alignment.LEADI
NG, panelImage1Layout.createSequentialGroup()
                        .addComponent(labelRect10,
javax.swing.GroupLayout.PREFERRED_SIZE,
javax.swing.GroupLayout.DEFAULT_SIZE,
javax.swing.GroupLayout.PREFERRED_SIZE)


.addPreferredGap(javax.swing.LayoutStyle.Componen
tPlacement.UNRELATED)
                        .addComponent(comprViga9,
javax.swing.GroupLayout.PREFERRED_SIZE, 83,
javax.swing.GroupLayout.PREFERRED_SIZE))


.addGroup(javax.swing.GroupLayout.Alignment.LEADI
NG, panelImage1Layout.createSequentialGroup()
                        .addComponent(labelRect8,
javax.swing.GroupLayout.PREFERRED_SIZE,
javax.swing.GroupLayout.DEFAULT_SIZE,
javax.swing.GroupLayout.PREFERRED_SIZE)


.addPreferredGap(javax.swing.LayoutStyle.Componen
tPlacement.RELATED)
                        .addComponent(PpRev7,
javax.swing.GroupLayout.PREFERRED_SIZE, 80,
javax.swing.GroupLayout.PREFERRED_SIZE))
```

```
                .addComponent(labelRect17,
javax.swing.GroupLayout.Alignment.LEADING,
javax.swing.GroupLayout.PREFERRED_SIZE,
javax.swing.GroupLayout.DEFAULT_SIZE,
javax.swing.GroupLayout.PREFERRED_SIZE))


.addPreferredGap(javax.swing.LayoutStyle.Componen
tPlacement.RELATED)

                .addComponent(DimAs16,
javax.swing.GroupLayout.PREFERRED_SIZE, 126,
javax.swing.GroupLayout.PREFERRED_SIZE))


.addGroup(panelImage1Layout.createSequentialGrou
p()


.addGroup(panelImage1Layout.createParallelGroup(ja
vax.swing.GroupLayout.Alignment.LEADING)


.addGroup(panelImage1Layout.createSequentialGrou
p()

                .addComponent(labelRect19,
javax.swing.GroupLayout.PREFERRED_SIZE,
javax.swing.GroupLayout.DEFAULT_SIZE,
javax.swing.GroupLayout.PREFERRED_SIZE)


.addPreferredGap(javax.swing.LayoutStyle.Componen
tPlacement.RELATED)

                .addComponent(Recobri18,
javax.swing.GroupLayout.PREFERRED_SIZE, 159,
javax.swing.GroupLayout.PREFERRED_SIZE))


.addGroup(panelImage1Layout.createSequentialGrou
p()
```

```
                .addComponent(labelRect20,
javax.swing.GroupLayout.PREFERRED_SIZE,
javax.swing.GroupLayout.DEFAULT_SIZE,
javax.swing.GroupLayout.PREFERRED_SIZE)


.addPreferredGap(javax.swing.LayoutStyle.Componen
tPlacement.UNRELATED)
                .addComponent(DAgreg19,
javax.swing.GroupLayout.PREFERRED_SIZE, 181,
javax.swing.GroupLayout.PREFERRED_SIZE)))


.addPreferredGap(javax.swing.LayoutStyle.Componen
tPlacement.RELATED)
                .addComponent(EXEMPLO,
javax.swing.GroupLayout.PREFERRED_SIZE,
javax.swing.GroupLayout.DEFAULT_SIZE,
javax.swing.GroupLayout.PREFERRED_SIZE)


.addPreferredGap(javax.swing.LayoutStyle.Componen
tPlacement.RELATED,
javax.swing.GroupLayout.DEFAULT_SIZE,
Short.MAX_VALUE)
                .addComponent(RODAR,
javax.swing.GroupLayout.PREFERRED_SIZE,
javax.swing.GroupLayout.DEFAULT_SIZE,
javax.swing.GroupLayout.PREFERRED_SIZE)
                .addGap(29, 29, 29))


.addGroup(panelImage1Layout.createSequentialGrou
p()


.addGroup(panelImage1Layout.createParallelGroup(ja
vax.swing.GroupLayout.Alignment.TRAILING, false)
```

```java
.addGroup(javax.swing.GroupLayout.Alignment.LEADI
NG, panelImage1Layout.createSequentialGroup()

                    .addComponent(labelRect6,
javax.swing.GroupLayout.PREFERRED_SIZE,
javax.swing.GroupLayout.DEFAULT_SIZE,
javax.swing.GroupLayout.PREFERRED_SIZE)

.addPreferredGap(javax.swing.LayoutStyle.Componen
tPlacement.UNRELATED)

                    .addComponent(talwdViga5,
javax.swing.GroupLayout.DEFAULT_SIZE,
javax.swing.GroupLayout.DEFAULT_SIZE,
Short.MAX_VALUE))

                    .addComponent(labelRect15,
javax.swing.GroupLayout.PREFERRED_SIZE,
javax.swing.GroupLayout.DEFAULT_SIZE,
javax.swing.GroupLayout.PREFERRED_SIZE))

.addPreferredGap(javax.swing.LayoutStyle.Componen
tPlacement.RELATED)

                    .addComponent(Tipo_aco14,
javax.swing.GroupLayout.PREFERRED_SIZE, 66,
javax.swing.GroupLayout.PREFERRED_SIZE))

.addGroup(panelImage1Layout.createSequentialGrou
p()

.addGroup(panelImage1Layout.createParallelGroup(ja
vax.swing.GroupLayout.Alignment.TRAILING)

.addGroup(javax.swing.GroupLayout.Alignment.LEADI
NG, panelImage1Layout.createSequentialGroup()
```

```
                        .addComponent(labelRect5,
javax.swing.GroupLayout.PREFERRED_SIZE,
javax.swing.GroupLayout.DEFAULT_SIZE,
javax.swing.GroupLayout.PREFERRED_SIZE)

.addPreferredGap(javax.swing.LayoutStyle.Componen
tPlacement.UNRELATED)
                        .addComponent(talWd4,
javax.swing.GroupLayout.PREFERRED_SIZE, 74,
javax.swing.GroupLayout.PREFERRED_SIZE))
                        .addComponent(labelRect4,
javax.swing.GroupLayout.PREFERRED_SIZE,
javax.swing.GroupLayout.DEFAULT_SIZE,
javax.swing.GroupLayout.PREFERRED_SIZE))

.addPreferredGap(javax.swing.LayoutStyle.Componen
tPlacement.UNRELATED)
                        .addComponent(flechaMD3,
javax.swing.GroupLayout.PREFERRED_SIZE, 76,
javax.swing.GroupLayout.PREFERRED_SIZE))

.addGroup(panelImage1Layout.createSequentialGrou
p()
                        .addComponent(labelRect3,
javax.swing.GroupLayout.PREFERRED_SIZE,
javax.swing.GroupLayout.DEFAULT_SIZE,
javax.swing.GroupLayout.PREFERRED_SIZE)

.addPreferredGap(javax.swing.LayoutStyle.Componen
tPlacement.UNRELATED)
                        .addComponent(MomentoMd2,
javax.swing.GroupLayout.PREFERRED_SIZE, 77,
javax.swing.GroupLayout.PREFERRED_SIZE)))
```

```java
                .addContainerGap(32, Short.MAX_VALUE))


.addGroup(javax.swing.GroupLayout.Alignment.TRAIL
ING, panelImage1Layout.createSequentialGroup()


.addContainerGap(javax.swing.GroupLayout.DEFAUL
T_SIZE, Short.MAX_VALUE)

                .addComponent(labelRect1,
javax.swing.GroupLayout.PREFERRED_SIZE, 309,
javax.swing.GroupLayout.PREFERRED_SIZE)

                .addGap(105, 105, 105))

        );

        panelImage1Layout.setVerticalGroup(


panelImage1Layout.createParallelGroup(javax.swing.
GroupLayout.Alignment.LEADING)


.addGroup(panelImage1Layout.createSequentialGrou
p()

                .addContainerGap()

                .addComponent(labelRect1,
javax.swing.GroupLayout.PREFERRED_SIZE,
javax.swing.GroupLayout.DEFAULT_SIZE,
javax.swing.GroupLayout.PREFERRED_SIZE)


.addPreferredGap(javax.swing.LayoutStyle.Componen
tPlacement.RELATED)


.addGroup(panelImage1Layout.createParallelGroup(ja
vax.swing.GroupLayout.Alignment.TRAILING)
```

```
.addGroup(panelImage1Layout.createSequentialGrou
p()

.addGroup(panelImage1Layout.createParallelGroup(ja
vax.swing.GroupLayout.Alignment.BASELINE)
                .addComponent(labelRect2,
javax.swing.GroupLayout.PREFERRED_SIZE,
javax.swing.GroupLayout.DEFAULT_SIZE,
javax.swing.GroupLayout.PREFERRED_SIZE)
                .addComponent(NomeViga1,
javax.swing.GroupLayout.PREFERRED_SIZE,
javax.swing.GroupLayout.DEFAULT_SIZE,
javax.swing.GroupLayout.PREFERRED_SIZE))

.addPreferredGap(javax.swing.LayoutStyle.Componen
tPlacement.UNRELATED)

.addGroup(panelImage1Layout.createParallelGroup(ja
vax.swing.GroupLayout.Alignment.TRAILING)
                .addComponent(labelRect3,
javax.swing.GroupLayout.PREFERRED_SIZE,
javax.swing.GroupLayout.DEFAULT_SIZE,
javax.swing.GroupLayout.PREFERRED_SIZE)
                .addComponent(MomentoMd2,
javax.swing.GroupLayout.PREFERRED_SIZE,
javax.swing.GroupLayout.DEFAULT_SIZE,
javax.swing.GroupLayout.PREFERRED_SIZE))

.addPreferredGap(javax.swing.LayoutStyle.Componen
tPlacement.UNRELATED)

.addGroup(panelImage1Layout.createParallelGroup(ja
vax.swing.GroupLayout.Alignment.BASELINE)
```

```
                    .addComponent(labelRect4,
javax.swing.GroupLayout.PREFERRED_SIZE,
javax.swing.GroupLayout.DEFAULT_SIZE,
javax.swing.GroupLayout.PREFERRED_SIZE)

                    .addComponent(flechaMD3,
javax.swing.GroupLayout.PREFERRED_SIZE,
javax.swing.GroupLayout.DEFAULT_SIZE,
javax.swing.GroupLayout.PREFERRED_SIZE))


.addPreferredGap(javax.swing.LayoutStyle.Componen
tPlacement.UNRELATED)


.addGroup(panelImage1Layout.createParallelGroup(ja
vax.swing.GroupLayout.Alignment.BASELINE)

                    .addComponent(labelRect5,
javax.swing.GroupLayout.PREFERRED_SIZE,
javax.swing.GroupLayout.DEFAULT_SIZE,
javax.swing.GroupLayout.PREFERRED_SIZE)

                    .addComponent(talWd4,
javax.swing.GroupLayout.PREFERRED_SIZE,
javax.swing.GroupLayout.DEFAULT_SIZE,
javax.swing.GroupLayout.PREFERRED_SIZE))


.addPreferredGap(javax.swing.LayoutStyle.Componen
tPlacement.UNRELATED)

                    .addComponent(labelRect6,
javax.swing.GroupLayout.PREFERRED_SIZE,
javax.swing.GroupLayout.DEFAULT_SIZE,
javax.swing.GroupLayout.PREFERRED_SIZE))

                    .addComponent(talwdViga5,
javax.swing.GroupLayout.PREFERRED_SIZE,
javax.swing.GroupLayout.DEFAULT_SIZE,
javax.swing.GroupLayout.PREFERRED_SIZE))
```

```
.addPreferredGap(javax.swing.LayoutStyle.Componen
tPlacement.UNRELATED)

.addGroup(panelImage1Layout.createParallelGroup(ja
vax.swing.GroupLayout.Alignment.BASELINE)
                    .addComponent(labelRect7,
javax.swing.GroupLayout.PREFERRED_SIZE,
javax.swing.GroupLayout.DEFAULT_SIZE,
javax.swing.GroupLayout.PREFERRED_SIZE)
                    .addComponent(MDTorc6,
javax.swing.GroupLayout.PREFERRED_SIZE,
javax.swing.GroupLayout.DEFAULT_SIZE,
javax.swing.GroupLayout.PREFERRED_SIZE))

.addPreferredGap(javax.swing.LayoutStyle.Componen
tPlacement.UNRELATED)

.addGroup(panelImage1Layout.createParallelGroup(ja
vax.swing.GroupLayout.Alignment.BASELINE)
                    .addComponent(labelRect8,
javax.swing.GroupLayout.PREFERRED_SIZE,
javax.swing.GroupLayout.DEFAULT_SIZE,
javax.swing.GroupLayout.PREFERRED_SIZE)
                    .addComponent(PpRev7,
javax.swing.GroupLayout.PREFERRED_SIZE,
javax.swing.GroupLayout.DEFAULT_SIZE,
javax.swing.GroupLayout.PREFERRED_SIZE))

.addPreferredGap(javax.swing.LayoutStyle.Componen
tPlacement.UNRELATED)

.addGroup(panelImage1Layout.createParallelGroup(ja
vax.swing.GroupLayout.Alignment.BASELINE)
```

```
                .addComponent(labelRect9,
javax.swing.GroupLayout.PREFERRED_SIZE,
javax.swing.GroupLayout.DEFAULT_SIZE,
javax.swing.GroupLayout.PREFERRED_SIZE)

                .addComponent(SCarg8,
javax.swing.GroupLayout.PREFERRED_SIZE,
javax.swing.GroupLayout.DEFAULT_SIZE,
javax.swing.GroupLayout.PREFERRED_SIZE))


.addPreferredGap(javax.swing.LayoutStyle.Componen
tPlacement.UNRELATED)


.addGroup(panelImage1Layout.createParallelGroup(ja
vax.swing.GroupLayout.Alignment.BASELINE)

                .addComponent(labelRect10,
javax.swing.GroupLayout.PREFERRED_SIZE,
javax.swing.GroupLayout.DEFAULT_SIZE,
javax.swing.GroupLayout.PREFERRED_SIZE)

                .addComponent(comprViga9,
javax.swing.GroupLayout.PREFERRED_SIZE,
javax.swing.GroupLayout.DEFAULT_SIZE,
javax.swing.GroupLayout.PREFERRED_SIZE))


.addPreferredGap(javax.swing.LayoutStyle.Componen
tPlacement.RELATED)


.addGroup(panelImage1Layout.createParallelGroup(ja
vax.swing.GroupLayout.Alignment.BASELINE)

                .addComponent(labelRect11,
javax.swing.GroupLayout.PREFERRED_SIZE,
javax.swing.GroupLayout.DEFAULT_SIZE,
javax.swing.GroupLayout.PREFERRED_SIZE)

                .addComponent(BwLarg10,
javax.swing.GroupLayout.PREFERRED_SIZE,
```

```
                javax.swing.GroupLayout.DEFAULT_SIZE,
                javax.swing.GroupLayout.PREFERRED_SIZE))

            .addPreferredGap(javax.swing.LayoutStyle.Componen
            tPlacement.RELATED)

            .addGroup(panelImage1Layout.createParallelGroup(ja
            vax.swing.GroupLayout.Alignment.BASELINE)

                .addComponent(labelRect12,
                javax.swing.GroupLayout.PREFERRED_SIZE,
                javax.swing.GroupLayout.DEFAULT_SIZE,
                javax.swing.GroupLayout.PREFERRED_SIZE)

                .addComponent(espessLaj11,
                javax.swing.GroupLayout.PREFERRED_SIZE,
                javax.swing.GroupLayout.DEFAULT_SIZE,
                javax.swing.GroupLayout.PREFERRED_SIZE))

            .addPreferredGap(javax.swing.LayoutStyle.Componen
            tPlacement.RELATED)

            .addGroup(panelImage1Layout.createParallelGroup(ja
            vax.swing.GroupLayout.Alignment.BASELINE)

                .addComponent(labelRect13,
                javax.swing.GroupLayout.PREFERRED_SIZE,
                javax.swing.GroupLayout.DEFAULT_SIZE,
                javax.swing.GroupLayout.PREFERRED_SIZE)

                .addComponent(BwPeLarg12,
                javax.swing.GroupLayout.PREFERRED_SIZE,
                javax.swing.GroupLayout.DEFAULT_SIZE,
                javax.swing.GroupLayout.PREFERRED_SIZE))

            .addPreferredGap(javax.swing.LayoutStyle.Componen
            tPlacement.RELATED)
```

```
.addGroup(panelImage1Layout.createParallelGroup(ja
vax.swing.GroupLayout.Alignment.BASELINE)

            .addComponent(labelRect14,
javax.swing.GroupLayout.PREFERRED_SIZE,
javax.swing.GroupLayout.DEFAULT_SIZE,
javax.swing.GroupLayout.PREFERRED_SIZE)

            .addComponent(AltViga13,
javax.swing.GroupLayout.PREFERRED_SIZE,
javax.swing.GroupLayout.DEFAULT_SIZE,
javax.swing.GroupLayout.PREFERRED_SIZE))


.addPreferredGap(javax.swing.LayoutStyle.Componen
tPlacement.RELATED)


.addGroup(panelImage1Layout.createParallelGroup(ja
vax.swing.GroupLayout.Alignment.BASELINE)

            .addComponent(labelRect15,
javax.swing.GroupLayout.PREFERRED_SIZE,
javax.swing.GroupLayout.DEFAULT_SIZE,
javax.swing.GroupLayout.PREFERRED_SIZE)

            .addComponent(Tipo_aco14,
javax.swing.GroupLayout.PREFERRED_SIZE,
javax.swing.GroupLayout.DEFAULT_SIZE,
javax.swing.GroupLayout.PREFERRED_SIZE))


.addPreferredGap(javax.swing.LayoutStyle.Componen
tPlacement.UNRELATED)


.addGroup(panelImage1Layout.createParallelGroup(ja
vax.swing.GroupLayout.Alignment.BASELINE)

            .addComponent(labelRect16,
javax.swing.GroupLayout.PREFERRED_SIZE,
```

```
                javax.swing.GroupLayout.DEFAULT_SIZE,
javax.swing.GroupLayout.PREFERRED_SIZE)
            .addComponent(DimEstribo15,
javax.swing.GroupLayout.PREFERRED_SIZE,
javax.swing.GroupLayout.DEFAULT_SIZE,
javax.swing.GroupLayout.PREFERRED_SIZE))

.addPreferredGap(javax.swing.LayoutStyle.Componen
tPlacement.RELATED)

.addGroup(panelImage1Layout.createParallelGroup(ja
vax.swing.GroupLayout.Alignment.BASELINE)
            .addComponent(labelRect17,
javax.swing.GroupLayout.PREFERRED_SIZE,
javax.swing.GroupLayout.DEFAULT_SIZE,
javax.swing.GroupLayout.PREFERRED_SIZE)
            .addComponent(DimAs16,
javax.swing.GroupLayout.PREFERRED_SIZE,
javax.swing.GroupLayout.DEFAULT_SIZE,
javax.swing.GroupLayout.PREFERRED_SIZE))

.addPreferredGap(javax.swing.LayoutStyle.Componen
tPlacement.RELATED)

.addGroup(panelImage1Layout.createParallelGroup(ja
vax.swing.GroupLayout.Alignment.BASELINE)
            .addComponent(labelRect18,
javax.swing.GroupLayout.PREFERRED_SIZE,
javax.swing.GroupLayout.DEFAULT_SIZE,
javax.swing.GroupLayout.PREFERRED_SIZE)
            .addComponent(fck17,
javax.swing.GroupLayout.PREFERRED_SIZE,
javax.swing.GroupLayout.DEFAULT_SIZE,
javax.swing.GroupLayout.PREFERRED_SIZE))
```

.addPreferredGap(javax.swing.LayoutStyle.Componen
tPlacement.UNRELATED)

.addGroup(panelImage1Layout.createParallelGroup(ja
vax.swing.GroupLayout.Alignment.LEADING)

.addGroup(panelImage1Layout.createSequentialGrou
p()

.addGroup(panelImage1Layout.createParallelGroup(ja
vax.swing.GroupLayout.Alignment.BASELINE)
                        .addComponent(labelRect19,
javax.swing.GroupLayout.PREFERRED_SIZE,
javax.swing.GroupLayout.DEFAULT_SIZE,
javax.swing.GroupLayout.PREFERRED_SIZE)
                        .addComponent(Recobri18,
javax.swing.GroupLayout.PREFERRED_SIZE,
javax.swing.GroupLayout.DEFAULT_SIZE,
javax.swing.GroupLayout.PREFERRED_SIZE))

.addPreferredGap(javax.swing.LayoutStyle.Componen
tPlacement.UNRELATED)

.addGroup(panelImage1Layout.createParallelGroup(ja
vax.swing.GroupLayout.Alignment.LEADING)
                        .addComponent(DAgreg19,
javax.swing.GroupLayout.PREFERRED_SIZE,
javax.swing.GroupLayout.DEFAULT_SIZE,
javax.swing.GroupLayout.PREFERRED_SIZE)
                        .addComponent(labelRect20,
javax.swing.GroupLayout.PREFERRED_SIZE,
javax.swing.GroupLayout.DEFAULT_SIZE,
javax.swing.GroupLayout.PREFERRED_SIZE)))

```
.addGroup(panelImage1Layout.createParallelGroup(ja
vax.swing.GroupLayout.Alignment.BASELINE)
                .addComponent(RODAR,
javax.swing.GroupLayout.PREFERRED_SIZE,
javax.swing.GroupLayout.DEFAULT_SIZE,
javax.swing.GroupLayout.PREFERRED_SIZE)
                .addComponent(EXEMPLO,
javax.swing.GroupLayout.PREFERRED_SIZE,
javax.swing.GroupLayout.DEFAULT_SIZE,
javax.swing.GroupLayout.PREFERRED_SIZE)))
            .addContainerGap(18, Short.MAX_VALUE))
    );


        javax.swing.GroupLayout layout = new
javax.swing.GroupLayout(getContentPane());
        getContentPane().setLayout(layout);
        layout.setHorizontalGroup(

layout.createParallelGroup(javax.swing.GroupLayout.
Alignment.LEADING)
            .addComponent(panelImage1,
javax.swing.GroupLayout.DEFAULT_SIZE,
javax.swing.GroupLayout.DEFAULT_SIZE,
Short.MAX_VALUE)
    );
        layout.setVerticalGroup(

layout.createParallelGroup(javax.swing.GroupLayout.
Alignment.LEADING)
            .addGroup(layout.createSequentialGroup()
```

```java
            .addGap(0, 0, 0)
            .addComponent(panelImage1,
javax.swing.GroupLayout.DEFAULT_SIZE,
javax.swing.GroupLayout.DEFAULT_SIZE,
Short.MAX_VALUE))
    );


    setSize(new java.awt.Dimension(832, 630));
    setLocationRelativeTo(null);
  }// </editor-fold>


  private void
NomeViga1ActionPerformed(java.awt.event.ActionEve
nt evt) {
  NomeViga = NomeViga1.getText();
  }


  private void
MomentoMd2ActionPerformed(java.awt.event.ActionE
vent evt) {
  MomentoMd =
Double.parseDouble(MomentoMd2.getText());
  }


  private void
flechaMD3ActionPerformed(java.awt.event.ActionEve
nt evt) {
  flechaMD =
Double.parseDouble(flechaMD3.getText());
  }
```

```java
    private void
talWd4ActionPerformed(java.awt.event.ActionEvent
evt) {

    talWd = Double.parseDouble(talWd4.getText());

}


    private void
talwdViga5ActionPerformed(java.awt.event.ActionEve
nt evt) {

  talwdviga =
Double.parseDouble(talwdViga5.getText());

}


    private void
MDTorc6ActionPerformed(java.awt.event.ActionEvent
evt) {

   MDTorc =
Double.parseDouble(MDTorc6.getText());

}


    private void
PpRev7ActionPerformed(java.awt.event.ActionEvent
evt) {

   PpRev =  Double.parseDouble(PpRev7.getText());

}


    private void
SCarg8ActionPerformed(java.awt.event.ActionEvent
evt) {
```

```java
        SCarg = Double.parseDouble(SCarg8.getText());
    }


    private void
comprViga9ActionPerformed(java.awt.event.ActionEv
ent evt) {

        comprViga =
Double.parseDouble(comprViga9.getText());
    }


    private void
BwLarg10ActionPerformed(java.awt.event.ActionEven
t evt) {

        BwLarg =
Double.parseDouble(BwLarg10.getText());
    }


    private void
espessLaj11ActionPerformed(java.awt.event.ActionEv
ent evt) {

espessLaj=Double.parseDouble(espessLaj11.getText(
));
    }


    private void
BwPeLarg12ActionPerformed(java.awt.event.ActionEv
ent evt) {

        BwPeLarg =
Double.parseDouble(BwPeLarg12.getText());
```

```java
    }

    private void
AltViga13ActionPerformed(java.awt.event.ActionEvent
evt) {
        AltViga =
Double.parseDouble(AltViga13.getText());
    }


    private void
Tipo_aco14ActionPerformed(java.awt.event.ActionEve
nt evt) {
        Tipo_aco =
(int)Integer.parseInt(Tipo_aco14.getText());
    }


    private void
DimEstribo15ActionPerformed(java.awt.event.ActionE
vent evt) {
        DimEstribo =
Double.parseDouble(DimEstribo15.getText());
    }


    private void
DimAs16ActionPerformed(java.awt.event.ActionEvent
evt) {
        DimAs =
Double.parseDouble(DimAs16.getText());
    }
```

```java
    private void
fck17ActionPerformed(java.awt.event.ActionEvent evt)
{

    fck = (int)Integer.parseInt(fck17.getText());

    }


    private void
Recobri18ActionPerformed(java.awt.event.ActionEven
t evt) {

      Recobri =
Double.parseDouble(Recobri18.getText());

    }


    private void
DAgreg19ActionPerformed(java.awt.event.ActionEven
t evt) {

    DAgreg =
Double.parseDouble(DAgreg19.getText());

    }


    private void
RODARActionPerformed(java.awt.event.ActionEvent
evt) {


      if (MomentoMd2.getText().isBlank() ||
flechaMD3.getText().isBlank() ||
talWd4.getText().isBlank() ||

        talwdViga5.getText().isBlank() ||
MDTorc6.getText().isBlank() ||
PpRev7.getText().isBlank() ||
```

```java
        SCarg8.getText().isBlank() ||
comprViga9.getText().isBlank() ||
BwLarg10.getText().isBlank() ||

        espessLaj11.getText().isBlank() ||
BwPeLarg12.getText().isBlank() ||

        AltViga13.getText().isBlank() ||
Tipo_aco14.getText().isBlank() ||
DimEstribo15.getText().isBlank() ||

        DimAs16.getText().isBlank() ||
fck17.getText().isBlank() ||
Recobri18.getText().isBlank() ||

        DAgreg19.getText().isBlank() )

    {   JOptionPane.showMessageDialog(null,"
Preencha todos os campos.");}   else {

  NomeViga = NomeViga1.getText();

  MomentoMd =
Double.parseDouble(MomentoMd2.getText());

  flechaMD =
Double.parseDouble(flechaMD3.getText());

  talWd = Double.parseDouble(talWd4.getText());

  talwdviga =
Double.parseDouble(talwdViga5.getText());

  MDTorc =
Double.parseDouble(MDTorc6.getText());

  PpRev = Double.parseDouble(PpRev7.getText());

  SCarg = Double.parseDouble(SCarg8.getText());

  comprViga =
Double.parseDouble(comprViga9.getText());

  BwLarg =
Double.parseDouble(BwLarg10.getText());
```

```
espessLaj=Double.parseDouble(espessLaj11.getText(
));

   BwPeLarg =
Double.parseDouble(BwPeLarg12.getText());

   AltViga = Double.parseDouble(AltViga13.getText());

   Tipo_aco =
(int)Integer.parseInt(Tipo_aco14.getText());

   Tipo_aco14.setText(String.valueOf(Tipo_aco));

   DimEstribo =
Double.parseDouble(DimEstribo15.getText());

   DimAs = Double.parseDouble(DimAs16.getText());

   fck = (int)Integer.parseInt(fck17.getText());

   fck17.setText(String.valueOf(fck));

   Recobri =
Double.parseDouble(Recobri18.getText());

   DAgreg =
Double.parseDouble(DAgreg19.getText());

   if ((fck <110 ) ||  (fck >260)){ fck17.setText("");

   JOptionPane.showMessageDialog(null," Entre com
o valor indicado.");}else{



   DimAs =DimAs/10; DimEstribo = DimEstribo/10;
entradado();

     }}

   }
```

```java
    private void
EXEMPLOActionPerformed(java.awt.event.ActionEve
nt evt) {

        NomeViga1.setText(" NILSON ENGENHEIRO
Viga exemplo tipo T- V-8-area2-momento a 2 m. ");

        MomentoMd2.setText("97");
flechaMD3.setText("44"); talWd4.setText("68");

        talwdViga5.setText("75");
MDTorc6.setText("10"); PpRev7.setText("4");

        SCarg8.setText("6") ;
comprViga9.setText("900") ; BwLarg10.setText("200")
;

        espessLaj11.setText("11") ;
BwPeLarg12.setText("70") ;

        AltViga13.setText("109") ;
Tipo_aco14.setText("50") ; DimEstribo15.setText("5") ;

        DimAs16.setText("20") ;  fck17.setText("200") ;
Recobri18.setText("2") ;

        DAgreg19.setText("2");

    }


    /**

     * @param args the command line arguments

     */

    public static void main(String args[]) {

        /* Set the Nimbus look and feel */

        //<editor-fold defaultstate="collapsed" desc="
Look and feel setting code (optional) ">

        /* If Nimbus (introduced in Java SE 6) is not
available, stay with the default look and feel.
```

```
         * For details see
http://download.oracle.com/javase/tutorial/uiswing/look
andfeel/plaf.html
         */
      try {
          for (javax.swing.UIManager.LookAndFeelInfo
info :
javax.swing.UIManager.getInstalledLookAndFeels()) {
            if ("Nimbus".equals(info.getName())) {

javax.swing.UIManager.setLookAndFeel(info.getClass
Name());
               break;
            }
         }
      } catch (ClassNotFoundException ex) {

java.util.logging.Logger.getLogger(nilson_12_GUI.clas
s.getName()).log(java.util.logging.Level.SEVERE, null,
ex);
      } catch (InstantiationException ex) {

java.util.logging.Logger.getLogger(nilson_12_GUI.clas
s.getName()).log(java.util.logging.Level.SEVERE, null,
ex);
      } catch (IllegalAccessException ex) {

java.util.logging.Logger.getLogger(nilson_12_GUI.clas
s.getName()).log(java.util.logging.Level.SEVERE, null,
ex);
```

```java
        } catch
(javax.swing.UnsupportedLookAndFeelException ex) {

java.util.logging.Logger.getLogger(nilson_12_GUI.clas
s.getName()).log(java.util.logging.Level.SEVERE, null,
ex);
        }
        //</editor-fold>

        /* Create and display the form */
        java.awt.EventQueue.invokeLater(new
Runnable() {
            public void run() {
                new nilson_12_GUI().setVisible(true);
            }
        });
    }
    // Variables declaration - do not modify
    private org.edisoncor.gui.textField.TextField
AltViga13;

    private org.edisoncor.gui.textField.TextField
BwLarg10;

    private org.edisoncor.gui.textField.TextField
BwPeLarg12;

    private org.edisoncor.gui.textField.TextField
DAgreg19;

    private org.edisoncor.gui.textField.TextField
DimAs16;

    private org.edisoncor.gui.textField.TextField
DimEstribo15;
```

```java
    private org.edisoncor.gui.button.ButtonAction
EXEMPLO;

    private org.edisoncor.gui.textField.TextField
MDTorc6;

    private org.edisoncor.gui.textField.TextField
MomentoMd2;

    private org.edisoncor.gui.textField.TextField
NomeViga1;

    private org.edisoncor.gui.textField.TextField
PpRev7;

    private org.edisoncor.gui.button.ButtonAction
RODAR;

    private org.edisoncor.gui.textField.TextField
Recobri18;

    private org.edisoncor.gui.textField.TextField
SCarg8;

    private org.edisoncor.gui.textField.TextField
Tipo_aco14;

    private org.edisoncor.gui.textField.TextField
comprViga9;

    private org.edisoncor.gui.textField.TextField
espessLaj11;

    private org.edisoncor.gui.textField.TextField fck17;

    private org.edisoncor.gui.textField.TextField
flechaMD3;

    private org.edisoncor.gui.label.LabelRect
labelRect1;

    private org.edisoncor.gui.label.LabelRect
labelRect10;

    private org.edisoncor.gui.label.LabelRect
labelRect11;
```

```java
    private org.edisoncor.gui.label.LabelRect
labelRect12;

    private org.edisoncor.gui.label.LabelRect
labelRect13;

    private org.edisoncor.gui.label.LabelRect
labelRect14;

    private org.edisoncor.gui.label.LabelRect
labelRect15;

    private org.edisoncor.gui.label.LabelRect
labelRect16;

    private org.edisoncor.gui.label.LabelRect
labelRect17;

    private org.edisoncor.gui.label.LabelRect
labelRect18;

    private org.edisoncor.gui.label.LabelRect
labelRect19;

    private org.edisoncor.gui.label.LabelRect
labelRect2;

    private org.edisoncor.gui.label.LabelRect
labelRect20;

    private org.edisoncor.gui.label.LabelRect
labelRect3;

    private org.edisoncor.gui.label.LabelRect
labelRect4;

    private org.edisoncor.gui.label.LabelRect
labelRect5;

    private org.edisoncor.gui.label.LabelRect
labelRect6;

    private org.edisoncor.gui.label.LabelRect
labelRect7;
```

```java
    private org.edisoncor.gui.label.LabelRect
labelRect8;




    private org.edisoncor.gui.label.LabelRect
labelRect9;




    private org.edisoncor.gui.panel.PanelImage
panelImage1;




    private org.edisoncor.gui.textField.TextField talWd4;




    private org.edisoncor.gui.textField.TextField
talwdViga5;




    // End of variables declaration  }
```

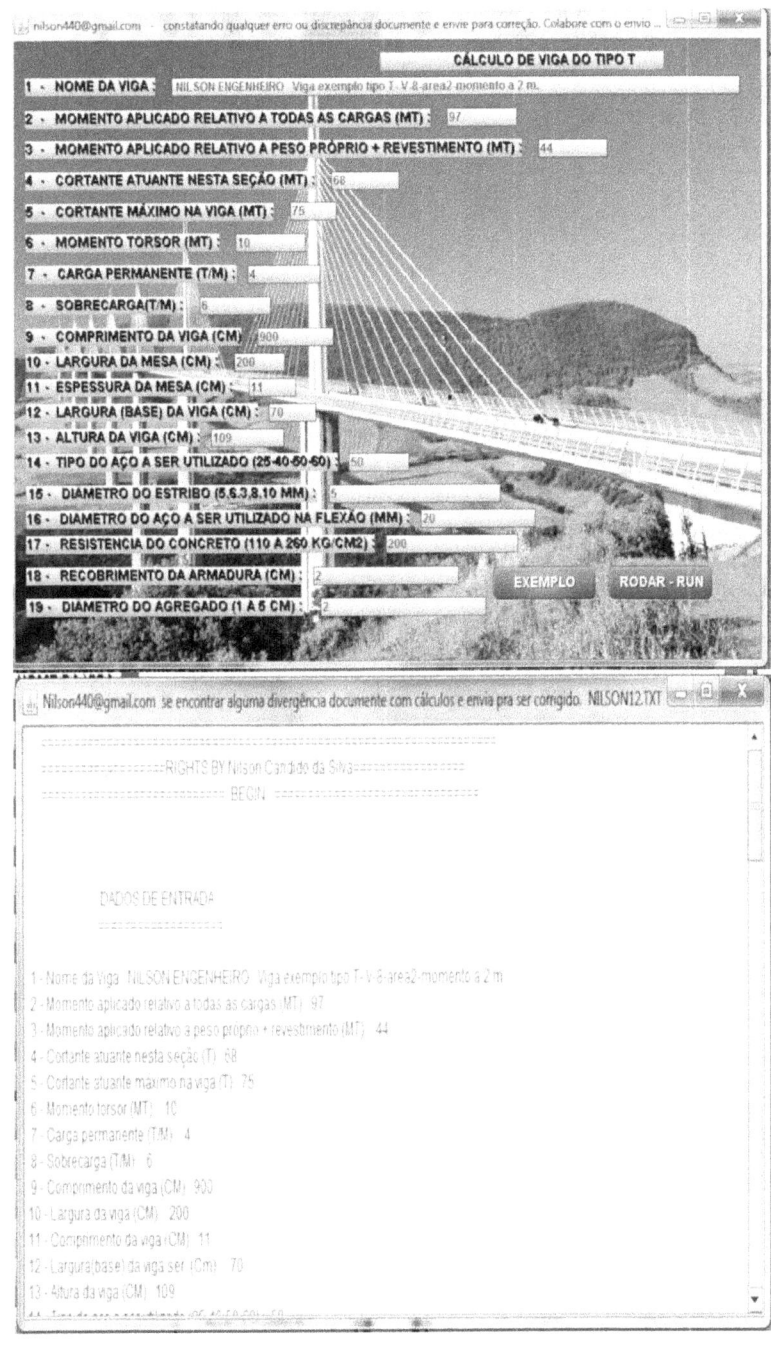

CÁLCULO DE VIGA DO TIPO T

1 - NOME DA VIGA : NILSON ENGENHEIRO Viga exemplo tipo T- V-8-area2-momento a 2 m.

2 - MOMENTO APLICADO RELATIVO A TODAS AS CARGAS (MT) : 97

3 - MOMENTO APLICADO RELATIVO A PESO PRÓPRIO + REVESTIMENTO (MT) : 44

4 - CORTANTE ATUANTE NESTA SEÇÃO (MT) : 68

5 - CORTANTE MÁXIMO NA VIGA (MT) : 75

6 - MOMENTO TORSOR (MT) : 10

7 - CARGA PERMANENTE (T/M) : 4

8 - SOBRECARGA(T/M) : 6

9 - COMPRIMENTO DA VIGA (CM) : 900

10 - LARGURA DA MESA (CM) : 200

11 - ESPESSURA DA MESA (CM) : 11

12 - LARGURA (BASE) DA VIGA (CM) : 70

13 - ALTURA DA VIGA (CM) : 109

14 - TIPO DO AÇO A SER UTILIZADO (25-40-50-60) : 50

15 - DIAMETRO DO ESTRIBO (5,6,3,8,10 MM) : 5

16 - DIAMETRO DO AÇO A SER UTILIZADO NA FLEXÃO (MM) : 20

17 - RESISTENCIA DO CONCRETO (110 A 260 KG/CM2) : 200

18 - RECOBRIMENTO DA ARMADURA (CM) : 2

19 - DIAMETRO DO AGREGADO (1 A 5 CM) : 2

EXEMPLO   RODAR - RUN

```
===============================================
=============RIGHTS BY Nilson Candido da Silva=============
============================ BEGIN =============================




          DADOS DE ENTRADA
          ------------------------


1 - Nome da Viga  NILSON ENGENHEIRO  Viga exemplo tipo T- V-8-area2-momento a 2 m.
2 - Momento aplicado relativo a todas as cargas (MT)  97
3 - Momento aplicado relativo a peso proprio + revestimento (MT)  44
4 - Cortante atuante nesta seção (T)  68
5 - Cortante atuante maximo na viga (T)  75
6 - Momento torsor (MT)  10
7 - Carga permanente (T/M)  4
8 - Sobrecarga (T/M)  6
9 - Comprimento da viga (CM)  900
10 - Largura da viga (CM)  200
11 - Comprimento da viga (CM)  11
12 - Largura(base) da viga ser (Cm)  70
13 - Altura da viga (CM)  109
```

14- Tipo do aço a ser utilizado (25-40-50-60) : 50
15 - Diâmetro do Estribo (5,6,3,8,10MM) : 5
16 - Diâmetro do aço a ser utilizado na flexão(MM) : 20
17 - Resistência do concreto (110 a 260 KG/CM²) : 200
18 - Recobrimento da armadura (CM) : 2
19 - Diâmetro máximo do agregado(1 a 5 CM) : 2

        DESENHO DA SEÇÃO
        ================

Obs. Desenhe a seção da viga com a armadura. Normas de espaçamento. Se seção insuficiente aumente dimensões.

20- Quanto a distribuição do aço: Seção subarmada
21- Do topo até C.G. do aço tracionado = 105,5 Centímetros
22- Area mínima de aço na flexão (NB1) é = 31,65 cm2
23- Linha neutra a partir do topo = 10,55 Centímetros
   A linha neutra está situada na laje e por este item a estrutura é boa.

24-   A = 109 Centímetros

25- B = 70 Centímetros
26- C = 200 Centímetros
27- D = 11 Centímetros
28- A área de aço de cada barra é = 3,14 cm2
29- O diâmetro de cada barra é = 20 mm
30- A Área mínima de aço para estribo vertical(NB1) = 7,2 cm2/m
31- O diâmetro máximo de estribo(NB1) = 12,5 mm
32- O espaçamento máximo entre estribos(NB1) = 30 cm
33- A Área calculada de aço para estribo vertical = 11,33 cm2/m
34- O número necessário de estribo (cisalhamento) = 26,85 /m
        NA SEÇÃO TRACIONADA
        ===================
35- Menor espaçamento entre cada AS1 = 2,4 Centímetros
36- AS1 = uma barra de aço CA-50 -B
37- O número total de barras de aço colocadas na parte inferior
   é de 10 barras
38- A área de aço calculada para a flexão e = 30,87 cm2
39- A área de aço do total de barras e = 31,42 cm2
        NA SEÇÃO COMPRIMIDA
        ===================
40- AS2 = barra de aço apenas para montagem da armação

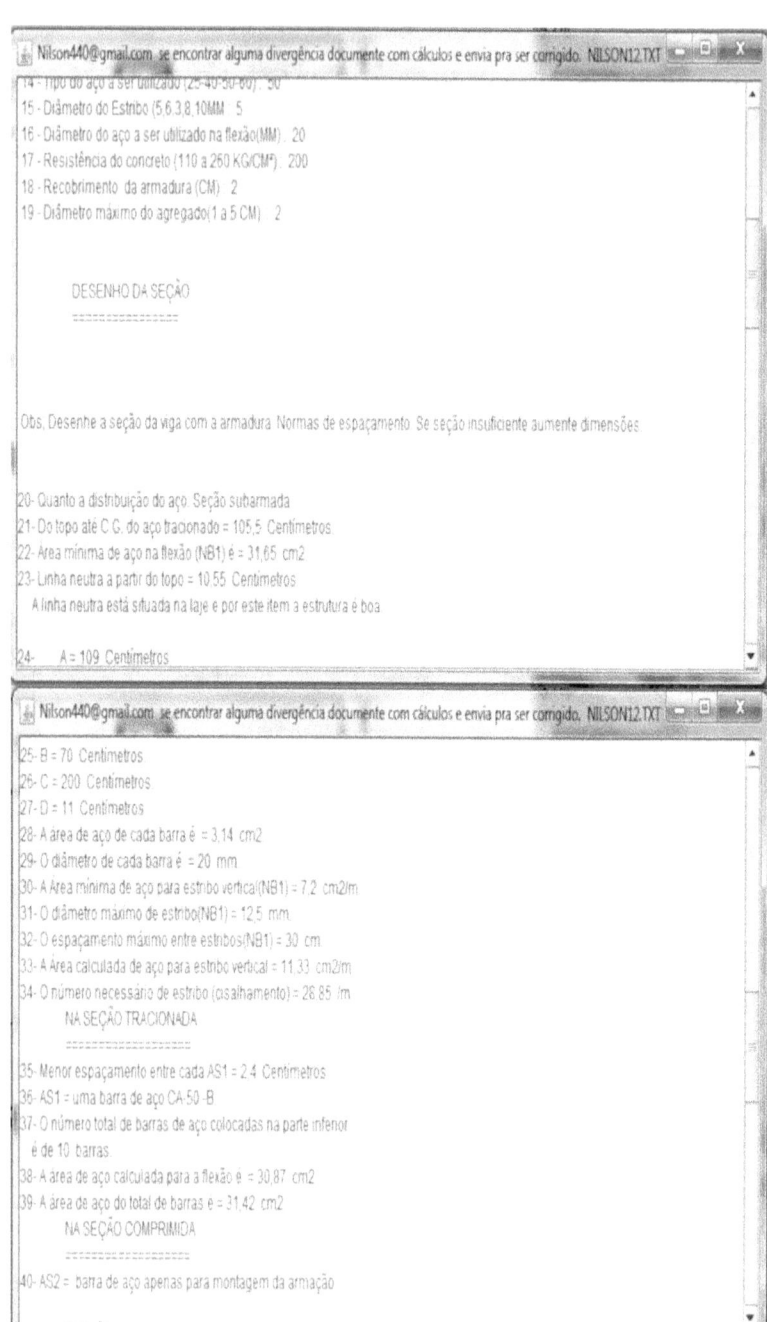

90

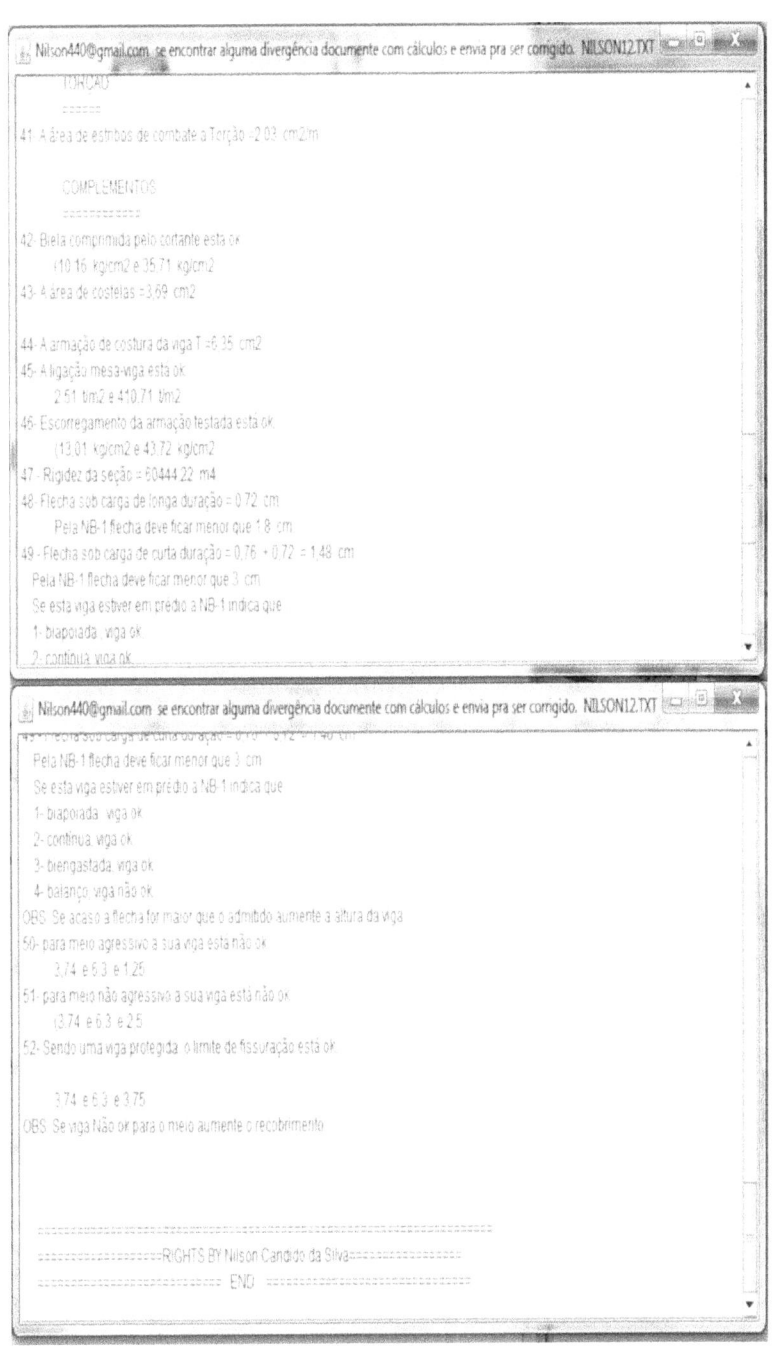

          TORÇÃO
          ======

41- A área de estribos de combate a Torção =2.03 cm2/m

          COMPLEMENTOS

42- Biela comprimida pelo cortante esta ok
        (10.16 kg/cm2 e 35.71 kg/cm2
43- A área de costelas = 3.69 cm2

44- A armação de costura da viga T =6.35 cm2
45- A ligação mesa-viga esta ok
        2.51 t/m2 e 410.71 t/m2
46- Escorregamento da armação testada esta ok
        (13.01 kg/cm2 e 43.72 kg/cm2
47 - Rigidez da seção = 60444.22 m4
48- Flecha sob carga de longa duração = 0.72 cm
        Pela NB-1 flecha deve ficar menor que 1.8 cm
49 - Flecha sob carga de curta duração = 0.76 + 0.72 = 1.48 cm
    Pela NB-1 flecha deve ficar menor que 3 cm
    Se esta viga estiver em prédio a NB-1 indica que
    1- biapoiada: viga ok
    2- continua: viga ok

---

49 - Flecha sob carga de curta duração = 0.76 + 0.72 = 1.48 cm
    Pela NB-1 flecha deve ficar menor que 3 cm
    Se esta viga estiver em prédio a NB-1 indica que
    1- biapoiada: viga ok
    2- continua: viga ok
    3- biengastada: viga ok
    4- balanço: viga não ok
OBS: Se acaso a flecha for maior que o admitido aumente a altura da viga
50- para meio agressivo a sua viga está não ok
        3.74 e 6.3 e 1.25
51- para meio não agressivo a sua viga está não ok
        (3.74 e 6.3 e 2.5
52- Sendo uma viga protegida, o limite de fissuração está ok

        3.74 e 6.3 e 3.75
OBS: Se viga Não ok para o meio aumente o recobrimento

===
=================RIGHTS BY Nilson Candido da Silva================
================== END =================================

91

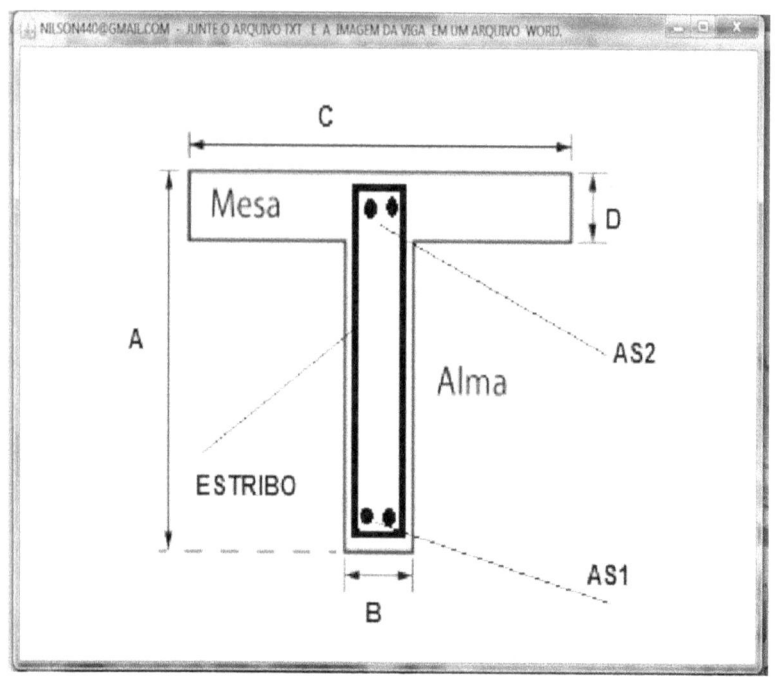

package nilson13;

import javax.swing.JOptionPane;

import view.nilson13_GUI; /** * * @author pc

*/

public class Nilson13 {

  /**

   * @param args the command line arguments

   */

  public static void main(String[] args) {

   String st,so = "";

      for(int i = 0; i < args.length; i++) {

     so = so + args[i];   } st = so.trim();

    if (!(st.equals ("Tecla1996")))

```java
        { JOptionPane.showInternalMessageDialog(null,"
Contate nilson440@gmail.com"); System.exit(0); }
        new nilson13_GUI().setVisible(true);
    }


}


package view;

import java.io.File;
import java.io.FileWriter;
import java.io.IOException;
import javax.swing.JOptionPane;


public class arquivo {
    public static void Write(String Texto){
        File arq = new File("nilson1.txt");
        if (!(arq.exists())){
        try {
        arq.createNewFile();
        } catch (IOException e) {

JOptionPane.showMessageDialog(null,"NilsonStart
=====  Contate nilson440@gmail.com");
        System.exit(0);
        }
        }
```

```java
        try{
          FileWriter arqu = new FileWriter("nilson1.txt");


        arqu.write(Texto);

        arqu.flush();

        } catch (IOException e) {

JOptionPane.showMessageDialog(null,"NilsonStart
======   Contate nilson440@gmail.com");
          System.exit(0);}


  }
}/*
 * Click
nbfs://nbhost/SystemFileSystem/Templates/Licenses/lic
ense-default.txt to change this license
 * Click
nbfs://nbhost/SystemFileSystem/Templates/Classes/Cl
ass.java to edit this template
 */
package view;


import javax.swing.text.AttributeSet;

import javax.swing.text.BadLocationException;

import javax.swing.text.PlainDocument;


/**
 *
```

```java
 * @author  nilson440@gmail.com
 */
public class entDados
    extends PlainDocument{


  public enum TipoEntrada {
    NUMEROINTEIRO,
NUMERODECIMAL,ZERODECIMAL,
INTZERODECIMAL,NOME, EMAIL, DATA,TUDU;
  };
  private int qtdCaracteres;
  private TipoEntrada tpEntrada;


  public entDados(int qtdCaracteres, TipoEntrada
tpEntrada) {
    this.qtdCaracteres = qtdCaracteres;
    this.tpEntrada = tpEntrada;
  }


  @Override
  public void insertString(int i, String string,
AttributeSet as) throws BadLocationException {
    if (string == null || getLength() == qtdCaracteres){
      return;
    }

    int totalCarac = getLength() + string.length();
```

```
        String regex = "";


    switch(tpEntrada){
        case NUMEROINTEIRO: if(getLength() == 0)
regex = "[^1-9]"; else regex = "[^0-9]"; break;


        case NUMERODECIMAL: if(getLength() == 0)
regex = "[^1-9]"; else
                    if
(getText(0,getLength()).contains(".")) regex = "[^0-9]";
else regex = "[^0-9.]"; break;


        case ZERODECIMAL:   if(getLength() == 0)
regex = "[^0]"; else
                    if (getLength() == 1) regex =
"[^.]"; else regex = "[^0-9]"; break;


        case INTZERODECIMAL:  if(getLength() == 0)
regex = "[^0-9]"; else  if
(getText(0,getLength()).contains("0") && getLength() ==
1) regex = "[^.]";
                    else if
(getText(0,getLength()).contains(".")) regex = "[^0-9]";
else regex = "[^0-9.]"; break;


        case NOME:          regex = "[^\\p{IsLatin} ]";
break;
        case EMAIL:         regex = "[^\\p{IsLatin}@.\\-
_][^0-9/]"; break;
```

```java
            case DATA:        regex = "[^0-9/]"; break;
            case TUDU:        regex =
"^[(]\\p{L}&&[\\p{IsLatin}]]|0-9||´|-]+$"; break;
        }


        string = string.replaceAll(regex, "");


        if (totalCarac <= qtdCaracteres){
            super.insertString(i, string, as);
        }else{
            String nova = string.substring(0, qtdCaracteres);
            super.insertString(i, nova, as);
        }
    }
```



```java
}/*
 * Click
nbfs://nbhost/SystemFileSystem/Templates/Licenses/lic
ense-default.txt to change this license
 * Click
nbfs://nbhost/SystemFileSystem/Templates/GUIForms/
JFrame.java to edit this template
 */
package view;


import java.io.BufferedWriter;
import java.io.File;
```

```java
import java.io.FileWriter;

import java.io.IOException;

import java.text.DecimalFormat;

import java.util.logging.Level;

import java.util.logging.Logger;

import javax.swing.JOptionPane;

import static
view.entDados.TipoEntrada.INTZERODECIMAL;

import static view.entDados.TipoEntrada.TUDU;


/**
 *
 * @author pc  nilson440@gmail.com
 */
public class nilson13_GUI extends javax.swing.JFrame
{


DecimalFormat d2 = new DecimalFormat("## ###.##");

   DecimalFormat d1 = new DecimalFormat("##
###.#");

   DecimalFormat d0 = new DecimalFormat("## ###");
public static final  double[][]tabii_2 =
//: array[1..34,1..17] of real =
{{1,2,3,4,5,110,135,150,180,200,220,240,260,25,40,50,
60},

{0.121,0.2,10.0,0.02,0.99,88.4,79.8,75.7,69.1,65.5,62.5
,59.8,57.5,2.14,3.44,4.3,5.17},

{0.244,0.42,10.0,0.04,0.98,44.2,39.9,37.9,34.6,32.8,31.
3,29.9,28.8,2.13,3.42,4.28,5.14},
```

{0.357,0.64,10.0,0.06,0.98,29.9,27.0,25.6,23.3,22.1,21.1,20.2,19.4,2.12,3.4,4.26,5.11},

{0.465,0.87,10.0,0.08,0.97,22.8,20.6,19.5,17.8,16.9,16.1,15.4,14.8,2.1,3.37,4.22,5.06},

{0.565,1.11,10.0,0.1,0.96,18.6,16.8,15.9,14.5,13.8,13.1,12.6,12.1,2.08,3.34,4.17,5.0},

{0.657,1.36,10.0,0.12,0.95,15.8,14.3,13.5,12.4,11.7,11.2,10.7,10.3,2.06,3.3,4.13,4.96},

{0.742,1.63,10.0,0.14,0.94,13.8,12.5,11.9,10.8,10.3,9.79,9.37,9.01,2.05,3.28,4.1,4.93},

{0.811,1.9,10.0,0.16,0.94,12.4,11.2,10.6,9.68,9.19,8.76,8.39,8.06,2.04,3.27,4.08,4.9},

{0.872,2.2,10.0,0.18,0.93,11.4,10.2,9.7,8.86,8.4,8.01,7.67,7.37,2.02,3.23,4.04,4.85},

{0.917,2.5,10.0,0.2,0.92,10.5,9.5,9.02,8.23,7.81,7.44,7.13,6.85,2.0,3.2,4.0,4.8},

{0.955,2.82,10.0,0.22,0.91,9.92,8.93,8.47,7.73,7.33,7.0,6.7,6.43,1.98,3.17,3.96,4.75},

{0.987,3.16,10.0,0.24,0.9,9.38,8.46,8.03,7.33,6.95,6.63,6.34,6.09,1.97,3.15,3.94,4.73},

{1.0,3.5,10.0,0.26,0.9,8.94,8.07,7.66,6.99,6.63,6.32,6.05,5.82,1.96,3.13,3.91,4.7},

{1.0,3.5,9.0,0.28,0.89,8.67,7.82,7.42,6.77,6.43,6.13,5.87,5.64,1.94,3.1,3.87,4.64},

{1.0,3.5,8.17,0.3,0.88,8.42,7.6,7.21,6.58,6.24,5.95,5.7,5.48,1.92,3.06,3.83,4.59},

{1.0,3.5,7.44,0.32,0.87,8.2,7.4,7.02,6.41,6.08,5.8,5.55,5.33,1.9,3.03,3.78,4.54},

{1.0,3.5,6.79,0.34,0.86,8.0,7.22,6.85,6.25,5.93,5.66,5.42,5.2,1.86,2.99,3.76,4.51},

{1.0,3.5,6.22,0.36,0.86,7.78,7.02,6.66,6.08,5.77,5.5,5.2
6,5.06,1.85,2.97,3.74,4.48},

{1.0,3.5,5.71,0.38,0.85,7.61,6.87,6.52,5.95,5.65,5.38,5.
15,4.95,1.84,2.96,3.7,4.43},

{1.0,3.5,5.25,0.4,0.84,7.46,6.74,6.39,5.83,5.54,5.28,5.0
5,4.85,1.82,2.92,3.65,4.38},

{1.0,3.5,4.83,0.42,0.83,7.33,6.61,6.27,5.73,5.43,5.18,4.
96,4.77,1.8,2.89,3.61,4.33},

{1.0,3.5,4.45,0.44,0.82,7.2,6.5,6.17,5.63,5.34,5.09,4.88
,4.68,1.78,2.87,3.59,4.3},

{1.0,3.5,4.11,0.46,0.82,7.04,6.36,6.03,5.51,5.22,4.98,4.
77,4.58,1.77,2.85,3.57,4.15},

{1.0,3.5,3.79,0.48,0.81,6.94,6.26,5.94,5.42,5.15,4.91,4.
7,4.51,1.76,2.82,3.45,4.02},

{1.0,3.5,3.59,0.5,0.8,6.84,6.17,5.86,5.35,5.07,4.84,4.63
,4.45,1.74,2.75,3.34,3.88},

{1.0,3.5,3.23,0.52,0.79,6.75,6.09,5.78,5.28,5.01,4.77,4.
57,4.39,1.72,2.67,3.22,3.75},

{1.0,3.5,3.0,0.54,0.78,6.67,6.02,5.71,5.21,4.94,4.71,4.5
1,4.34,1.7,2.57,3.12,3.62},

{1.0,3.5,2.75,0.56,0.78,6.55,5.91,5.61,5.12,4.85,4.63,4.
43,4.26,1.69,2.51,3.05,3.41},

{1.0,3.5,2.53,0.58,0.77,6.47,5.84,5.54,5.06,4.8,4.58,4.3
8,4.21,1.68,2.47,2.95,3.03},

{1.0,3.5,2.33,0.6,0.76,6.41,5.78,5.49,5.01,4.75,4.53,4.3
4,4.17,1.66,2.38,2.81,2.84},

{1.0,3.5,2.15,0.62,0.75,6.34,5.73,5.43,4.96,4.71,4.49,4.
3,4.13,1.64,2.32,2.54,2.71},

{1.0,3.5,1.97,0.64,0.74,6.29,5.67,5.38,4.91,4.66,4.45,4.
26,4.09,1.6,2.24,2.31,2.53},

```
{1.0,3.5,1.8,0.66,0.74,6.19,5.59,5.3,4.84,4.59,4.38,4.19
,4.03,1.59,2.09,2.24,2.41}};


double
mom,lar,alt,csm,tac,rec,k2,alfa,x1,x2,y1,y2,cfp,cfa,dca,
as ,w,ec,es,kx,kz;
 int x,n,y;
 String    s,nomeviga;
File arquiv = new File ("nilson13.txt");




   /*
public static double regrade3(double a,double b,double
c,double d,double f ){
  double regr = d;
if (((a>=b)&&(b>=c))||((a<=b)&&(b<=c))) {
if ((a==c)  || (d==f)) { regr=(d+f)/2;return regr;};
if ((a<c) && (d<f)) { regr=(b-a)/(c-a)*(f-d)+d;return regr;};
if ((a>c) && (d>f)) { regr=(b-c)/(a-c)*(d-f)+f;return regr;};
if ((a>c) && (d<f)) {regr=(a-b)/(a-c)*(f-d)+d;return regr;};
if ((a<c) && (d>f)) { regr=(c-b)/(c-a)*(d-f)+f;return
regr;};};
return regr;


}
*/
public static double regrade3(double a,double b,double
c,double d,double f ){
```

```
double regr=0;
regr=(f-a)/(b-a)*(d-c)+c;
return regr;


}




public void inicio() throws IOException{
int max=12; byte i;


 if(arquiv.exists()) arquiv.delete();
     try {
   arquiv.createNewFile();
   FileWriter fw = new FileWriter(arquiv);


   BufferedWriter bw = new BufferedWriter(fw);



 bw.write( "
=========================================
=========================== ");bw.newLine();
 bw.write( "     ==================RIGHTS BY
Nilson Candido da Silva================
");bw.newLine();
```

```
bw.write( "     =============================
BEGIN  =============================
");bw.newLine();


bw.newLine();bw.newLine();bw.newLine();

bw.write("                    DADOS DE ENTRADA
");bw.newLine();

bw.write("
===================");bw.newLine();bw.newLine();

bw.write(" 1 - Nome da Viga: "+nomeviga1.getText()+"
");bw.newLine();

bw.write(" 2 - Momento aplicado relativo a todas as
cargas (MT): "+mom2.getText()+" ");bw.newLine();

bw.write(" 3 - Largura da viga (CM) :
"+lar3.getText()+" ");bw.newLine();

bw.write(" 4 - Altura da viga (CM - do topo a LC da
armadura): "+alt4.getText()+" ");bw.newLine();

// bw.write(" 5 - Coeficiente de segurança no concreto:
"+csc5.getText()+" ");bw.newLine();

// bw.write(" 6 - Coeficiente de segurança no aço :
"+csa6.getText()+" ");bw.newLine();

bw.write(" 5 - Coeficiente de segurança no momento :
"+csm7.getText()+" ");bw.newLine();

bw.write(" 6 - Tipo do aço a ser utilizado (25-40-50-
60): "+tac8.getText()+" ");bw.newLine();

//bw.write(" 7 - Categoria do aço (A=1 ou B=2):
"+cac9.getText()+" ");bw.newLine();

bw.write(" 7 - Regitência do concreto(110 a 260
KG/CM2) : "+rec10.getText()+" ");bw.newLine();


mom=mom*csm;
```

```
//switch ((int)tac) {case 40:csc=2.82;case
50:csc=3.57;case 60:csc=4.33;}

k2=alt/Math.sqrt(mom/(lar/100));

switch ((int)rec) {case 110 -> x=5; case 135 -> x=6;
case 150 -> x=7; case 180 -> x=8; case 200 -> x=9;

case 220 -> x=10; case 240 -> x=11; case 260 ->
x=12;}


switch ((int)tac) { case 25:y=13;break;case
40:y=14;break;case 50:y=15;break;case
60:y=16;break;}



n=1; while ((tabii_2[n][x]>k2)&&( n<33))  n++;


if (n < 33) {


alfa= regrade3(tabii_2[n-1][x],tabii_2[n][x],tabii_2[n-
1][y],tabii_2[n][y],k2);
w=regrade3(tabii_2[n-1][x],tabii_2[n][x],tabii_2[n-
1][0],tabii_2[n][0],k2);
ec =regrade3(tabii_2[n-1][x],tabii_2[n][x],tabii_2[n-
1][1],tabii_2[n][1],k2);
es = regrade3(tabii_2[n-1][x],tabii_2[n][x],tabii_2[n-
1][2],tabii_2[n][2],k2);
kx = regrade3(tabii_2[n-1][x],tabii_2[n][x],tabii_2[n-
1][3],tabii_2[n][3],k2);
kz = regrade3(tabii_2[n-1][x],tabii_2[n][x],tabii_2[n-
1][4],tabii_2[n][4],k2);
```

```
as=mom/(alfa*alt/100);

// JOptionPane.showMessageDialog(null,"tabii_2[n-
1][x]= "+tabii_2[n-1][x]+" tabii_2[n][x]= "+tabii_2[n][x]+"
tabii_2[n-1][y] = "+tabii_2[n-1][y]+" tabii_2[n][y] = "+

//       tabii_2[n][y]+" alfa = "+alfa+" as = "+as+"  kx =
"+kx+"  k2= "+k2+"  n = "+n+"   w = "+w+"   ec = "+ec+"
es = "+es+" ");




bw.newLine();bw.newLine();

bw.write("            VIGA CONFORME
DADOS");bw.newLine();

bw.write("
====================");bw.newLine();bw.newLine();

x1=kx*alt; s=d2.format(x1);

if (kx>0.26){bw.write(" Viga superarmada, a ruptura se
dará pelo concreto. Faça novo
cálculo.");bw.newLine();}


if (kx<=0.26) {


bw.write(" Linha neutra a partir do topo é : "+s+"
cM.");bw.newLine();
```

```
    s=d2.format(as);

  bw.write(" A área de aço a ser colocada é : "+s+"
cM2.");bw.newLine();


bw.write(" Viga subarmada, a ruptura se dará pelo
aço.");bw.newLine();


x1= kx*alt*0.8; s=d2.format(x1);

bw.write(" Parte superior resistente a compressão :
"+s+" cM.");bw.newLine();


        }
bw.newLine();bw.newLine();

bw.write("          RECALCULANDO PARA VIGA
OTIMA");bw.newLine();

bw.write("
=============================");bw.newLine();b
w.newLine();

bw.write(" Na viga ¢tima, a ruptura se dará
simultaneamente.");bw.newLine();

double mom2,dmom,as1,asl1,alfamin,sd,k2min,kzmin;
sd=2.119;k2min=5.94;alfamin=1.58;kzmin=0.81;

 switch ((int)tac) { case
25:sd=2.119;kzmin=0.74;alfamin=1.59;break;case
40:sd=3.36;kzmin=0.81;alfamin=2.82;break;case
50:sd=4.082;kzmin=0.82;alfamin=3.57;break;case
60:sd=4.746;kzmin=0.83;alfamin=4.33;break;}
```

```java
switch ((int)tac) { case 25: switch ((int)rec) {case 110 -
> k2min=6.19; case 135 -> k2min=5.59; case 150 ->
k2min=5.30; case 180 -> k2min=4.84; case 200 ->
k2min=4.59;

                    case 220 -> k2min=4.38; case 240 -
> k2min=4.19; case 260 -> k2min=4.03;}

  case 40: switch ((int)rec) {case 110 -> k2min=6.94;
case 135 -> k2min=6.26; case 150 -> k2min=5.94; case
180 -> k2min=5.42; case 200 -> k2min=5.15;

                    case 220 -> k2min=4.91; case 240 -
> k2min=4.70; case 260 -> k2min=4.51;}

  case 50: switch ((int)rec) {case 110 -> k2min=7.04;
case 135 -> k2min=6.36; case 150 -> k2min=6.03; case
180 -> k2min=5.51; case 200 -> k2min=5.22;

                    case 220 -> k2min=5.22; case 240 -
> k2min=4.77; case 260 -> k2min=4.58;}

  case 60: switch ((int)rec) {case 110 -> k2min=6.94;
case 135 -> k2min=6.26; case 150 -> k2min=5.94; case
180 -> k2min=5.42; case 200 -> k2min=5.15;

                    case 220 -> k2min=4.91; case 240 -
> k2min=4.70; case 260 -> k2min=4.51;}};


mom2=lar/100*((alt/k2min)*(alt/k2min));

 dmom= mom - mom2;

 asl1=dmom /(((alt-2.6)/100)*sd);


as1=(mom2/(alfamin*alt/100))+((kzmin*dmom)/(alfamin
*(alt-2.6)/100));

 // JOptionPane.showMessageDialog(null,"mom2=
"+mom2+"   dmom = "+dmom+"   mom = "+mom+"
asl1 = "+asl1+"    as1 = "+as1+" ");
```

```
    s=d2.format(as1);
```

bw.write(" A área de aço ótima inferior é : "+s+" cM2.");bw.newLine();

kx=0.26*alt*0.8; s=d2.format(kx);

bw.write(" Parte superior resistente a compressão : "+s+" cM.");bw.newLine();

kx=0.26*alt;   s=d2.format(kx);

bw.write(" Linha neutra a partir do topo é : "+s+" cM.");bw.newLine();

```
    s=d2.format(asl1);
```

bw.write(" A área de aço ótima superior é : "+s+" cM2.");bw.newLine();

 bw.newLine();bw.newLine();

bw.write(" OBS: 1- Desenhe a viga se a l.c. entre as armaduras for menor que a altura da viga calcule de novo.");bw.newLine();

bw.write("   2- Valores negativos ou discrepantes então calcule de novo com outras dimensões de viga.");bw.newLine();

bw.write("   3- Todos os aços utilizados são de categoria B.");bw.newLine();

bw.newLine();bw.newLine();bw.newLine();

```
      }
```

 bw.newLine();bw.newLine();bw.newLine();

if (n >32) {bw.write("0BS :Esta viga não é possível calcular. ");bw.newLine();bw.newLine();}

```java
bw.write("
========================================
==========================  ");bw.newLine();

bw.write("    ==================RIGHTS BY
Nilson Candido da Silva================
");bw.newLine();

bw.write("    ============================
END   ==============================
");bw.newLine();


bw.close();

bw.close();


    }catch (IOException e) {
JOptionPane.showMessageDialog(null," 93 219
contate: nilson440@gmail.com.");}


arquivo.Write("000.nilson12.jar");

new   scroll();

}




    public nilson13_GUI() {
        initComponents();


    nomeviga1.setDocument(new
entDados(120,TUDU));
```

```java
    mom2.setDocument(new
entDados(10,INTZERODECIMAL));

    lar3.setDocument(new
entDados(10,INTZERODECIMAL));

    alt4.setDocument(new
entDados(10,INTZERODECIMAL));

    //csc5.setDocument(new
entDados(10,INTZERODECIMAL));

    // csa6.setDocument(new
entDados(10,INTZERODECIMAL));


    csm7.setDocument(new
entDados(10,INTZERODECIMAL));

    tac8.setDocument(new
entDados(10,INTZERODECIMAL));

    // cac9.setDocument(new
entDados(10,INTZERODECIMAL));

    rec10.setDocument(new
entDados(10,INTZERODECIMAL));


    }


    /**

     * This method is called from within the constructor to
initialize the form.

     * WARNING: Do NOT modify this code. The content
of this method is always

     * regenerated by the Form Editor.

     */

    @SuppressWarnings("unchecked")
```

```java
    // <editor-fold defaultstate="collapsed"
desc="Generated Code">
    private void initComponents() {


        panelImage1 = new
org.edisoncor.gui.panel.PanelImage();
        labelRect1 = new
org.edisoncor.gui.label.LabelRect();
        labelRect2 = new
org.edisoncor.gui.label.LabelRect();
        labelRect3 = new
org.edisoncor.gui.label.LabelRect();
        labelRect4 = new
org.edisoncor.gui.label.LabelRect();
        labelRect5 = new
org.edisoncor.gui.label.LabelRect();
        labelRect8 = new
org.edisoncor.gui.label.LabelRect();
        labelRect9 = new
org.edisoncor.gui.label.LabelRect();
        labelRect11 = new
org.edisoncor.gui.label.LabelRect();
        nomeviga1 = new
org.edisoncor.gui.textField.TextField();
        mom2 = new
org.edisoncor.gui.textField.TextField();
        lar3 = new org.edisoncor.gui.textField.TextField();
        alt4 = new org.edisoncor.gui.textField.TextField();
        csm7 = new
org.edisoncor.gui.textField.TextField();
```

```java
        tac8 = new org.edisoncor.gui.textField.TextField();

        rec10 = new
org.edisoncor.gui.textField.TextField();

        EXEMPLO = new
org.edisoncor.gui.button.ButtonRect();

        RODAR_RUN = new
org.edisoncor.gui.button.ButtonRect();


setDefaultCloseOperation(javax.swing.WindowConstan
ts.EXIT_ON_CLOSE);


        panelImage1.setFont(new java.awt.Font("Arial", 0,
14)); // NOI18N
        panelImage1.setIcon(new
javax.swing.ImageIcon(getClass().getResource("/view/
aux_13.jpg"))); // NOI18N


        labelRect1.setForeground(new java.awt.Color(0,
0, 0));
        labelRect1.setText("VIGA RETA ÓTIMA");


        labelRect2.setForeground(new java.awt.Color(0,
0, 0));
        labelRect2.setText("1 - Nome:");


        labelRect3.setForeground(new java.awt.Color(0,
0, 0));
        labelRect3.setText("2 - Momento aplicado relativo
a todas as cargas(MT):");
```

```java
    labelRect4.setForeground(new java.awt.Color(0,
0, 0));
    labelRect4.setText("3 - Largura da viga (CM):");


    labelRect5.setForeground(new java.awt.Color(0,
0, 0));
    labelRect5.setText("4 - Altura da viga (CM):");


    labelRect8.setForeground(new java.awt.Color(0,
0, 0));
    labelRect8.setText("5 - Coef. de segurança no
momento:");


    labelRect9.setForeground(new java.awt.Color(0,
0, 0));
    labelRect9.setText("6 - Tipo do aço a ser utilizado
(25, 40, 50, 60):");


    labelRect11.setForeground(new java.awt.Color(0,
0, 0));
    labelRect11.setText("7- Resistência do concreto (
110 a 260):");


    nomeviga1.setFont(new java.awt.Font("Arial", 0,
14)); // NOI18N
    nomeviga1.addActionListener(new
java.awt.event.ActionListener() {
        public void
actionPerformed(java.awt.event.ActionEvent evt) {
```

```java
        nomeviga1ActionPerformed(evt);
    }
});


mom2.setFont(new java.awt.Font("Arial", 0, 14)); //
NOI18N
mom2.addActionListener(new
java.awt.event.ActionListener() {
    public void
actionPerformed(java.awt.event.ActionEvent evt) {
        mom2ActionPerformed(evt);
    }
});


lar3.setFont(new java.awt.Font("Arial", 0, 14)); //
NOI18N
lar3.addActionListener(new
java.awt.event.ActionListener() {
    public void
actionPerformed(java.awt.event.ActionEvent evt) {
        lar3ActionPerformed(evt);
    }
});


alt4.setFont(new java.awt.Font("Arial", 0, 14)); //
NOI18N
alt4.addActionListener(new
java.awt.event.ActionListener() {
```

```java
        public void
actionPerformed(java.awt.event.ActionEvent evt) {
            alt4ActionPerformed(evt);
        }
    });


    csm7.setFont(new java.awt.Font("Arial", 0, 14)); //
NOI18N
    csm7.addActionListener(new
java.awt.event.ActionListener() {
        public void
actionPerformed(java.awt.event.ActionEvent evt) {
            csm7ActionPerformed(evt);
        }
    });


    tac8.setFont(new java.awt.Font("Arial", 0, 14)); //
NOI18N
    tac8.addActionListener(new
java.awt.event.ActionListener() {
        public void
actionPerformed(java.awt.event.ActionEvent evt) {
            tac8ActionPerformed(evt);
        }
    });


    rec10.setFont(new java.awt.Font("Arial", 0, 14)); //
NOI18N
```

```java
        rec10.addActionListener(new
java.awt.event.ActionListener() {
            public void
actionPerformed(java.awt.event.ActionEvent evt) {
                rec10ActionPerformed(evt);
            }
        });


        EXEMPLO.setForeground(new java.awt.Color(0,
0, 0));
        EXEMPLO.setText("EXEMPLO");
        EXEMPLO.addActionListener(new
java.awt.event.ActionListener() {
            public void
actionPerformed(java.awt.event.ActionEvent evt) {
                EXEMPLOActionPerformed(evt);
            }
        });


        RODAR_RUN.setForeground(new
java.awt.Color(0, 0, 0));
        RODAR_RUN.setText("RODAR - RUN");
        RODAR_RUN.addActionListener(new
java.awt.event.ActionListener() {
            public void
actionPerformed(java.awt.event.ActionEvent evt) {
                RODAR_RUNActionPerformed(evt);
            }
        });
```

```java
    javax.swing.GroupLayout panelImage1Layout =
new javax.swing.GroupLayout(panelImage1);

    panelImage1.setLayout(panelImage1Layout);

    panelImage1Layout.setHorizontalGroup(

panelImage1Layout.createParallelGroup(javax.swing.G
roupLayout.Alignment.LEADING)

.addGroup(javax.swing.GroupLayout.Alignment.TRAILI
NG, panelImage1Layout.createSequentialGroup()

.addContainerGap(javax.swing.GroupLayout.DEFAULT
_SIZE, Short.MAX_VALUE)
        .addComponent(EXEMPLO,
javax.swing.GroupLayout.PREFERRED_SIZE,
javax.swing.GroupLayout.DEFAULT_SIZE,
javax.swing.GroupLayout.PREFERRED_SIZE)
        .addGap(42, 42, 42)
        .addComponent(RODAR_RUN,
javax.swing.GroupLayout.PREFERRED_SIZE,
javax.swing.GroupLayout.DEFAULT_SIZE,
javax.swing.GroupLayout.PREFERRED_SIZE)
        .addGap(53, 53, 53))

.addGroup(panelImage1Layout.createSequentialGroup
()
        .addContainerGap()

.addGroup(panelImage1Layout.createParallelGroup(jav
ax.swing.GroupLayout.Alignment.LEADING)
```

.addGroup(panelImage1Layout.createSequentialGroup
()

.addGroup(panelImage1Layout.createParallelGroup(jav
ax.swing.GroupLayout.Alignment.LEADING)

.addGroup(panelImage1Layout.createSequentialGroup
()
                    .addComponent(labelRect2,
javax.swing.GroupLayout.PREFERRED_SIZE,
javax.swing.GroupLayout.DEFAULT_SIZE,
javax.swing.GroupLayout.PREFERRED_SIZE)

.addPreferredGap(javax.swing.LayoutStyle.Component
Placement.RELATED)
                    .addComponent(nomeviga1,
javax.swing.GroupLayout.DEFAULT_SIZE,
javax.swing.GroupLayout.DEFAULT_SIZE,
Short.MAX_VALUE))

.addGroup(panelImage1Layout.createSequentialGroup
()

.addGroup(panelImage1Layout.createParallelGroup(jav
ax.swing.GroupLayout.Alignment.LEADING)

.addGroup(panelImage1Layout.createSequentialGroup
()
                    .addComponent(labelRect3,
javax.swing.GroupLayout.PREFERRED_SIZE,
javax.swing.GroupLayout.DEFAULT_SIZE,
javax.swing.GroupLayout.PREFERRED_SIZE)

```
.addPreferredGap(javax.swing.LayoutStyle.Component
Placement.RELATED)

                                .addComponent(mom2,
javax.swing.GroupLayout.PREFERRED_SIZE, 63,
javax.swing.GroupLayout.PREFERRED_SIZE))


.addGroup(panelImage1Layout.createSequentialGroup
()

                                .addComponent(labelRect5,
javax.swing.GroupLayout.PREFERRED_SIZE,
javax.swing.GroupLayout.DEFAULT_SIZE,
javax.swing.GroupLayout.PREFERRED_SIZE)


.addPreferredGap(javax.swing.LayoutStyle.Component
Placement.RELATED)

                                .addComponent(alt4,
javax.swing.GroupLayout.PREFERRED_SIZE, 70,
javax.swing.GroupLayout.PREFERRED_SIZE))


.addGroup(panelImage1Layout.createSequentialGroup
()

                                .addComponent(labelRect4,
javax.swing.GroupLayout.PREFERRED_SIZE,
javax.swing.GroupLayout.DEFAULT_SIZE,
javax.swing.GroupLayout.PREFERRED_SIZE)


.addPreferredGap(javax.swing.LayoutStyle.Component
Placement.RELATED)

                                .addComponent(lar3,
javax.swing.GroupLayout.PREFERRED_SIZE, 76,
javax.swing.GroupLayout.PREFERRED_SIZE)))
```

```
                    .addGap(0, 317,
Short.MAX_VALUE)))

            .addContainerGap())


.addGroup(javax.swing.GroupLayout.Alignment.TRAILI
NG, panelImage1Layout.createSequentialGroup()

            .addGap(0, 0, Short.MAX_VALUE)

            .addComponent(labelRect1,
javax.swing.GroupLayout.PREFERRED_SIZE, 187,
javax.swing.GroupLayout.PREFERRED_SIZE)

            .addGap(205, 205, 205))


.addGroup(panelImage1Layout.createSequentialGroup
()


.addGroup(panelImage1Layout.createParallelGroup(jav
ax.swing.GroupLayout.Alignment.LEADING)


.addGroup(panelImage1Layout.createSequentialGroup
()

                .addComponent(labelRect8,
javax.swing.GroupLayout.PREFERRED_SIZE,
javax.swing.GroupLayout.DEFAULT_SIZE,
javax.swing.GroupLayout.PREFERRED_SIZE)


.addPreferredGap(javax.swing.LayoutStyle.Component
Placement.RELATED)

                .addComponent(csm7,
javax.swing.GroupLayout.PREFERRED_SIZE, 78,
javax.swing.GroupLayout.PREFERRED_SIZE))
```

```
.addGroup(panelImage1Layout.createSequentialGroup
()
                .addComponent(labelRect9,
javax.swing.GroupLayout.PREFERRED_SIZE,
javax.swing.GroupLayout.DEFAULT_SIZE,
javax.swing.GroupLayout.PREFERRED_SIZE)


.addPreferredGap(javax.swing.LayoutStyle.Component
Placement.RELATED)
                .addComponent(tac8,
javax.swing.GroupLayout.PREFERRED_SIZE, 92,
javax.swing.GroupLayout.PREFERRED_SIZE))


.addGroup(panelImage1Layout.createSequentialGroup
()
                .addComponent(labelRect11,
javax.swing.GroupLayout.PREFERRED_SIZE,
javax.swing.GroupLayout.DEFAULT_SIZE,
javax.swing.GroupLayout.PREFERRED_SIZE)


.addPreferredGap(javax.swing.LayoutStyle.Component
Placement.RELATED)
                .addComponent(rec10,
javax.swing.GroupLayout.PREFERRED_SIZE, 77,
javax.swing.GroupLayout.PREFERRED_SIZE)))


.addContainerGap(javax.swing.GroupLayout.DEFAULT
_SIZE, Short.MAX_VALUE))))

    );

    panelImage1Layout.setVerticalGroup(
```

```
panelImage1Layout.createParallelGroup(javax.swing.G
roupLayout.Alignment.LEADING)

.addGroup(panelImage1Layout.createSequentialGroup
()

        .addContainerGap()

        .addComponent(labelRect1,
javax.swing.GroupLayout.PREFERRED_SIZE,
javax.swing.GroupLayout.DEFAULT_SIZE,
javax.swing.GroupLayout.PREFERRED_SIZE)

.addPreferredGap(javax.swing.LayoutStyle.Component
Placement.RELATED)

.addGroup(panelImage1Layout.createParallelGroup(jav
ax.swing.GroupLayout.Alignment.BASELINE)

        .addComponent(labelRect2,
javax.swing.GroupLayout.PREFERRED_SIZE,
javax.swing.GroupLayout.DEFAULT_SIZE,
javax.swing.GroupLayout.PREFERRED_SIZE)

        .addComponent(nomeviga1,
javax.swing.GroupLayout.PREFERRED_SIZE,
javax.swing.GroupLayout.DEFAULT_SIZE,
javax.swing.GroupLayout.PREFERRED_SIZE))

.addPreferredGap(javax.swing.LayoutStyle.Component
Placement.UNRELATED)

.addGroup(panelImage1Layout.createParallelGroup(jav
ax.swing.GroupLayout.Alignment.TRAILING)
```

```
.addGroup(panelImage1Layout.createSequentialGroup
()

.addGroup(panelImage1Layout.createParallelGroup(jav
ax.swing.GroupLayout.Alignment.BASELINE)
                    .addComponent(labelRect3,
javax.swing.GroupLayout.PREFERRED_SIZE,
javax.swing.GroupLayout.DEFAULT_SIZE,
javax.swing.GroupLayout.PREFERRED_SIZE)
                    .addComponent(mom2,
javax.swing.GroupLayout.PREFERRED_SIZE,
javax.swing.GroupLayout.DEFAULT_SIZE,
javax.swing.GroupLayout.PREFERRED_SIZE))

.addPreferredGap(javax.swing.LayoutStyle.Component
Placement.UNRELATED)
                    .addComponent(labelRect4,
javax.swing.GroupLayout.PREFERRED_SIZE,
javax.swing.GroupLayout.DEFAULT_SIZE,
javax.swing.GroupLayout.PREFERRED_SIZE))
                    .addComponent(lar3,
javax.swing.GroupLayout.PREFERRED_SIZE,
javax.swing.GroupLayout.DEFAULT_SIZE,
javax.swing.GroupLayout.PREFERRED_SIZE))

.addPreferredGap(javax.swing.LayoutStyle.Component
Placement.UNRELATED)

.addGroup(panelImage1Layout.createParallelGroup(jav
ax.swing.GroupLayout.Alignment.BASELINE)
                    .addComponent(labelRect5,
javax.swing.GroupLayout.PREFERRED_SIZE,
```

```
                javax.swing.GroupLayout.DEFAULT_SIZE,
                javax.swing.GroupLayout.PREFERRED_SIZE)
                        .addComponent(alt4,
                javax.swing.GroupLayout.PREFERRED_SIZE,
                javax.swing.GroupLayout.DEFAULT_SIZE,
                javax.swing.GroupLayout.PREFERRED_SIZE))

                .addPreferredGap(javax.swing.LayoutStyle.Component
                Placement.UNRELATED)

                .addGroup(panelImage1Layout.createParallelGroup(jav
                ax.swing.GroupLayout.Alignment.BASELINE)
                        .addComponent(labelRect8,
                javax.swing.GroupLayout.PREFERRED_SIZE,
                javax.swing.GroupLayout.DEFAULT_SIZE,
                javax.swing.GroupLayout.PREFERRED_SIZE)
                        .addComponent(csm7,
                javax.swing.GroupLayout.PREFERRED_SIZE,
                javax.swing.GroupLayout.DEFAULT_SIZE,
                javax.swing.GroupLayout.PREFERRED_SIZE))

                .addPreferredGap(javax.swing.LayoutStyle.Component
                Placement.UNRELATED)

                .addGroup(panelImage1Layout.createParallelGroup(jav
                ax.swing.GroupLayout.Alignment.BASELINE)
                        .addComponent(labelRect9,
                javax.swing.GroupLayout.PREFERRED_SIZE,
                javax.swing.GroupLayout.DEFAULT_SIZE,
                javax.swing.GroupLayout.PREFERRED_SIZE)
                        .addComponent(tac8,
                javax.swing.GroupLayout.PREFERRED_SIZE,
                javax.swing.GroupLayout.DEFAULT_SIZE,
                javax.swing.GroupLayout.PREFERRED_SIZE))
```

```
.addPreferredGap(javax.swing.LayoutStyle.Component
Placement.RELATED)

.addGroup(panelImage1Layout.createParallelGroup(jav
ax.swing.GroupLayout.Alignment.BASELINE)
        .addComponent(labelRect11,
javax.swing.GroupLayout.PREFERRED_SIZE,
javax.swing.GroupLayout.DEFAULT_SIZE,
javax.swing.GroupLayout.PREFERRED_SIZE)
        .addComponent(rec10,
javax.swing.GroupLayout.PREFERRED_SIZE, 22,
Short.MAX_VALUE))

.addPreferredGap(javax.swing.LayoutStyle.Component
Placement.RELATED, 128, Short.MAX_VALUE)

.addGroup(panelImage1Layout.createParallelGroup(jav
ax.swing.GroupLayout.Alignment.LEADING, false)
        .addComponent(RODAR_RUN,
javax.swing.GroupLayout.DEFAULT_SIZE, 35,
Short.MAX_VALUE)
        .addComponent(EXEMPLO,
javax.swing.GroupLayout.DEFAULT_SIZE,
javax.swing.GroupLayout.DEFAULT_SIZE,
Short.MAX_VALUE))
        .addGap(46, 46, 46))
    );

    javax.swing.GroupLayout layout = new
javax.swing.GroupLayout(getContentPane());
    getContentPane().setLayout(layout);
```

```java
        layout.setHorizontalGroup(

layout.createParallelGroup(javax.swing.GroupLayout.Al
ignment.LEADING)

        .addGroup(layout.createSequentialGroup()

        .addContainerGap()

        .addComponent(panelImage1,
javax.swing.GroupLayout.DEFAULT_SIZE,
javax.swing.GroupLayout.DEFAULT_SIZE,
Short.MAX_VALUE)

        .addGap(18, 18, 18))
    );
        layout.setVerticalGroup(

layout.createParallelGroup(javax.swing.GroupLayout.Al
ignment.LEADING)

        .addGroup(layout.createSequentialGroup()

        .addContainerGap()

        .addComponent(panelImage1,
javax.swing.GroupLayout.DEFAULT_SIZE,
javax.swing.GroupLayout.DEFAULT_SIZE,
Short.MAX_VALUE)

        .addGap(31, 31, 31))
    );

    setSize(new java.awt.Dimension(816, 538));
    setLocationRelativeTo(null);
  }// </editor-fold>
```

```java
    private void
nomeviga1ActionPerformed(java.awt.event.ActionEvent
evt) {

nomeviga = nomeviga1.getText();

    }


    private void
mom2ActionPerformed(java.awt.event.ActionEvent evt)
{

        mom = Double.parseDouble(mom2.getText());

    }


    private void
lar3ActionPerformed(java.awt.event.ActionEvent evt) {

    lar = Double.parseDouble(lar3.getText());

    }


    private void
alt4ActionPerformed(java.awt.event.ActionEvent evt) {

        alt = Double.parseDouble(alt4.getText());

    }


    private void
csm7ActionPerformed(java.awt.event.ActionEvent evt)
{

        csm =  Double.parseDouble(csm7.getText());

    }
```

```java
    private void
tac8ActionPerformed(java.awt.event.ActionEvent evt) {

        tac = Double.parseDouble(tac8.getText());

    }


    private void
rec10ActionPerformed(java.awt.event.ActionEvent evt)
{

        rec = Double.parseDouble(rec10.getText());

    }


    private void
RODAR_RUNActionPerformed(java.awt.event.ActionE
vent evt) {


        if (mom2.getText().isBlank() ||
lar3.getText().isBlank() || alt4.getText().isBlank() ||
    //    csc5.getText().isBlank() ||
csa6.getText().isBlank() ||
            csm7.getText().isBlank() ||
        tac8.getText().isBlank()
    //        || cac9.getText().isBlank()
            || rec10.getText().isBlank() )
        JOptionPane.showMessageDialog(null,"
Preencha todos os campos.");   else {
    nomeviga = nomeviga1.getText();
    mom = Double.parseDouble(mom2.getText());
    lar = Double.parseDouble(lar3.getText());
    alt = Double.parseDouble(alt4.getText());
```

```java
//  csc = Double.parseDouble(csc5.getText());

 // csa =  Double.parseDouble(csa6.getText());

  csm =  Double.parseDouble(csm7.getText());

  tac = Double.parseDouble(tac8.getText());
tac=(int)tac ;

 //  cac = Double.parseDouble(cac9.getText());

  rec = Double.parseDouble(rec10.getText()); rec =
(int)rec;

  if (((tac != 25)||(tac != 40)||(tac != 50)||(tac != 60)) &&
((rec <110 ) ||  (rec >260)))

  { rec10.setText("");
tac8.setText("");JOptionPane.showMessageDialog(null,
" Entre com o valor indicado.");}

    else

   try {

    inicio();

  } catch (IOException ex) {

    JOptionPane.showMessageDialog(null," Calcule
de novo com novos dados.");

  }

   }


  }


  private void
EXEMPLOActionPerformed(java.awt.event.ActionEvent
evt) {
```

```java
        nomeviga1.setText(" VIGA-Com. Atila - MARINHA
DO BRASIL 01/09/05.Concurso 001/93-cod.70150 -
Nilson Candido da Silva");
        mom2.setText("6");
        lar3.setText("25");
        alt4.setText("67") ;
   //    csc5.setText("1") ;
     //   csa6.setText("1") ;
        csm7.setText("2") ;
        tac8.setText("40") ;
//        cac9.setText("2") ;
        rec10.setText("150");
   }


   /**
    * @param args the command line arguments
    */
   public static void main(String args[]) {
      /* Set the Nimbus look and feel */
      //<editor-fold defaultstate="collapsed" desc=" Look
and feel setting code (optional) ">
      /* If Nimbus (introduced in Java SE 6) is not
available, stay with the default look and feel.
       * For details see
http://download.oracle.com/javase/tutorial/uiswing/looka
ndfeel/plaf.html
       */
      try {
```

```java
        for (javax.swing.UIManager.LookAndFeelInfo
info :
javax.swing.UIManager.getInstalledLookAndFeels()) {
            if ("Nimbus".equals(info.getName())) {

javax.swing.UIManager.setLookAndFeel(info.getClass
Name());
                break;
            }
        }
    } catch (ClassNotFoundException ex) {

java.util.logging.Logger.getLogger(nilson13_GUI.class.
getName()).log(java.util.logging.Level.SEVERE, null,
ex);
    } catch (InstantiationException ex) {

java.util.logging.Logger.getLogger(nilson13_GUI.class.
getName()).log(java.util.logging.Level.SEVERE, null,
ex);
    } catch (IllegalAccessException ex) {

java.util.logging.Logger.getLogger(nilson13_GUI.class.
getName()).log(java.util.logging.Level.SEVERE, null,
ex);
    } catch
(javax.swing.UnsupportedLookAndFeelException ex) {

java.util.logging.Logger.getLogger(nilson13_GUI.class.
getName()).log(java.util.logging.Level.SEVERE, null,
ex);
    }
```

```
//</editor-fold>

/* Create and display the form */
java.awt.EventQueue.invokeLater(new Runnable()
{

    public void run() {
        new nilson13_GUI().setVisible(true);
    }
});
}
```

// Variables declaration - do not modify

private org.edisoncor.gui.button.ButtonRect EXEMPLO;

private org.edisoncor.gui.button.ButtonRect RODAR_RUN;

private org.edisoncor.gui.textField.TextField alt4;

private org.edisoncor.gui.textField.TextField csm7;

private org.edisoncor.gui.label.LabelRect labelRect1;

private org.edisoncor.gui.label.LabelRect labelRect11;

private org.edisoncor.gui.label.LabelRect labelRect2;

private org.edisoncor.gui.label.LabelRect labelRect3;

private org.edisoncor.gui.label.LabelRect labelRect4;

private org.edisoncor.gui.label.LabelRect labelRect5;

private org.edisoncor.gui.label.LabelRect labelRect8;

private org.edisoncor.gui.label.LabelRect labelRect9;

private org.edisoncor.gui.textField.TextField lar3;

```java
    private org.edisoncor.gui.textField.TextField mom2;

    private org.edisoncor.gui.textField.TextField
nomeviga1;

    private org.edisoncor.gui.panel.PanelImage
panelImage1;

    private org.edisoncor.gui.textField.TextField rec10;

    private org.edisoncor.gui.textField.TextField tac8;

    // End of variables declaration

}
package view;


import java.io.BufferedReader;

import java.io.FileReader;

import javax.swing.JFrame;

import javax.swing.JScrollPane;

import javax.swing.JTextArea;


/**
 *
 * @author pc
 */
public class scroll extends JFrame{
  private JScrollPane jScrollPane;
    private JTextArea jTextArea ;
    private static final String FILE_PATH="nilson13.txt";
    public scroll() {
        try {
```

```java
        jTextArea = new JTextArea(24, 31);

        jTextArea.read(new BufferedReader(new
FileReader(FILE_PATH)), null);

    } catch (Exception e){

        e.printStackTrace();

    }


setTitle("Nilson440@gmail.com  se encontrar alguma
divergência documente com cálculos e envia pra ser
corrigido.  NILSON13.TXT");

    jScrollPane = new JScrollPane(this.jTextArea);

    this.add(this.jScrollPane);

    this.setSize(800, 400);


setDefaultCloseOperation(DISPOSE_ON_CLOSE);

    this.setVisible(true);

  }


    }
```

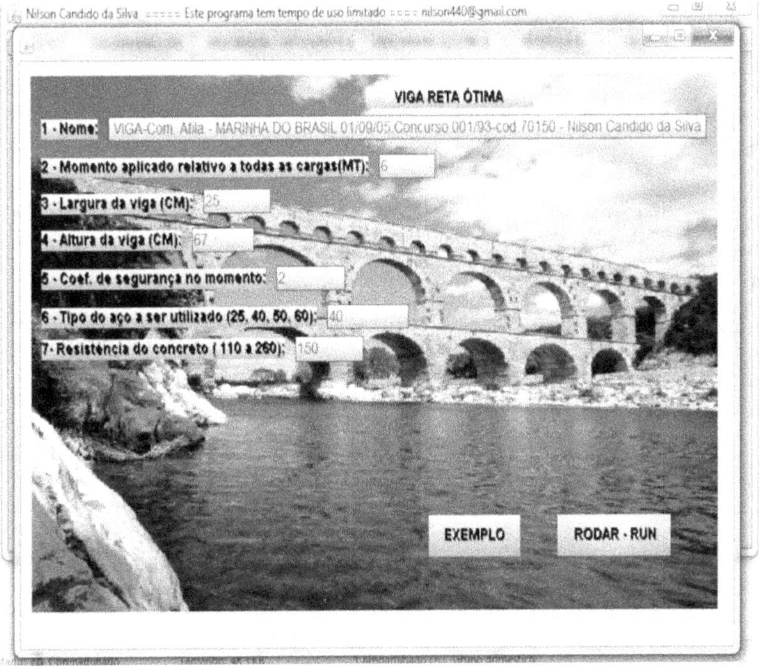

VIGA RETA ÓTIMA

1 - Nome: VIGA-Com. Abla - MARINHA DO BRASIL 01/09/05.Concurso 001/93-cod 70150 - Nilson Candido da Silva

2 - Momento aplicado relativo a todas as cargas(MT): 6

3 - Largura da viga (CM): 25

4 - Altura da viga (CM): 67

5 - Coef. de segurança no momento: 2

6 - Tipo do aço a ser utilizado (25, 40, 50, 60): 40

7 - Resistência do concreto (110 a 260): 150

EXEMPLO   RODAR - RUN

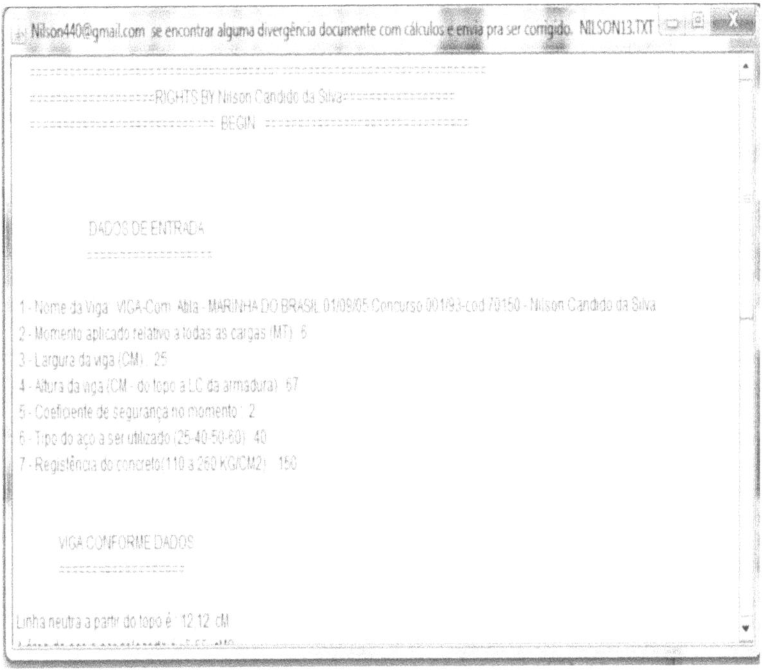

```
==============================RIGHTS BY Nilson Candido da Silva==================
============================== BEGIN ===================================



        DADOS DE ENTRADA
        ------------------------

1 - Nome da Viga  VIGA-Com. Abla - MARINHA DO BRASIL 01/09/05.Concurso 001/93-cod 70150 - Nilson Candido da Silva
2 - Momento aplicado relativo a todas as cargas (MT)  6
3 - Largura da viga (CM)  25
4 - Altura da viga (CM - do topo a LC da armadura)  67
5 - Coeficiente de segurança no momento  2
6 - Tipo do aço a ser utilizado (25-40-50-60)  40
7 - Resistência do concreto(110 a 260 KG/CM2)  150



        VIGA CONFORME DADOS
        ---------------------------

Linha neutra a partir do topo é  12.12 cM
```

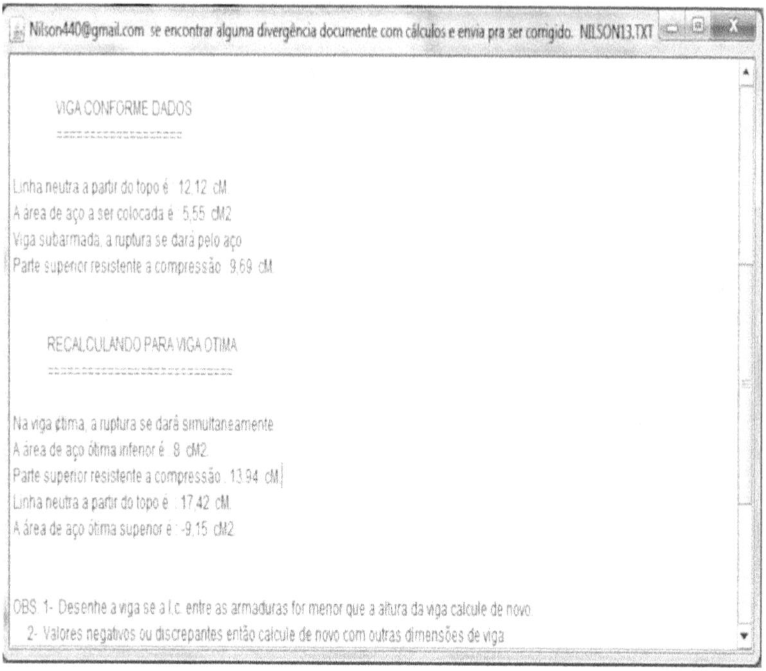

Nilson440@gmail.com se encontrar alguma divergência documente com cálculos e envia pra ser corrigido. NILSON13.TXT

VIGA CONFORME DADOS
==================

Linha neutra a partir do topo é : 12,12 cM
A área de aço a ser colocada é : 5,55 cM2
Viga subarmada, a ruptura se dará pelo aço
Parte superior resistente a compressão : 9,69 cM

RECALCULANDO PARA VIGA OTIMA
==========================

Na viga ótima, a ruptura se dará simultaneamente
A área de aço ótima inferior é : 8 cM2
Parte superior resistente a compressão : 13,94 cM
Linha neutra a partir do topo é : 17,42 cM
A área de aço ótima superior é : -9,15 cM2

OBS: 1- Desenhe a viga se a l.c. entre as armaduras for menor que a altura da viga calcule de novo
2- Valores negativos ou discrepantes então calcule de novo com outras dimensões de viga

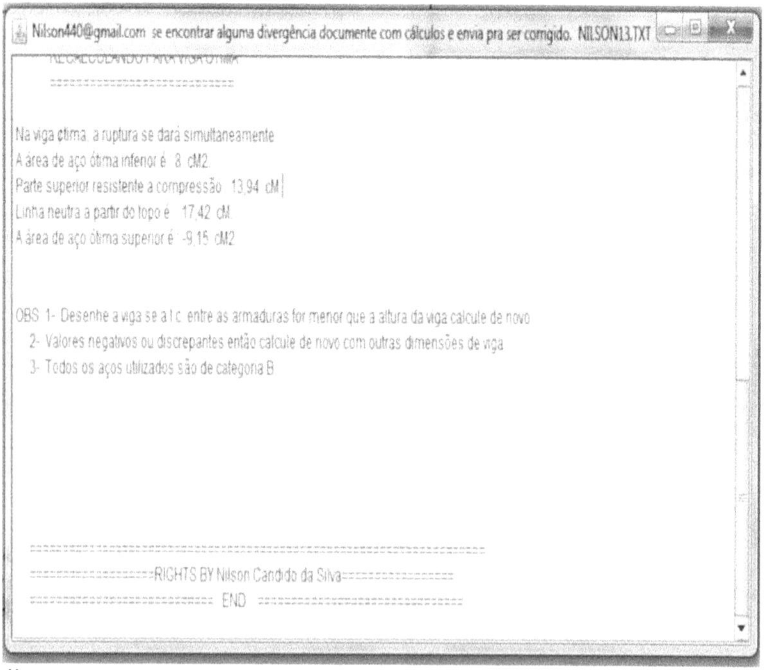

Nilson440@gmail.com se encontrar alguma divergência documente com cálculos e envia pra ser corrigido. NILSON13.TXT

RECALCULANDO PARA VIGA OTIMA
==========================

Na viga ótima, a ruptura se dará simultaneamente
A área de aço ótima inferior é : 8 cM2
Parte superior resistente a compressão : 13,94 cM
Linha neutra a partir do topo é : 17,42 cM
A área de aço ótima superior é : -9,15 cM2

OBS: 1- Desenhe a viga se a l.c. entre as armaduras for menor que a altura da viga calcule de novo
2- Valores negativos ou discrepantes então calcule de novo com outras dimensões de viga
3- Todos os aços utilizados são de categoria B

==
=================RIGHTS BY Nilson Candido da Silva================
========================== END ==========================

/*

```java
 * Click
nbfs://nbhost/SystemFileSystem/Templates/Licenses/lic
ense-default.txt to change this license
 * Click
nbfs://nbhost/SystemFileSystem/Templates/GUIForms/
JFrame.java to edit this template
 */
package view;


import controller.scroll;

import java.awt.event.KeyEvent;

import java.awt.event.WindowAdapter;

import java.awt.event.WindowEvent;

import java.io.BufferedWriter;

import java.io.File;

import java.io.FileWriter;

import java.io.IOException;

import java.text.DecimalFormat;

import static view.entDados.TipoEntrada.TUDU;

import java.util.List;

import javax.swing.*;

import static
view.entDados.TipoEntrada.INTZERODECIMAL;
/**
 *
 * @author pc
 */
public class tela_gui extends javax.swing.JFrame {
```

```java
    DecimalFormat d2 = new DecimalFormat("##
##0.00");

    DecimalFormat d1 = new DecimalFormat("##
###.0");

    DecimalFormat d0 = new DecimalFormat("## ###");

    int maxM = 400;

    Double [] cortante = new Double [maxM];

    double v1,v2,lcp,xq,xp;

    int maxNC=100, numeroEx=12;

    boolean apoio1,apoio2,apoio3,apoio4;

    boolean validei, valid = false;


    double comp2=0.0000000000;

    Double[] momento = new Double[maxM];

    Double[][] rest = new Double[maxNC][4];

    Double[][] res = new Double[numeroEx][4];

    int intCargas, intApoio,numero;

    String[] le= new String[maxNC];

//{"pab","abqs","lsq","lq","qabs","qst","qst","lq","abqs","q
st","qabs","mst"};

  DefaultListModel
CARGASModel,CARGAESCOLHIDAModel,APOIOMod
el,APOIOESCOLHIDOModel;

  char [][] elaEs = new char[140][30];


    String strApoio[] = {" 1-
============================"," "," 2 -
```

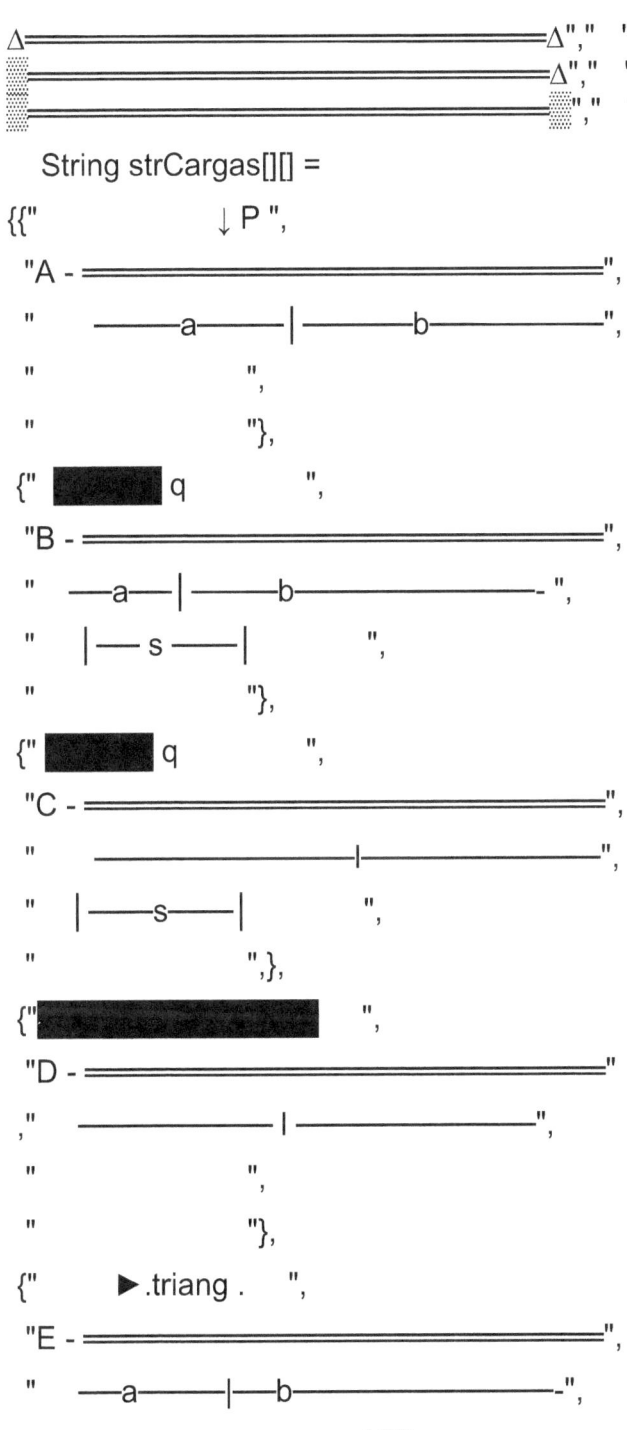

```
          Δ"," "," 3 -
          Δ"," "," 4 -
          "," "};

   String strCargas[][] =
{{"              ↓ P ",
 "A - ═══════════════════",
 "      ───a───|───b──────────",
 "                ",
 "                  "},
 {"          q          ",
 "B - ═══════════════════",
 "   ──a──|───b──────────────- ",
 "   |── s ──|         ",
 "                  "},
 {"          q          ",
 "C - ═══════════════════",
 "        ──────────────|──────────────",
 "   |──s──|        ",
 "                "},
 {"                    ",
 "D - ═══════════════════",
 ,"    ──────────── | ────────────",
 "                ",
 "                  "},
 {"     ▶.triang . ",
 "E - ═══════════════════",
 "   ──a──|──b──────────────-",
```

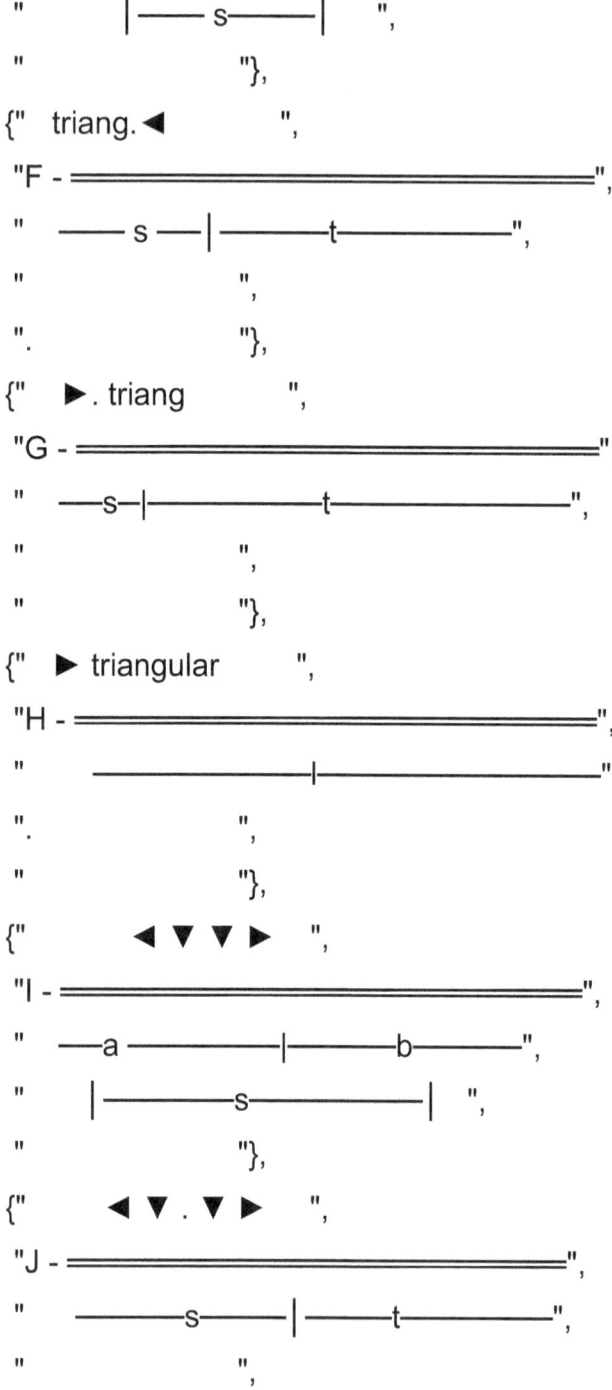

```
"       |——s——|      ",
"                ",},
{"  triang.◀        ",
"F -══════════════════",
"   ——s —|————t——————",
"            ",
".              ",},
{"   ▶. triang      ",
"G -══════════════════",
"   —s—|———————t——————",
"            ",
"              ",},
{"   ▶ triangular     ",
"H -══════════════════",
"      ———————|———————",
".            ",
"              ",},
{"     ◀ ▼ ▼ ▶    ",
"I -══════════════════",
"   —a ————|——b———",
"   |———s———|  ",
"            ",},
{"     ◀ ▼ . ▼ ▶    ",
"J -══════════════════",
"   ———s——|——t———",
"            ",
```

```
"                    "},
{"      triang.  ◀ ",
"K -═══════════════════════════",
"    ─────────a─────────| ─────b──  ─",
"    |──────────s────────|  ",
"                "},
{"          M -  .  +",
"L -═══════════════════════════",
"    ──────────s───────| ────────t──────",
"                "  ,
"                "}};


    String strCargas2[][] =
{{"                ↓ P ",
"A -═══════════════════════════",
"    ───────a─────| ───────b──────────",
"                "  ,
"                "},
{"          q          ",
"B -═══════════════════════════",
"    ──a──────| ──────b──────────",
"    |──s ───|          ",
"                "},
{"          q          ",
"C -═══════════════════════════",
"    ──────────────────|──────────────",
```

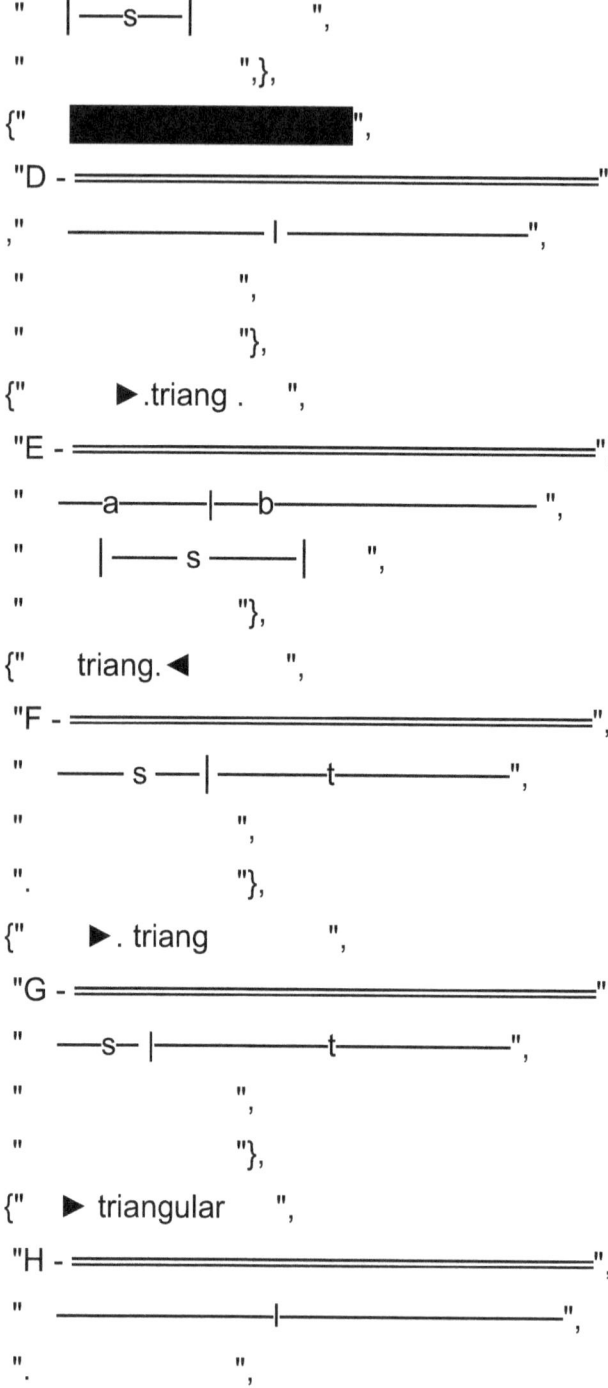

```
"    |—s—|         ",
"                 ",},
{"                    ",
"D - ═══════════════════",
","   ───────────|───────────",
"                 ",
"                 "},
{"      ▶.triang .    ",
"E - ═══════════════════",
"   ───a───────|──b───────────────",
"       |─── s ───|      ",
"                 "},
{"    triang.◀         ",
"F - ═══════════════════",
"   ───s ──|───────t────────",
"                 ",
".                 "},
{"     ▶. triang          ",
"G - ═══════════════════",
"   ──s─|──────────t────────",
"                 ",
"                 "},
{"   ▶ triangular    ",
"H - ═══════════════════",
"   ──────────────|──────────────",
".                 ",
```

```
"                    "},,
{"       ◄ ▼ ▼ ►       ",
"| -══════════════════════════════",
"    ──a ─────────|───────b────────",
"     |─────────s─────────|    ",
"                    "},,
{"     ◄ ▼ . ▼ ►    ",
"J -══════════════════════════════",
"     ──────s─────|─────t──────────",
"                 ",
"                    "},,
{"       triang. ◄ ",
"K -══════════════════════════════",
"     ──────────a──────────|───b──",
"     |─────────s─────────|  ",
"                    "},,
{"        M - . + ",
"L -══════════════════════════════",
"     ──────s─────|──────t──────",
"                 ",
"                    "}};
   public void E1E2_1(){
double p,a,b,l;
p=res[0][0];a=res[0][1];b=res[0][2]; l=a+b;lcp=l;
momento[0]+=-(p*a*b*b/(l*l));
momento[maxM]+=-(p*a*a*b/(l*l));
```
143

```java
  }
  public void  E1E2_2 () {
 double a,b,q,s,l;
a=res[1][0];b=res[1][1];q=res[1][2];s=res[1][3];
l=a+b;lcp=l;
momento[0]+=-(q*s/(12*l*l)*(12*a*b*b+(s*s*(l-3*b))));
momento[maxM]+=-(q*s/(12*l*l)*(12*b*a*a+(s*s*(l-3*a))));


  }
  public void E1E2_3 () {
double s,q,l;
l=res[2][0];s=res[2][1]; q=res[2][2];lcp=l;
momento[0]+=-(q*s*s/(12*l*l)*(2*l*(3*l-4*s)+(3*s*s)));
momento[maxM]+=-(q*s*s*s/(12*l*l)*(4*l-3*s)) ;
}
   public void E1E2_4 () {
double q,l;
l=res[3][0];q=res[3][1]; lcp=l;
momento[0]+=-(q*l*l/12);
momento[maxM]+=-(q*l*l/12);
}
   public void E1E2_5 (){
 double c,q,a,b,s,l;
q=res[4][0];a=res[4][1];b=res[4][2];s=res[4][3];   l=a+b;
c=s/3;lcp=l;
```

```java
momento[0]+=-(q*s/(20*l*l)*((2*c*c*c)+(5*(l-
3*b)*c*c)+(10*a*b*b)));
momento[maxM]+=-(q*s/(20*l*l)*((3*c*c*c)-(5*(l-
3)*c*c)+(10*a*a*b)));
   }
 public void  E1E2_6 () {
 double q,s,t,l;
 q=res[5][0];s=res[5][1];t=res[5][2];l=s+t;lcp=l;
momento[0]+=-(q*s*s/(30*l*l)*(10*t*t+(s*(5*t+s))));
momento[maxM]+=-(q*s*s*s/(20*l*l)*(5*t+s));
 }
 public void E1E2_7 () {
 double q,s,t,l;
q=res[6][0];s=res[6][1];t=res[6][2];l=s+t;lcp=l;
momento[0]+=-(q*s*s/(60*l*l)*(10*t*l+(3*s*s)));
momento[maxM]+=-(q*s*s*s/(60*l*l)*(5*t+2*s));
 }
 public void E1E2_8  (){
 double q,l;
l=res[7][0]; q=res[7][1]; lcp=l;
momento[0]+=-(q*l*l/20);
momento[maxM]+=-(q*l*l/30);
}
 public void E1E2_9 (){
    double a,b,q,s,l;
a=res[8][0];b=res[8][1];q=res[8][2];s=res[8][3];
l=a+b;lcp=l;
```

```java
momento[0]+=-(q*s/(48*l*l)*(24*a*b*b+(s*s*(a-2*b))));

momento[maxM]+=-(q*s/(48*l*l)*(24*b*a*a+(s*s*(b-2*a))));

}
 public void E1E2_10 (){
        double q,s,t,l;
q=res[9][0];s=res[9][1];t=res[9][2]; l=s+t;lcp=l;
momento[0]+=-(q/(60*l)*(2*l*l*l+(2*t*l*l)+(2*t*t*l)-(3*t*t*t)));
momento[maxM]+=-(q/(60*l)*(3*s*s*s-(2*s*s*l)-(2*s*l*l)-(2*l*l*l)));
}
 public void E1E2_11 (){
    double c,q,a,b,s,l;
q=res[10][0];a=res[10][1];b=res[10][2];s=res[10][3];
c=a;a=b;b=c;  l=a+b; c=s/3;lcp=l;
momento[maxM]+=-(q*s/(20*l*l)*((2*c*c*c)+(5*(l-3*b)*c*c)+(10*a*b*b)));
momento[0]+=-(q*s/(20*l*l)*((3*c*c*c)-(5*(l-3)*c*c)+(10*a*a*b)));
 }
 public void E1E2_12 (){
        double m,s,t,l;
 m=res[11][0];s=res[11][1];t=res[11][2];     l=s+t;lcp=l;
if ((t!=0) && (s!=0)) {
momento[0]+=+(m*t/l*(2-(3*t/l)));
momento[maxM]+=-(m*s/l*(2-(3*s/l)));}
if (s == 0) { momento[maxM]+=-m;}
```

```java
if (t == 0) { momento[0]+=+m ;}

}
 public void A1A2_1 (){
    double x,r1,r2,p,a,b,l;int i;
p=res[0][0];a=res[0][1];b=res[0][2];l=a+b;
x=l/maxM;lcp=l;
//JOptionPane.showMessageDialog(null,"   "+ p+"
"+intCargas+" "+apoio2+" "+ a+" "+ b+" ");

r1= p*b/l;v1+=r1;

r2= p*a/l;v2+=r2; i=1;

cortante[0]+=r1;cortante[maxM]+=-r2;

while (Double.compare( x,l)<0) {

if ((Double.compare( a,x)>0)|| (Double.compare(
a,x)==0))  { momento[i]+=(r1*x); cortante[i]+=r1;} else
{momento[i]+=(r2*(l-x)); cortante[i]+=-r2;}

//if ((Double.compare( a,x)>0)|| (Double.compare(
a,x)==0))   cortante[i]+=r1; else cortante[i]+=-r2;

//if ((Double.compare( a,x)>0)|| (Double.compare(
a,x)==0)) momento[i]+=(r1*x); else momento[i]+=(r2*(l-
x));

 //JOptionPane.showMessageDialog(null,"   "+
cortante[i]+" "+intCargas+" "+apoio2+" "+
momento[i]+"   ");

x+=(l/maxM);i++;}

}
// "abqs"
 public void A1A2_2 (){
    double x,c,r1,r2,a,b,q,l,s; int i;
```
147

```
a=res[1][0];b=res[1][1];q=res[1][2];s=res[1][3];
l=a+b;a=a-(s/2);c=b-(s/2);b=s;  x=l/maxM;lcp=l;

r1=q*b*(b/2+c)/l;v1=v1+r1;

r2=q*b*(b/2+a)/l;i=1;v2=v2+r2;

cortante[0]+=+r1;cortante[maxM]+=-r2;

while  (Double.compare( x,l)<0) {

if (a>=x) cortante[i]+=+r1; else if ((a+b)>x)
cortante[i]+=+

(r1-q*(x-a)); else cortante[i]+=-r2;

if (a>=x)  momento[i]+=+(r1*x); else if ((a+b)>x)
momento[i]+=+

(r1*x)-(q*(x-a)*(x-a)/2); else momento[i]+=+(r2*(l-x));

x+=+(l/maxM);i++;}

}
// "lsq"

 public void A1A2_3 (){

    double x,b,a,r1,r2,s,l,q;

  int i;

l=res[2][0];s=res[2][1]; q=res[2][2]; a=s;b=l-a;
x=l/maxM;lcp=l;

r1=q*a*(a/2+b)/l;v1=v1+r1;

r2=q*a*(a/2)/l;  v2=v2+r2;i=1;

cortante[0]+=+r1;cortante[maxM]+=-r2;

while  (Double.compare( x,l)<0) {

if (a>=x) cortante[i]+=+(r1-q*x); else cortante[i]+=-r2;

if (a>=x) momento[i]+=+(r1*x)-(q*x*x/2); else
momento[i]+=+r2*(l-x);

x+=+(l/maxM);i++;}
```

```
}    // "lq"
 public void A1A2_4 () {
double x,r1,r2,q,l; int i;
l=res[3][0];q=res[3][1];    x=l/maxM;lcp=l;
r1=q*l/2;v1=v1+r1;
r2=q*l/2;  v2=v2+r2;      i=1;
cortante[0]+=+r1;cortante[maxM]+=-r2;
while  (Double.compare( x,l)<0) {
cortante[i]+=+(r1-q*x);
momento[i]+=+(r1*x)-(q*x*x/2);
x+=+(l/maxM);i++;}
}//{"pab","abqs","lsq","lq","qabs","qst","qst","lq","abqs","
qst","qabs","mst"};
//,"qabs"
 public void A1A2_5(){
    double x,c,q1,r1,r2,q,a,b,s,l; int i;q1=1;
q=res[4][0];a=res[4][1];b=res[4][2];s=res[4][3];
l=a+b;a=a-(s/3);b=s;c=l-a-b;  x=l/maxM;lcp=l;
r1=q*b/2*(2*b/3+c)/l;v1=v1+r1;
r2=q*b/2*(b/3+a)/l;i=1;v2=v2+r2;
cortante[0]+=+r1;cortante[maxM]+=-r2;
while  (Double.compare( x,l)<0) {
if (a>=x) cortante[i]+=+r1; else if ((a+b)>x){
q1=q/b*(a+b-x);cortante[i]+=+
(-r2+q1*(a+b-x)/2);} else cortante[i]+=-r2;
if (a>=x) momento[i]+=+r1*x; else if ((a+b)>x)
momento[i]+=+
```

```
r2*(l-x)-(q1*(a+b-x)/2*(a+b-x)/3); else
momento[i]+=+(r2*(l-x));

x+=+(l/maxM);i++;}
        } // "qst"
 public void A1A2_6() {
    double x,q1,b,a,r1,r2,q,s,l,t; int i;q1=1;
 q=res[5][0];s=res[5][1];t=res[5][2];l=s+t;a=s;b=t;
x=l/maxM;lcp=l;

r1=(q*a/2)*(a/3+b)/l;v1=v1+r1;

r2=(q*a/2)*(2*a/3)/l;i=1;v2=v2+r2;

cortante[0]+=+r1;cortante[maxM]+=-r2;

while  (Double.compare( x,l)<0) {

if (a>x){ q1=q/a*x;cortante[i]+=+(r1-q1*x/2);} else
cortante[i]+=-r2;

if (a>x) momento[i]+=+q1*x/2*x/3; else
momento[i]+=+r2*(l-x);

x+=+(l/maxM);i++;}

}
 public void  A1A2_7 (){
    double  x,a,b,q1,r1,r2,q,s,l,t;int i;q1=1;
q=res[6][0];s=res[6][1];t=res[6][2]; l=s+t;a=s;b=t;
x=l/maxM;lcp=l;

r1=q*a/2*(2*a/3+b)/l;v1=v1+r1;

r2=q*a/2*(a/3)/l;v2=v2+r2;    i=1;

cortante[0]+=+r1;cortante[maxM]+=-r2;

while  (Double.compare( x,l)<0) {

if (a>x) { q1=q/a*(a-x);cortante[i]+=+(-r2+q1*(a-x)/2);}

else cortante[i]+=-r2;
```

```
if (a>x) momento[i]+=+(r2*(l-x))-(q1*(a-x)/2*(a-x)/3);
else momento[i]+=+(r2*(l-x));
x+=+(l/maxM);i++;}
 }
 public void A1A2_8 (){
    double x,q1,r1,r2,l,q; int i;
l=res[7][0]; q=res[7][1];   x=l/maxM;lcp=l;
r1=q*l/2*(2*l/3)/l;v1=v1+r1;
r2=q*l/2*(l/3)/l; v2=v2+r2;   i=1;
cortante[0]+=+r1;cortante[maxM]+=-r2;
while  (Double.compare( x,l)<0) {
q1=q/l*(l-x);cortante[i]+=+(-r2+q1*(l-x)/2);
momento[i]+=+(r2*(l-x))-(q1*(l-x)/2*(l-x)/3);
x+=+(l/maxM);i++;}
 }
 public void A1A2_9(){
    double x,d,c,q1,r1,r2,a,b,q,l,s; int i;
a=res[8][0];b=res[8][1];q=res[8][2];s=res[8][3];
l=a+b;a=a-(s/2);b=s/2;c=b;d=l-a-b-c;x=l/maxM;lcp=l;
r1=((q*b/2*(b/3+c+d))+(q*c/2*(2*c/3+d)))/l;v1=v1+r1;
r2=((q*b/2*(2*b/3+a))+(q*c/2*(c/3+b+a)))/l;v2=v2+r2;
i=1;
cortante[0]+=+r1;cortante[maxM]+=-r2;
while  (Double.compare( x,l)<0) {
if (a>=x) cortante[i]+=+r1; else if ((a+b)>=x){ q1=q/b*(x-a);cortante[i]+=+
(r1-q1*(x-a)/2);} else if ((a+b+c)>x) { q1=q/c*(a+b+c-x);cortante[i]+=+
```

```
(-r2+q1*(a+b+c-x)/2);}

else cortante[i]+=-r2;

if (a>=x) momento[i]+=+r1*x; else if ((a+b)>=x) {
q1=q/b*(x-a);momento[i]+=+

(r1*x)-(q1*(x-a)/2*(x-a)/3);} else if ((a+b+c)>x) {
q1=q/c*(a+b+c-x);momento[i]+=+

(r2*(l-x))-q1*(l-x-d)/2*(l-x-d)/3;}

else momento[i]+=+(r2*(l-x));

x+=+(l/maxM);i++;}

 }

 public void A1A2_10 (){

    double  x,a,b,q1,r1,r2,q,s,l,t;int i;

q=res[9][0];s=res[9][1];t=res[9][2];l=s+t;a=s;b=t;
x=l/maxM;lcp=l;

r1=((q*a/2*(a/3+b))+(q*b/2*(2*b/3)))/l;v1=v1+r1;

r2=((q*a/2*(2*a/3))+(q*b/2*(b/3+a)))/l; v2=v2+r2;      i=1;

cortante[0]+=+r1;cortante[maxM]+=-r2;

while  (Double.compare( x,l)<0) {

if (a>=x) { q1=q/a*x;cortante[i]+=+(r1-q1*x/2);} else {
q1=q/b*(l-x);cortante[i]+=+

(-r2+q1*(l-x)/2);}

if (a>=x) { q1=q/a*x;momento[i]+=+(r1*x)-(q1*x/2*x/3);}
else { q1=q/b*(l-x);momento[i]+=+

((r2*(l-x))-(q1*(l-x)/2)*(l-x)/3);}

x+=+(l/maxM);i++;}

}

 public void  A1A2_11(){

    double x,c,q1,r1,r2,q,a,b,s,l; int i; q1=1;
```

```
q=res[10][0];a=res[10][1];b=res[10][2];s=res[10][3];
l=a+b;a=a-(2*s/3);c=b-(s/3);b=s;  x=l/maxM;lcp=l;

r1=q*b/2*(b/3+c)/l;v1=v1+r1;

r2=q*b/2*(2*b/3+a)/l;v2=v2+r2; i=1;

cortante[0]+=+r1;cortante[maxM]+=-r2;

while  (Double.compare( x,l)<0) {

if (a>=x) cortante[i]+=+r1; else if ((a+b)>x) { q1=q/a*(x-
a);cortante[i]+=+

(r1-q1*(x-a)/2);} else cortante[i]+=-r2;

if (a>=x) momento[i]+=+r1*x; else if ((a+b)>x)
momento[i]+=+

r1*x-(q1*(x-a)/2*(x-a)/3); else momento[i]+=+(r2*(l-x));

x+=+(l/maxM);i++;}

  }
  public void  A1A2_12(){

    double x,r1,r2,m,s,t,l; int i;

 m=res[11][0];s=res[11][1];t=res[11][2];     l=s+t;
x=l/maxM;lcp=l;

r1= -m/l;v1=v1+r1;

r2= m/l;v2=v2+r2; i=1;

cortante[0]+=+r1;cortante[maxM]+=-r2;

//if ((s=0) && (apoioEsc=2)) momento[0]+=+m;

//if ((t=0) && (apoioEsc=2)) momento[maxM]+=-m;

while  (Double.compare( x,l)<0){

if (s>=x) cortante[i]+=+r1; else cortante[i]+=+r1;

if (s>=x) momento[i]+=-(m*x/l); else

momento[i]=(momento[i])+(m*(l-x)/l);
x+=+(l/maxM);i++;}
```

```
}
 public void E1B2_1(){
    double x,r1,p,a,b,l; int i;
p=res[0][0];a=res[0][1];b=res[0][2]; l=a+b;
x=l/maxM;lcp=l;

r1=p;v1=v1+r1; momento[0]+=-p*a; i=1;

//JOptionPane.showMessageDialog(null,"momento.
0"+momento[0]+" ");

cortante[0]+=+r1;

while  (Double.compare( x,l)<0) {

if (a>=x) cortante[i]+=+p;

if (a>x) momento[i]+=-(p*(a-x)) ;

//JOptionPane.showMessageDialog(null,"momento i
."+momento[i]+" ");

x+=+(l/maxM);i++;}

 }
 public void E1B2_2(){
    double x,r1,a,b,q,l,s;int i;
a=res[1][0];b=res[1][1];q=res[1][2];s=res[1][3];
l=a+b;a=a-(s/2);b=s; x=l/maxM;lcp=l;

r1=q*b;v1=v1+r1;

momento[0]+=-q*b*(b/2+a);  i=1;

cortante[0]+=+r1;

while  (Double.compare( x,l)<0){

if (a>=x) cortante[i]+=+r1; else if ((a+b)>x)
cortante[i]+=+

r1-q*(x-a);
```

```
if (a>=x) momento[i]+=-(q*b)*(b/2+a-x); else if
((a+b)>x) momento[i]+=-
(q*(a+b-x)*(a+b-x)/2);
x+=+(l/maxM);i++;}
}
public void E1B2_3 (){
     double x,a,r1,s,l,q; int i;
l=res[2][0];s=res[2][1]; q=res[2][2]; a=s; x=l/maxM;lcp=l;
r1=q*a;v1=v1+r1;
momento[0]+=-q*a*a/2; i=1;
cortante[0]+=+r1;
while (Double.compare( x,l)<0) {
if (a>x) cortante[i]+=+r1-q*x;
if (a>x) momento[i]+=-(q*(a-x)*(a-x)/2);
x+=+(l/maxM);i++;}
}
public void E1B2_4(){
double x,r1,l,q; int i;
l=res[3][0];q=res[3][1];x=l/maxM;lcp=l;
r1=q*l;v1=v1+r1;
momento[0]+=-q*l*l/2;        i=1;
cortante[0]+=+r1;
while (Double.compare( x,l)<0) {
cortante[i]+=+r1-q*x;
momento[i]+=-(q*(l-x)*(l-x)/2);
x+=+(l/maxM);i++;}
}
```

```
public void  E1B2_5(){
    double q1,x,c,r1,q,a,b,l,s;int  i;
q=res[4][0];a=res[4][1];b=res[4][2];s=res[4][3];
l=a+b;a=a-(s/3);b=s;c=l-a-b;  x=l/maxM;lcp=l;
r1=q*b/2;v1=v1+r1;
momento[0]+=-q*b/2*(b/3+a);  i=1;
cortante[0]+=+r1;
while  (Double.compare( x,l)<0){
if (a>x) cortante[i]+=+r1; else if ((a+b)>x){ q1=q/b*(a+b-
x);cortante[i]+=+
r1-q1*(x-a)-(q-q1)*(x-a)/2;}
if (a>x) momento[i]+=-(q*b/2*((a-x)+b/3)); else if
((a+b)>x) {q1=q/b*(a+b-x);momento[i]+=-
(q1*(a+b-x)/2*(a+b-x)/3);}
x+=+(l/maxM);i++;}
 }
 public void E1B2_6(){
    double x,q1,q2,b,a,r1,q,s,l,t; int i;
q=res[5][0];s=res[5][1];t=res[5][2];l=s+t;a=s;b=t;x=l/max
M;lcp=l;
r1=q*a/2;v1=v1+r1;
momento[0]+=-(q*a/2)*(2*a/3);i=1;
cortante[0]+=+r1;
while  (Double.compare( x,l)<0){ q1=q/a*x;q2=q-q1;
if (a>x) cortante[i]+=+r1-(q1*x/2);
if (a>x) momento[i]+=-(q1*(a-x)*(a-x)/2)+(q2*(a-
x)/2)*(2*(a-x)/3);
x+=+(l/maxM);i++;}
```

```
        }
public void E1B2_7 (){
    double  x,a,b,c,q1,r1,q,s,l,t; int i;
q=res[6][0];s=res[6][1];t=res[6][2];l=s+t;a=s;b=t;
x=l/maxM;lcp=l;
r1=q*a/2;v1=v1+r1;
momento[0]+=-q*a/2*a/3;     i=1;
cortante[0]+=+r1;
while  (Double.compare( x,l)<0) { q1=q/a*(a-x);
if (a>x) cortante[i]+=+r1-(q1*x)-((q-q1)*x/2);
if (a>x) momento[i]+=-(q1*(a-x)/2*(a-x)/3);
x+=+(l/maxM);i++;}
}
public void E1B2_8() {
    double  x,q1,r1,q,l;int i;
l=res[7][0]; q=res[7][1];  x=l/maxM;lcp=l;
r1=q*l/2;v1=v1+r1;
momento[0]+=-q*l/2*l/3;     i=1;
cortante[0]+=+r1;
while  (Double.compare( x,l)<0){ q1=q/l*(l-x);
cortante[i]+=+r1-(q1*x)-(q-q1)*x/2;
momento[i]+=-(q1*(l-x)/2*(l-x)/3);
x+=+(l/maxM);i++;}
}
public void  E1B2_9(){
    double q1,q2,x,c,r1,a,b,q,l,s;int i;
```

```
a=res[8][0];b=res[8][1];q=res[8][2];s=res[8][3];
l=a+b;a=a-(s/2);b=s/2;c=s/2;  x=l/maxM;lcp=l;

r1=(q*b/2)+(q*c/2);v1=v1+r1;

momento[0]+=-(q*b/2*(2*b/3+a))+(q*c/2*(c/3+a+b));
i=1;

cortante[0]+=+r1;

while  (Double.compare( x,l)<0) {

if (a>=x) cortante[i]+=+r1; else if ((a+b)>x){ q1=q/b*(x-
a);q2=q-q1;cortante[i]+=+

r1-q1*(x-a)/2;} else if ((a+b+c)>x)

{q1=q/c*(a+b+c-x);q2=q-q1;cortante[i]+=+r1-(q*b/2)-
q1*(x-a-b)-q1*(x-a-b)/2;}

if (a>=x) momento[i]+=-(q*b/2*(2*b/3+a-
x))+(q*c/2*(c/3+a+b-x)); else if ((a+b)>x) {

q1=q/b*(a+b-x);q2=q-q1;momento[i]+=-

(q1*(a+b-x)*(a+b-x)/2)+(q2*(a+b-x)/2*(2*(a+b-
x)/3))+(q*c/2*(c/3+a+b-x));} else if ((a+b+c)>x){

q1=q/c*(a+b+c-x);q2=q-q1;momento[i]+=-(q1*(a+b+c-
x)/2*(a+b+c-x)/3);}

x+=+(l/maxM);i++;}

}
public void E1B2_10(){

    double  q1,q2,x,a,b,c,r1,q,s,t,l;int i;

q=res[9][0];s=res[9][1];t=res[9][2];l=s+t;a=s;b=t;
x=l/maxM;lcp=l;

r1=(q*a/2)+(q*b/2); v1=v1+r1;

momento[0]+=-(q*a/2*(2*a/3))+(q*b/2*(b/3+a));     i=1;

cortante[0]+=+r1;

while ( (Double.compare( x,l)<0)){
```

```
if (a>x){ q1=q/a*x;q2=q-q1;cortante[i]+=+r1-(q1*x)/2;}
else { q1=q/b*(l-x);q2=q-q1;cortante[i]+=+r1-(q*a/2)-
(q1*(x-a)-q2*(x-a)/2);}


if (a>x) { q1=q/a*x;q2=q-q1;momento[i]+=-(q1*(a-x)*(a-
x)/2)+(q2*(a-x)/2*((a-x)*2/3))+q*b/2*(a+b/3-x);}
else { q1=q/b*(l-x);q2=q-q1;momento[i]+=-(q1*(l-x)/2*(l-
x)/3);}
x+=+(l/maxM);i++;}
}
public void E1B2_11() {
        double q1,x,c,r1,q,a,b,l,s;int  i;
q=res[10][0];a=res[10][1];b=res[10][2];s=res[10][3];
l=a+b;a=b-(2*s/3);b=s;c=l-a-b;  x=l/maxM;lcp=l;
r1=q*b/2;v1=v1+r1;
momento[0]+=-q*b/2*(2*b/3+a);  i=1;
cortante[0]+=+r1;
while  (Double.compare( x,l)<0) {
if (a>x) cortante[i]+=+r1; else if ((a+b)>x) {q1=q/a*(x-
a);cortante[i]+=+
r1-q1*(x-a)/2;}
if (a>x) momento[i]+=-q*b/2*(a+b-x); else if ((a+b)>x) {
q1=q/a*(x-a);momento[i]+=-
(q1*(a+b-x)*(a+b-x)/2)+((q-q1)*(a+b-x)/2*2*(a+b-x)/3);}
x+=+(l/maxM);i++;}
}
public void E1B2_12 (){
    double x,r1,m,s,t,l;int i;
```

```
 m=res[11][0];s=res[11][1];t=res[11][2];l=s+t;
x=l/maxM;lcp=l;

r1=-m;v1=v1+r1; momento[0]+=-m;            i=1;

cortante[0]+=+r1;

//if (s=0) { momento[0]+=-abs(m);break;}

while  (Double.compare( x,l)<0){

if (s>=x) cortante[i]+=+r1;

if (s>=x) momento[i]+=-m;

x+=+(l/maxM);i++;}

}
public void E1A2_1(){

   double p,a,b,l;
p=res[0][0];a=res[0][1];b=res[0][2];    l=a+b;lcp=l;
momento[0]+=-(p*a*b/(6*l)*(b+l)*(3/l));
}
public void E1A2_2(){

   double a,b,q,l,s;
a=res[1][0];b=res[1][1];q=res[1][2];s=res[1][3];
l=a+b;lcp=l;
momento[0]+=-(q*b*s/(8*l*l)*(4*a*(b+l)-(s*s)));
}
public void E1A2_3(){

   double s,q,l;
l=res[2][0];s=res[2][1]; q=res[2][2];lcp=l;
momento[0]+=-(q*s*s/(8*l*l)*Math.pow((2*l-s),2));
}
public void E1A2_4 (){
```

```
    double q,l;
l=res[3][0];q=res[3][1]; lcp=l;
momento[0]+=-(q*l*l/8);
}
public void  E1A2_5 (){
    double q,a,b,s,c,l;
q=res[4][0];a=res[4][1];b=res[4][2];s=res[4][3];
l=a+b;c=s/3;a=a+(2*c);b=b-(2*c);lcp=l;
momento[0]+=-(3*q*c/(40*l*l)*(10*a*b*(l+a)-(15*a-
2*c)*c*c));
}
public void E1A2_6(){
    double q,s,t,l;
 q=res[5][0];s=res[5][1];t=res[5][2];l=s+t;lcp=l;
momento[0]+=-(q*s*s/(120*l*l)*(40*l*l-
(45*s*l)+(12*s*s)));
}
public void E1A2_7(){
    double q,s,t,l;
q=res[6][0];s=res[6][1];t=res[6][2];l=s+t;lcp=l;
momento[0]+=-(q*s*s/(120*l*l)*(20*l*l-(15*s*l)+(3*s*s)));
}
public void E1A2_8(){
     double q,l;
l=res[7][0]; q=res[7][1]; lcp=l;
momento[0]+=-(q*l*l/15);
}
```

```java
public void E1A2_9(){
    double a,b,q,s,l;
a=res[8][0];b=res[8][1];q=res[8][2];s=res[8][3];l=a+b;lcp
=l;
momento[0]+=-(q*s*b/(32*l*l)*(8*a*(l+b)-(s*s)));
}
public void E1A2_10(){
    double q,s,t,l;
q=res[9][0];s=res[9][1];t=res[9][2];l=s+t;lcp=l;
//{momento[0]+=-(q/(120*l*l)*(l+t)*(7*l*l-(3*t*t))); }
momento[0]+=-(q*s*s/(120*l*l)*(40*l*l-
(45*s*l)+(12*s*s)))-
(q*t*t/(30*l*l)*(5*l*l-3*t*t));  // somei o 6 e o 7
}
public void E1A2_11(){
    double q,a,b,s,c,l;
q=res[10][0];a=res[10][1];b=res[10][2];s=res[10][3];
l=a+b;c=s/3;lcp=l;
momento[0]+=-(3*q*c/(40*l*l)*(10*a*b*(l+b)-
(15*b+2*c)*c*c));
}
public void E1A2_12(){ ;
double m,s,t,l;
 m=res[11][0];s=res[11][1];t=res[11][2];l=s+t;lcp=l;
if ((t!=0)&&(s!=0)){
momento[0]+=-(m/2*(3*t*t/(l*l)-1));}
}
public static String padRight(String s,int n){
```

```java
  // return String.format("%"+(n-(s.length()))+"s",s);
  //     return String.format(("% "+(n-(s.length())+"s")
),s);
//return StringUtils.leftPad(s,(n-(s.length())), " ");
n-=s.length();
for (int i=0; i<(n); i++) {s +=" ";}
return s;
}
public static String pdRight(String s,int n){
for (int i=0; i<(n); i++) {s +=" ";}
return s;
}
public static String padLeft(String s,int n){
  // return String.format("%"+(n-(s.length()))+"s",s);
  //     return String.format(("% "+(n-(s.length())+"s")
),s);
//return StringUtils.leftPad(s,(n-(s.length())), " ");
n-=s.length();
for (int i=0; i<(n); i++) {s =" "+ s;}
return s;
}
public static String pdLeft(String s,int n){
for (int i=0; i<(n); i++) {s =" "+ s;}
return s;
}
public void inicializarTela(int A,int B) {    //nâo consegui
encher o array com espaços
```

```
char[]oi ="a   i".toCharArray();

  for (int j=1; j<= B;j++)

       for (int i=1;i<=A;i++)

 //       telaEs[i][j]="   ".charAt(0);

   elaEs[i][j]= oi[2];

  //x.substring(x.indexOf(">") + 1, x.length()));

  }
```

//procedure Mo; begin Momento[i]:=Momento[i]+M+b; x:=x+L/MaxM;inc(i);end;

public void equalizacao() {;

int i; double x,l,x2,y1,y2;

 l=lcp;x=l/maxM;

if ((Double.compare(momento[0],comp2)== 0) && ((Double.compare(momento[maxM],comp2))==0)) i=1; else   if (Double.compare(momento[0],momento[maxM]) ==0) {y1= momento[0];x2=x;i=1; while (Double.compare(x2,l)<0) { momento[i]+=y1;x2+=x;i++;}}   else

if ((Double.compare(momento[maxM],momento[0]) <0) && (Double.compare(momento[0],comp2)==0)){

                        x2=x;i=1; while (Double.compare(x2,l)<0) {y1=momento[maxM]/l*x2; momento[i]+=y1;x2+=x;i++;}}

          else

if ((Double.compare(momento[maxM],momento[0])< 0) && (Double.compare(momento[0],comp2)< 0)){

                        x2=x;i=1;y2=(momento[maxM] - momento[0])/l*x2; while (Double.compare(x2,l)<0) { y1=y2/l*x2; momento[i]+=y1;x2+=x;i++;}

```java
                              y1= momento[0];x2=x;i=1; while
(Double.compare( x2,l)<0) {
momento[i]+=y1;x2+=x;i++;}}

        else

if ((Double.compare(momento[0],momento[maxM])<0)
&& (Double.compare(momento[maxM],comp2)== 0)){

                              x2=x;i=1; while
(Double.compare( x2,l)<0) { y1=(momento[0]/l)*(l-x2);
momento[i]+=y1;x2+=x;i++;}}

        else

if ((Double.compare(momento[0],momento[maxM])<0)
&& (Double.compare(momento[maxM],comp2)<0)){

                              x2=x;i=1;y2=(momento[maxM] -
momento[0]); while(Double.compare( x2,l)<0)
{y1=(y2/l)*(l-x2);  momento[i]+=y1;x2+=x;i++;}


                              y1= momento[maxM];x2=x;i=1;
while (Double.compare( x2,l)<0) {
momento[i]+=y1;x2+=x;i++;}}

        }

    public tela_gui() {

        initComponents();

    Identificação.setDocument(new
entDados(100,TUDU));

    ent_B.setDocument(new
entDados(10,INTZERODECIMAL));

    ent_C.setDocument(new
entDados(10,INTZERODECIMAL));

    ent_D.setDocument(new
entDados(10,INTZERODECIMAL));
```

```
ent_A.setDocument(new
entDados(10,INTZERODECIMAL));

CARGASModel = new DefaultListModel();

CARGAESCOLHIDAModel = new
DefaultListModel();

APOIOModel = new  DefaultListModel();

APOIOESCOLHIDOModel = new
DefaultListModel();

for (int i=0; i<8;
i++){APOIOModel.addElement(strApoio[i]);}

APOIO.setModel(APOIOModel);

for (int i = 0; i < numeroEx; i++)

    for (int j = 0; j < 5; j++)
{CARGASModel.addElement(padRight(padLeft(strCarg
as[i][j],55),65));}

 CARGAS.setModel(CARGASModel);

 intCargas=0;intApoio=0;

 DADOS.setMaximumRowCount(1);

// Double [] cortante = new Double [maxM]; Double[]
momento = new Double[maxM]; Double[][] res = new
Double[numeroEx][4];

for (int i=0; i< maxM;
i++){cortante[i]=0.0;momento[i]=0.0;}

 for (int i = 0; i < numeroEx; i++)

   for (int j = 0; j < 4; j++) {res[i][j]=0.0;}

    for (int i = 0; i < maxNC; i++)

  for (int j = 0; j < 4; j++) {rest[i][j]=0.0; le[i]=" ";}

        }

 /**
```

```java
 * This method is called from within the constructor to
initialize the form.
 * WARNING: Do NOT modify this code. The content
of this method is always
 * regenerated by the Form Editor.
 */
@SuppressWarnings("unchecked")
// <editor-fold defaultstate="collapsed"
desc="Generated Code">
private void initComponents() {

    validar = new javax.swing.JPanel();
    jScrollPane5 = new javax.swing.JScrollPane();
    CARGAS = new javax.swing.JList<>();
    jScrollPane6 = new javax.swing.JScrollPane();
    CARGAESCOLHIDA = new javax.swing.JList<>();
    jScrollPane7 = new javax.swing.JScrollPane();
    APOIO = new javax.swing.JList<>();
    jScrollPane8 = new javax.swing.JScrollPane();
    APOIOESCOLHIDO = new javax.swing.JList<>();
    EXEMPLOjButton1 = new javax.swing.JButton();
    RODAR_OK_jButton3 = new
javax.swing.JButton();
    SAIRjButton4 = new javax.swing.JButton();
    ESCOLHERAPOIO = new javax.swing.JButton();
    ESCOLHERCARGA = new javax.swing.JButton();
    jLabel1 = new javax.swing.JLabel();
    jLabel2 = new javax.swing.JLabel();
```

```java
jLabel3 = new javax.swing.JLabel();

jLabel4 = new javax.swing.JLabel();

jLabel5 = new javax.swing.JLabel();

delApoio = new javax.swing.JButton();

Identificação = new javax.swing.JTextField();

DADOS = new javax.swing.JComboBox<>();

ent_A = new javax.swing.JTextField();

ent_B = new javax.swing.JTextField();

ent_C = new javax.swing.JTextField();

ent_D = new javax.swing.JTextField();

jLabel6 = new javax.swing.JLabel();

VALIDAR = new javax.swing.JButton();

intCarg = new javax.swing.JTextField();

MAXM = new javax.swing.JSpinner();

jLabel7 = new javax.swing.JLabel();
setDefaultCloseOperation(javax.swing.WindowConstan
ts.DISPOSE_ON_CLOSE);

    validar.setLayout(null);

    jScrollPane5.setViewportView(CARGAS);

    validar.add(jScrollPane5);

    jScrollPane5.setBounds(46, 223, 220, 200);
jScrollPane6.setViewportView(CARGAESCOLHIDA);

    validar.add(jScrollPane6);

    jScrollPane6.setBounds(460, 180, 210, 140);

    jScrollPane7.setViewportView(APOIO);

    validar.add(jScrollPane7);

    jScrollPane7.setBounds(3, 97, 280, 70);
jScrollPane8.setViewportView(APOIOESCOLHIDO);
```

```java
validar.add(jScrollPane8);

jScrollPane8.setBounds(413, 97, 290, 40);

EXEMPLOjButton1.setText("exemplo");

EXEMPLOjButton1.addActionListener(new
java.awt.event.ActionListener() {

        public void
actionPerformed(java.awt.event.ActionEvent evt) {

            EXEMPLOjButton1ActionPerformed(evt);

        }

    });

    validar.add(EXEMPLOjButton1);

    EXEMPLOjButton1.setBounds(10, 460, 110, 30);


    RODAR_OK_jButton3.setText("rodar - OK");

    RODAR_OK_jButton3.addActionListener(new
java.awt.event.ActionListener() {

        public void
actionPerformed(java.awt.event.ActionEvent evt) {

            RODAR_OK_jButton3ActionPerformed(evt);

        }

    });

    validar.add(RODAR_OK_jButton3);

    RODAR_OK_jButton3.setBounds(150, 460, 110,
30);


    SAIRjButton4.setText("sair");

    SAIRjButton4.addActionListener(new
java.awt.event.ActionListener() {
```

```java
        public void
actionPerformed(java.awt.event.ActionEvent evt) {
            SAIRjButton4ActionPerformed(evt);
        }
    });
    validar.add(SAIRjButton4);
    SAIRjButton4.setBounds(290, 460, 130, 30);


    ESCOLHERAPOIO.setFont(new
java.awt.Font("Arial", 1, 14)); // NOI18N
    ESCOLHERAPOIO.setText(">>>");
    ESCOLHERAPOIO.addActionListener(new
java.awt.event.ActionListener() {
        public void
actionPerformed(java.awt.event.ActionEvent evt) {
            ESCOLHERAPOIOActionPerformed(evt);
        }
    });
    validar.add(ESCOLHERAPOIO);
    ESCOLHERAPOIO.setBounds(43, 59, 70, 30);
    ESCOLHERCARGA.setFont(new
java.awt.Font("Arial", 1, 14)); // NOI18N
    ESCOLHERCARGA.setText(">>>");
    ESCOLHERCARGA.addActionListener(new
java.awt.event.ActionListener() {
        public void
actionPerformed(java.awt.event.ActionEvent evt) {
            ESCOLHERCARGAActionPerformed(evt);
        }
```

```java
        });
        validar.add(ESCOLHERCARGA);
        ESCOLHERCARGA.setBounds(39, 179, 70, 30);


        jLabel1.setText("ESCOLHA OS APOIOS");
        validar.add(jLabel1);
        jLabel1.setBounds(140, 70, 160, 20);


        jLabel2.setText("ESCOLHA AS CARGAS");
        validar.add(jLabel2);
        jLabel2.setBounds(140, 194, 160, 20);
        jLabel3.setText("APOIO ESCOLHIDO");
        validar.add(jLabel3);
        jLabel3.setBounds(520, 64, 120, 20);


        jLabel4.setText("CARGAS ESCOLHIDAS");
        validar.add(jLabel4);
        jLabel4.setBounds(490, 160, 130, 14);
        jLabel5.setFont(new java.awt.Font("Arial", 1, 14));
// NOI18N
        jLabel5.setText("projeto:");
        validar.add(jLabel5);
        jLabel5.setBounds(10, 10, 110, 30);
        delApoio.setText("deletar");
        delApoio.addActionListener(new
java.awt.event.ActionListener() {
```

```java
        public void
actionPerformed(java.awt.event.ActionEvent evt) {
            delApoioActionPerformed(evt);
        }
    });
    validar.add(delApoio);
    delApoio.setBounds(410, 70, 80, 23);
    Identificação.addActionListener(new
java.awt.event.ActionListener() {
        public void
actionPerformed(java.awt.event.ActionEvent evt) {
            IdentificaçãoActionPerformed(evt);
        }
    });
    validar.add(Identificação);
    Identificação.setBounds(70, 10, 630, 30);


    DADOS.setFont(new java.awt.Font("Arial", 1, 12));
// NOI18N
    DADOS.setModel(new
javax.swing.DefaultComboBoxModel<>(new String[] { "
1 -         p                a                b", " 2 -
a              b                q                s", "
3          l                s              q", " 4 -
l              q       ", " 5 -        q
a                b                s", " 6 -       q
s                t", " 7 -        q                s
t", " 8 -       l               q
", " 9 -      a                b                q
s", "10 -       q                s                t",
"11 -       q                a                b
```
172

```java
s", "12 -          m                    s                        t"
}));
     DADOS.addActionListener(new
java.awt.event.ActionListener() {
       public void
actionPerformed(java.awt.event.ActionEvent evt) {
          DADOSActionPerformed(evt);
       }
     });
     validar.add(DADOS);
     DADOS.setBounds(330, 330, 370, 30);


     ent_A.addActionListener(new
java.awt.event.ActionListener() {
       public void
actionPerformed(java.awt.event.ActionEvent evt) {
          ent_AActionPerformed(evt);
       }
     });
     ent_A.addKeyListener(new
java.awt.event.KeyAdapter() {
       public void
keyPressed(java.awt.event.KeyEvent evt) {
          ent_AKeyPressed(evt);
       }
     });
     validar.add(ent_A);
     ent_A.setBounds(360, 370, 80, 20);
```

```java
        ent_B.addActionListener(new
java.awt.event.ActionListener() {
            public void
actionPerformed(java.awt.event.ActionEvent evt) {
                ent_BActionPerformed(evt);
            }
        });
        ent_B.addKeyListener(new
java.awt.event.KeyAdapter() {
            public void
keyPressed(java.awt.event.KeyEvent evt) {
                ent_BKeyPressed(evt);
            }
        });
        validar.add(ent_B);
        ent_B.setBounds(450, 370, 80, 20);


        ent_C.addActionListener(new
java.awt.event.ActionListener() {
            public void
actionPerformed(java.awt.event.ActionEvent evt) {
                ent_CActionPerformed(evt);
            }
        });
        ent_C.addKeyListener(new
java.awt.event.KeyAdapter() {
            public void
keyPressed(java.awt.event.KeyEvent evt) {
                ent_CKeyPressed(evt);
```

```java
        }
    });
    validar.add(ent_C);
    ent_C.setBounds(540, 370, 70, 20);


    ent_D.addActionListener(new
java.awt.event.ActionListener() {
        public void
actionPerformed(java.awt.event.ActionEvent evt) {
            ent_DActionPerformed(evt);
        }
    });
    ent_D.addKeyListener(new
java.awt.event.KeyAdapter() {
        public void
keyPressed(java.awt.event.KeyEvent evt) {
            ent_DKeyPressed(evt);
        }
    });
    validar.add(ent_D);
    ent_D.setBounds(620, 370, 70, 20);


    jLabel6.setText("entre com os dados da carga");
    validar.add(jLabel6);
    jLabel6.setBounds(390, 400, 170, 20);
    VALIDAR.setFont(new java.awt.Font("Tahoma", 1,
10)); // NOI18N
    VALIDAR.setText("validar");
```

```java
    VALIDAR.addActionListener(new
java.awt.event.ActionListener() {
        public void
actionPerformed(java.awt.event.ActionEvent evt) {
            VALIDARActionPerformed(evt);
        }
    });
    validar.add(VALIDAR);
    VALIDAR.setBounds(590, 400, 110, 21);
    validar.add(intCarg);
    intCarg.setBounds(570, 400, 20, 20);
    MAXM.setFont(new java.awt.Font("Arial Black", 1,
12)); // NOI18N
    validar.add(MAXM);
    MAXM.setBounds(640, 430, 60, 40);
    jLabel7.setText("escolha as seções da viga");
    validar.add(jLabel7);
    jLabel7.setBounds(490, 430, 150, 40);
    javax.swing.GroupLayout layout = new
javax.swing.GroupLayout(getContentPane());
    getContentPane().setLayout(layout);
    layout.setHorizontalGroup(

layout.createParallelGroup(javax.swing.GroupLayout.Al
ignment.LEADING)
        .addComponent(validar,
javax.swing.GroupLayout.DEFAULT_SIZE,
javax.swing.GroupLayout.DEFAULT_SIZE,
Short.MAX_VALUE)
```

```java
    );
    layout.setVerticalGroup(

layout.createParallelGroup(javax.swing.GroupLayout.Al
ignment.LEADING)
        .addComponent(validar,
javax.swing.GroupLayout.DEFAULT_SIZE,
javax.swing.GroupLayout.DEFAULT_SIZE,
Short.MAX_VALUE)
    );
    setSize(new java.awt.Dimension(916, 538));

    setLocationRelativeTo(null);
}// </editor-fold>
    private void
SAIRjButton4ActionPerformed(java.awt.event.ActionEv
ent evt) {


    model.arquivo.Write("000.Nilson42.jar");
System.exit(0);//setDefaultCloseOperation(DISPOSE_
ON_CLOSE);
    }
    private void
EXEMPLOjButton1ActionPerformed(java.awt.event.Acti
onEvent evt) {
        if (intCargas!=0  || intApoio!=0)
    { JOptionPane.showMessageDialog(null,"Não pode.
Esta seria a primeira coisa a fazer.");} else {
    APOIO.addSelectionInterval(2,3);
    MAXM.setValue(10); maxM=10;  valid=true;
    intCargas=1;intApoio=1;
```

```java
List ist = APOIO.getSelectedValuesList();

int []selectedindices = APOIO.getSelectedIndices();

Object oj[] = ist.toArray();

  for (int i = 0; i < ist.size(); i++)

  {APOIOESCOLHIDOModel.addElement(oj[i]);}
//
{APOIOESCOLHIDOModel.addElement(oj[i]);JOptionP
ane.showMessageDialog(null, " "+oj[i]+"  ");}
APOIOESCOLHIDO.setModel(APOIOESCOLHIDOMo
del);

  CARGAS.addSelectionInterval(0,4);

   List list = CARGAS.getSelectedValuesList();

  selectedindices = CARGAS.getSelectedIndices();

  Object ob[] = list.toArray();

    for (int i = 0; i < list.size(); i++)

    {CARGAESCOLHIDAModel.addElement(ob[i]);}


CARGAESCOLHIDA.setModel(CARGAESCOLHIDAM
odel);

  DADOS.setSelectedIndex(0);

  apoio2=true;

  ent_A.setText( "9");

  ent_B.setText( "8");

  ent_C.setText( "7");

  Identificação.setText(" projeto 2342 Marinha Ilha
Fiscal Almirante Candido - seçoes KLMFR");

  JOptionPane.showMessageDialog(null,"VALIDAR e
depois RODAR-OK.");

    }
```

```java
    }
    private void
RODAR_OK_jButton3ActionPerformed(java.awt.event.
ActionEvent evt) {

        if (intApoio !=1)

    { JOptionPane.showMessageDialog(null,"Escolha um
tipo de apoio");} else {

        if ((intCargas<1) && (!valid)&& validei)

    { JOptionPane.showMessageDialog(null,"Preencha
os dados da carga");} else {

        String s,s1,s2;
  s = Identificação.getText();

   File arquiv = new File ("nilson44.txt");

    if(arquiv.exists()) arquiv.delete();

      try {

    arquiv.createNewFile();

    FileWriter fw = new FileWriter(arquiv);

//   JOptionPane.showMessageDialog(null,"cheguei
aqui  1");

   BufferedWriter bw = new BufferedWriter(fw);


  bw.write( "
========================================
========================== ");bw.newLine();

  bw.write( "    ===================RIGHTS BY
Nilson Candido da Silva=================
");bw.newLine();

  bw.write( "    ===========================
BEGIN  ==============================
");bw.newLine();
```

```java
bw.newLine();bw.newLine();bw.newLine();

bw.write(" Projeto :  "+s+" ");bw.newLine();

bw.write(" Unidade de peso :  Tonelada"
);bw.newLine();

bw.write(" Unidade de comprimento :
Metro.");bw.newLine();

bw.write(" Número de seções examinadas : " +
maxM+"    seções." );bw.newLine();

bw.write("                    tipo do apoio:  ");bw.newLine();

bw.write("                ================ :
");bw.newLine();;bw.newLine();bw.newLine();

bw.write("
"+APOIOESCOLHIDO.getModel().getElementAt(0)+"
");bw.newLine();;bw.newLine();bw.newLine();bw.newLin
e();

bw.write("                   Cargas escolhidas do tipo  "
);bw.newLine();

bw.write("
============================= :
");bw.newLine();bw.newLine();bw.newLine();bw.newLin
e();

                          /*      for (int i = 0; i <
CARGAESCOLHIDA.getModel().getSize(); i++)

    {if ((i%5)==0){bw.write("    "+ ((i/5)+1)+ "  -
");bw.newLine();bw.newLine();};

    bw.write( "
"+CARGAESCOLHIDA.getModel().getElementAt(i)+"
");

    bw.newLine();} ;bw.newLine();bw.newLine();

                            */
```
180

```
        Boolean
A0=true,A1=true,A2=true,A3=true,A4=true,A5=true,A6=
true,A7=true,A8=true,A9=true,A10=true,A11=true;

        for (int i = 0; i <
CARGAESCOLHIDA.getModel().getSize(); i++)

    {if ((i%5)==0){bw.write("    "+ ((i/5)+1)+ "  -
");bw.newLine();bw.newLine();};


if(CARGAESCOLHIDA.getModel().getElementAt(i).cont
ains("A"))

        for (int idx = 0; idx < 5; idx++) {

        bw.write( "
"+padLeft(strCargas2[0][idx],55)+"    ");

        if ((idx==0)&& A0){ bw.write( "    Carga
pontual na distância a. ");A0=false;}bw.newLine();}else


if(CARGAESCOLHIDA.getModel().getElementAt(i).cont
ains("B"))

        for (int idx = 0; idx < 5; idx++) {

        bw.write( "
"+padLeft(strCargas2[1][idx],55)+"    ");

        if ((idx==0)&& A1){ bw.write( "    Carga
distribuida q tamanho s distância a e b no centro de
gravidade. ");A1=false;}bw.newLine();}else


if(CARGAESCOLHIDA.getModel().getElementAt(i).cont
ains("C"))

        for (int idx = 0; idx < 5; idx++) {

        bw.write( "
"+padLeft(strCargas2[2][idx],55)+"    ");
```

```java
            if ((idx==0)&& A2){ bw.write( "    Carga
distribuida q no apoio esquerdo de tamanho s.
");A2=false;}bw.newLine();}else


if(CARGAESCOLHIDA.getModel().getElementAt(i).cont
ains("D"))

            for (int idx = 0; idx < 5; idx++) {

            bw.write( "
"+padLeft(strCargas2[3][idx],55)+"    ");

            if ((idx==0)&& A3){ bw.write( "    Carga
distribuida por todo o apoio.
");A3=false;}bw.newLine();}else
if(CARGAESCOLHIDA.getModel().getElementAt(i).cont
ains("E"))

            for (int idx = 0; idx < 5; idx++) {

            bw.write( "
"+padLeft(strCargas2[4][idx],55)+"    ");

            if ((idx==0)&& A4){ bw.write( "    Carga
triangular q distancia a e s no centro de gravidade
direção ►. ");A4=false;}bw.newLine();}else


if(CARGAESCOLHIDA.getModel().getElementAt(i).cont
ains("F"))

            for (int idx = 0; idx < 5; idx++) {

            bw.write( "
"+padLeft(strCargas2[5][idx],55)+"    ");

            if ((idx==0)&& A5){ bw.write( "    Carga
triangular q distancia s e t no centro de gravidade no
apoio esquerdo direção ◄. ");A5=false;}
bw.newLine();}else
```

```java
if(CARGAESCOLHIDA.getModel().getElementAt(i).cont
ains("G"))

        for (int idx = 0; idx < 5; idx++) {

        bw.write( "
"+padLeft(strCargas2[6][idx],55)+"    ");

            if ((idx==0)&& A6){ bw.write( "    Carga
triangular q distância s e t no centro de gravidade no
apoio esquerdo direção ▶.
");A6=false;}bw.newLine();}else
if(CARGAESCOLHIDA.getModel().getElementAt(i).cont
ains("H"))

        for (int idx = 0; idx < 5; idx++) {

        bw.write( "
"+padLeft(strCargas2[7][idx],55)+"    ");

            if ((idx==0)&& A7){ bw.write( "    Carga
triangular q por todo o apoio direção ▶..
");A7=false;}bw.newLine();}else


if(CARGAESCOLHIDA.getModel().getElementAt(i).cont
ains("I"))

        for (int idx = 0; idx < 5; idx++) {

        bw.write( "
"+padLeft(strCargas2[8][idx],55)+"    ");

            if ((idx==0)&& A8){ bw.write( "   2 Cargas
triangulares a e b entre elas de s tamanho juntas
◀▶.");A8=false;}bw.newLine();}else


if(CARGAESCOLHIDA.getModel().getElementAt(i).cont
ains("J"))

        for (int idx = 0; idx < 5; idx++) {
```

```java
           bw.write( "
"+padLeft(strCargas2[9][idx],55)+"    ");

           if ((idx==0)&& A9){ bw.write( "    2 Cargas
triangulares por todo o apoio ◄►.
");A9=false;}bw.newLine();}else
if(CARGAESCOLHIDA.getModel().getElementAt(i).cont
ains("K"))

           for (int idx = 0; idx < 5; idx++) {

           bw.write( "
"+padLeft(strCargas2[10][idx],55)+"    ");

           if ((idx==0)&& A10){ bw.write( "    Carga
triangular q em qq ponto a e b no centro de gravidade
tamanho s direção ◄. ");A10=false;}bw.newLine();}else


if(CARGAESCOLHIDA.getModel().getElementAt(i).cont
ains("L"))

           for (int idx = 0; idx < 5; idx++) {

           bw.write( "
"+padLeft(strCargas2[11][idx],55)+"    ");

           if ((idx==0)&& A11){ bw.write( "    Carga
Momento sentido horário POSITIVA e o contrário
NEGATIVA. ");A11=false;}bw.newLine();}

    }


        ;bw.newLine();bw.newLine();

      bw.write("              Dados das cargas :
");bw.newLine();

  bw.write("            ==================
");bw.newLine();;bw.newLine();bw.newLine();

  for (int i = 1; i <= (intCargas); i++) {

    if (Double.compare(rest[i][3],comp2)!=0){
```

```
{bw.write( "    "+(i) +"-    "+le[i].charAt(0)+" =
"+rest[i][0]+"     "+le[i].charAt(1)+" = "+rest[i][1]+"
"+le[i].charAt(2)+" = "+rest[i][2]+"     "+

          le[i].charAt(3)+" = "+ rest[i][3] +"     " );
bw.newLine();} ;bw.newLine();bw.newLine();}

    else  if (Double.compare(rest[i][2],comp2)!=0){

    {bw.write( "    "+(i) +"-    "+le[i].charAt(0)+" =
"+rest[i][0]+"     "+le[i].charAt(1)+" = "+rest[i][1]+"
"+le[i].charAt(2)+" = "+rest[i][2]+"     ");

    bw.newLine();} ;bw.newLine();bw.newLine();}

        else {

    {bw.write( "    "+(i) +"-    "+le[i].charAt(0)+" =
"+rest[i][0]+"     "+le[i].charAt(1)+" = "+rest[i][1]+"     ");

    bw.newLine();} ;bw.newLine();bw.newLine();}

                        }
bw.newLine();bw.newLine();bw.newLine();bw.newLine()
;bw.newLine();

 bw.write("
===========NCS===============DADOS DE
SAÍDA
==============NCS==================");bw.n
ewLine();
bw.newLine();bw.newLine();bw.newLine();bw.newLine()
;bw.newLine();

  bw.write("              Reação nos apoios
");bw.newLine();


  bw.write("              ==================
");bw.newLine();
```

```java
bw.write("          Reação no apoio a esquerda : " +
d2.format(v1 )+"   ");bw.newLine();


bw.write("          Reação no apoio a direita : "
+d2.format( v2) +" " );bw.newLine();


bw.write("          Momentos da esquerda para a direita
" );bw.newLine();
bw.write("          Momentos negativos tracionam fibras
superiores : ");bw.newLine();
bw.write("          Momentos positivos tracionam fibras
inferiores : ");bw.newLine();
bw.newLine();bw.newLine();bw.newLine();
bw.write("    Seções          Momentos Fletores
Esforço cortante        Dist.da esquerda"
);bw.newLine();
bw.write("   ========
==================        ==================
==================" );bw.newLine();
bw.newLine();bw.newLine();bw.newLine();
if (!apoio1) equalizacao(); xp=lcp/maxM;xq=0.00;
/*
JOptionPane.showMessageDialog(null,"antes do
while");
   int w=0;
   while (w<maxM);{
   JOptionPane.showMessageDialog(null,"entrei no
while");
   inicializarTela(140,30);
```

```
    JOptionPane.showMessageDialog(null,"cheguei
iinicalizartela passei");
    for (int j = 1; j <= 30; j++){
        for (int k = 5; k <=140; k++){  xq+=xp;
    model.escrita.escrevalinha(String.valueOf(w+1),k,j);
k+=30;
model.escrita.escrevalinha(d2.format(momento[w]),k,j);
k+=30;
model.escrita.escrevalinha(d2.format(cortante[w]),k,j);

k+=30;
model.escrita.escrevalinha(d2.format(xq),k,j);k+=50;}
}
    JOptionPane.showMessageDialog(null,"escrevi no
telaEs");
    for( int j=1; j<= 30;j++){
        for(int i=1;i<=140;i++){
      bw.write(model.escrita.telaEs[i][j]);

                }
  JOptionPane.showMessageDialog(null,"escrevendo
no arquivo");
    bw.newLine();
                } w++;    }
    */
  for (int i = 0; i <= maxM; i++)


   {if
(i>0)xq+=xp;s1=d2.format(momento[i]);s2=d2.format(co
rtante[i]); bw.write( "      "

        +padLeft(String.valueOf(i),8)
      +" -    "+padLeft(s1,20)
```

187

```
                +"        "+padLeft(s2,20)
                +"        "+padLeft(d2.format(xq),10)+" metros.        "
);
  bw.newLine();
  }
    ;bw.newLine();bw.newLine();
/*
  bw.write(" Observações : ! - carga pontual na
distância a." );bw.newLine();
  bw.write("           2 - carga distribuida com centro
em a tamanho s.    " );bw.newLine();
    bw.write("           3 - carga distribuida lado esquerdo
tamanho s.  " );bw.newLine();
    */
bw.write("
=========================================
==========================  ");bw.newLine();
  bw.write("     ==================RIGHTS BY
Nilson Candido da Silva=================
");bw.newLine();
  bw.write("     =============================
END   ===============================
");bw.newLine();


  bw.close();
  fw.close();


          } catch (IOException e) {
    JOptionPane.showMessageDialog(null," 93 219
contate: nilson440@gmail.com.");
```

```
}
  model.arquivo.Write("000.nilsonCS.jar");

  new scroll();
// System.exit(0);

    }
    }
  }


  private void
ESCOLHERCARGAActionPerformed(java.awt.event.Ac
tionEvent evt) {

    maxM =
Integer.parseInt(MAXM.getValue().toString());

    if (Integer.parseInt(MAXM.getValue().toString()) <
2 )

  { JOptionPane.showMessageDialog(null,"Escolha O
número de seções >1.");} else {

    if (intApoio !=1)

  { JOptionPane.showMessageDialog(null,"Escolha um
tipo de apoio.");} else {

    if (valid)


  { JOptionPane.showMessageDialog(null,"Preencha
os dados da carga e valide.");} else {

  if (intCargas > maxNC )

  { JOptionPane.showMessageDialog(null,"selecionar
"+maxNC+" cargas é o máximo,
nilson440@gmail.com");}

  else {
```

189

```java
  valid=true; validei=false;intCargas++;
ent_A.setText("");ent_B.setText("");ent_C.setText("");
ent_D.setText("");

  if ((CARGAS.getSelectedIndex() >=0)
&&(CARGAS.getSelectedIndex() <=4))
{CARGAS.addSelectionInterval(0,4);


intCarg.setText(String.valueOf(intCargas));DADOS.set
SelectedIndex(0);}else

  if ((CARGAS.getSelectedIndex() >=5)
&&(CARGAS.getSelectedIndex() <=9))
{CARGAS.addSelectionInterval(5,9);


intCarg.setText(String.valueOf(intCargas));DADOS.set
SelectedIndex(1);}else

  if ((CARGAS.getSelectedIndex() >=10)
&&(CARGAS.getSelectedIndex() <=14))
{CARGAS.addSelectionInterval(10,14);


intCarg.setText(String.valueOf(intCargas));DADOS.set
SelectedIndex(2);}else

  if ((CARGAS.getSelectedIndex() >=15)
&&(CARGAS.getSelectedIndex() <=19))
{CARGAS.addSelectionInterval(15,19);


intCarg.setText(String.valueOf(intCargas));DADOS.set
SelectedIndex(3);}else

  if ((CARGAS.getSelectedIndex() >=20)
&&(CARGAS.getSelectedIndex() <=24))
{CARGAS.addSelectionInterval(20,24);


intCarg.setText(String.valueOf(intCargas));DADOS.set
SelectedIndex(0);DADOS.setSelectedIndex(4);}else
```

```java
   if ((CARGAS.getSelectedIndex() >=25)
&&(CARGAS.getSelectedIndex() <=29))
{CARGAS.addSelectionInterval(25,29);


intCarg.setText(String.valueOf(intCargas));DADOS.set
SelectedIndex(5);}else

   if ((CARGAS.getSelectedIndex() >=30)
&&(CARGAS.getSelectedIndex() <=34))
{CARGAS.addSelectionInterval(30,34);


intCarg.setText(String.valueOf(intCargas));DADOS.set
SelectedIndex(6);}else

   if ((CARGAS.getSelectedIndex() >=35)
&&(CARGAS.getSelectedIndex() <=39))
{CARGAS.addSelectionInterval(35,39);


intCarg.setText(String.valueOf(intCargas));DADOS.set
SelectedIndex(7);}else

   if ((CARGAS.getSelectedIndex() >=40)
&&(CARGAS.getSelectedIndex() <=44))
{CARGAS.addSelectionInterval(40,44);


intCarg.setText(String.valueOf(intCargas));DADOS.set
SelectedIndex(8);}else

   if ((CARGAS.getSelectedIndex() >=45)
&&(CARGAS.getSelectedIndex() <=49))
{CARGAS.addSelectionInterval(45,49);


intCarg.setText(String.valueOf(intCargas));DADOS.set
SelectedIndex(9);}else

   if ((CARGAS.getSelectedIndex() >=50)
&&(CARGAS.getSelectedIndex() <=54))
{CARGAS.addSelectionInterval(50,54);
```

```java
intCarg.setText(String.valueOf(intCargas));DADOS.set
SelectedIndex(10);}else

    if ((CARGAS.getSelectedIndex() >=55)
&&(CARGAS.getSelectedIndex() <=59))
{CARGAS.setSelectionInterval(55,59);

intCarg.setText(String.valueOf(intCargas));DADOS.set
SelectedIndex(11);}
    //   JOptionPane.showMessageDialog(null,"   "+
intCargas+  " ");

    List list = CARGAS.getSelectedValuesList();

    int []selectedindices = CARGAS.getSelectedIndices();


    Object ob[] = list.toArray();

        for (int i = 0; i < list.size(); i++)

        {CARGAESCOLHIDAModel.addElement(ob[i]);}


CARGAESCOLHIDA.setModel(CARGAESCOLHIDAM
odel);

    }}
}
  }
    }


    private void
ESCOLHERAPOIOActionPerformed(java.awt.event.Act
ionEvent evt) {

        if (intApoio >=1)
```

```java
{JOptionPane.showMessageDialog(null, " delete o
apoio escolhido ");} else {

    if ((APOIO.getSelectedIndex() >=0)
&&(APOIO.getSelectedIndex() <=1))
{APOIO.addSelectionInterval(0,1);intApoio++;apoio1=tr
ue;apoio2=false;apoio3=false;apoio4=false;}

    if ((APOIO.getSelectedIndex() >=2)
&&(APOIO.getSelectedIndex() <=3))
{APOIO.addSelectionInterval(2,3);intApoio++;apoio1=fa
lse;apoio2=true;apoio3=false;apoio4=false;}

    if ((APOIO.getSelectedIndex() >=4)
&&(APOIO.getSelectedIndex() <=5))
{APOIO.addSelectionInterval(4,5);intApoio++;apoio1=fa
lse;apoio2=false;apoio3=true;apoio4=false;}

    if ((APOIO.getSelectedIndex() >=6)
&&(APOIO.getSelectedIndex() <=7))
{APOIO.addSelectionInterval(6,7);intApoio++;apoio1=fa
lse;apoio2=false;apoio3=false;apoio4=true;}


    List ist = APOIO.getSelectedValuesList();

    int []selectedindices = APOIO.getSelectedIndices();

    Object oj[] = ist.toArray();

        for (int i = 0; i < ist.size(); i++)

        {APOIOESCOLHIDOModel.addElement(oj[i]);}

    //
{APOIOESCOLHIDOModel.addElement(oj[i]);JOptionP
ane.showMessageDialog(null, " "+oj[i]+"  ");}


APOIOESCOLHIDO.setModel(APOIOESCOLHIDOMo
del);

}

    }
```

```java
    private void
delApoioActionPerformed(java.awt.event.ActionEvent
evt) {

    if (intApoio ==0)

    {JOptionPane.showMessageDialog(null, " Nada para
deletar ");} else {

    if ((APOIOESCOLHIDO.getSelectedIndex() >=0)
&&(APOIOESCOLHIDO.getSelectedIndex() <=1))
{APOIOESCOLHIDO.addSelectionInterval(0,1);intApoio
--
;apoio1=false;apoio2=false;apoio3=false;apoio4=false;}

    if ((APOIOESCOLHIDO.getSelectedIndex() >=2)
&&(APOIOESCOLHIDO.getSelectedIndex() <=3))
{APOIOESCOLHIDO.addSelectionInterval(2,3);intApoio
--
;apoio1=false;apoio2=false;apoio3=false;apoio4=false;}

    if ((APOIOESCOLHIDO.getSelectedIndex() >=4)
&&(APOIOESCOLHIDO.getSelectedIndex() <=5))
{APOIOESCOLHIDO.addSelectionInterval(4,5);intApoio
--
;apoio1=false;apoio2=false;apoio3=false;apoio4=false;}

    if ((APOIOESCOLHIDO.getSelectedIndex() >=6)
&&(APOIOESCOLHIDO.getSelectedIndex() <=7))
{APOIOESCOLHIDO.addSelectionInterval(6,7);intApoio
--
;apoio1=false;apoio2=false;apoio3=false;apoio4=false;}

    List ist =
APOIOESCOLHIDO.getSelectedValuesList();

    int []selectedindices =
APOIOESCOLHIDO.getSelectedIndices();

    Object oj[] = ist.toArray();

        for (int i = 0; i < ist.size(); i++)
```

```
{APOIOESCOLHIDOModel.removeElement(oj[i]);}

APOIOESCOLHIDO.setModel(APOIOESCOLHIDOMo
del);
}
   }
   private void
DADOSActionPerformed(java.awt.event.ActionEvent
evt) {


ent_A.setText("");ent_B.setText("");ent_C.setText("");
ent_D.setText("");
   }
   private void
ent_DActionPerformed(java.awt.event.ActionEvent evt)
{
   //    if (evt.getKeyCode() ==
KeyEvent.VK_ENTER)ent_C.requestFocus();

       if (ent_D.getText().trim().equals("")){

    JOptionPane.showMessageDialog(null,"Digite os
dados");

   }else{
//
ent_A.setText("");ent_B.setText("");ent_C.setText("");
ent_D.setText("");

       numero = DADOS.getSelectedIndex();

  switch (numero) {

    case 1: res[numero][3] =
Double.parseDouble(ent_D.getText());break;
```

```java
    case 4:res[numero][3] =
Double.parseDouble(ent_D.getText());break;

    case 8:res[numero][3] =
Double.parseDouble(ent_D.getText());break;

    case 10:res[numero][3] =
Double.parseDouble(ent_D.getText());break;

  }
  }
  }
    private void
ent_CActionPerformed(java.awt.event.ActionEvent evt)
{

      if (ent_C.getText().trim().equals("")){

    JOptionPane.showMessageDialog(null,"Digite os
dados");

   }else{

      numero = DADOS.getSelectedIndex();

  switch (numero) {

    case 0:  res[numero][2] =
Double.parseDouble(ent_C.getText());break;

    case 1:res[numero][2] =
Double.parseDouble(ent_C.getText()); break;

    case 2: res[numero][2] =
Double.parseDouble(ent_C.getText()); break;

    case 4: res[numero][2] =
Double.parseDouble(ent_C.getText());break;

    case 5: res[numero][2] =
Double.parseDouble(ent_C.getText());break;

    case 6: res[numero][2] =
Double.parseDouble(ent_C.getText());break;
```

```java
    case 8: res[numero][2] =
Double.parseDouble(ent_C.getText());break;

    case 9:res[numero][2] =
Double.parseDouble(ent_C.getText());break;

    case 10:res[numero][2] =
Double.parseDouble(ent_C.getText());break;

    case 11:res[numero][2] =
Double.parseDouble(ent_C.getText());break;

  }

        }

  }

   private void
ent_BActionPerformed(java.awt.event.ActionEvent evt)
{

   if (intCargas <1)

  { JOptionPane.showMessageDialog(null,"Escolha
carga");} else {

   if (intApoio !=1)

  { JOptionPane.showMessageDialog(null,"Escolha um
tipo de apoio");} else {

      if (ent_B.getText().trim().equals("")){

    JOptionPane.showMessageDialog(null,"Digite os
dados");

   }else{

      numero = DADOS.getSelectedIndex();

  switch (numero) {

    case 0:res[numero][1] =
Double.parseDouble(ent_B.getText());  break;

    case 1:res[numero][1] =
Double.parseDouble(ent_B.getText()); break;
```

```java
    case 2:res[numero][1] =
Double.parseDouble(ent_B.getText());  break;

    case 3:res[numero][1] =
Double.parseDouble(ent_B.getText()); break;

    case 4:res[numero][1] =
Double.parseDouble(ent_B.getText()); break;

    case 5:res[numero][1] =
Double.parseDouble(ent_B.getText());break;

    case 6:res[numero][1] =
Double.parseDouble(ent_B.getText()); break;

    case 7:res[numero][1] =
Double.parseDouble(ent_B.getText()); break;

    case 8:res[numero][1] =
Double.parseDouble(ent_B.getText());break;

    case 9:res[numero][1] =
Double.parseDouble(ent_B.getText());break;

    case 10:res[numero][1] =
Double.parseDouble(ent_B.getText());break;

    case 11:res[numero][1] =
Double.parseDouble(ent_B.getText());break;

  }}}
  }
  }

  private void
ent_AActionPerformed(java.awt.event.ActionEvent evt)
{

    if (ent_A.getText().trim().equals("")){

  JOptionPane.showMessageDialog(null,"Digite os
dados");

  }else{
```

```java
        numero = DADOS.getSelectedIndex();
    switch (numero) {

      case 0:res[numero][0] =
Double.parseDouble(ent_A.getText());break;

      case 1:res[numero][0] =
Double.parseDouble(ent_A.getText());break;

      case 2:res[numero][0] =
Double.parseDouble(ent_A.getText());break;

      case 3:res[numero][0] =
Double.parseDouble(ent_A.getText());break;

      case 4:res[numero][0] =
Double.parseDouble(ent_A.getText());break;

      case 5:res[numero][0] =
Double.parseDouble(ent_A.getText());break;

      case 6:res[numero][0] =
Double.parseDouble(ent_A.getText());break;

      case 7:res[numero][0] =
Double.parseDouble(ent_A.getText());break;

      case 8:res[numero][0] =
Double.parseDouble(ent_A.getText());break;

      case 9:res[numero][0] =
Double.parseDouble(ent_A.getText());break;

      case 10:res[numero][0] =
Double.parseDouble(ent_A.getText());break;

      case 11:res[numero][0] =
Double.parseDouble(ent_A.getText());break;

      }
    }
  }
```

```java
    private void
VALIDARActionPerformed(java.awt.event.ActionEvent
evt) {

  if (Integer.parseInt(MAXM.getValue().toString()) < 2 )

   { JOptionPane.showMessageDialog(null,"Escolha O
número de seções >1.");} else {

  if (intCargas <1)

   { JOptionPane.showMessageDialog(null,"Escolha
carga.");} else {

  if (intApoio !=1)

   { JOptionPane.showMessageDialog(null,"Escolha um
tipo de apoio.");} else {

   if (!valid)

   { JOptionPane.showMessageDialog(null,"Escolha
carga.");} else {

   if (ent_A.getText().trim().equals("")||
ent_B.getText().trim().equals("")){

    JOptionPane.showMessageDialog(null,"Digite todos
os dados.");

   }else{

            numero =
DADOS.getSelectedIndex();validei =true;


   //   JOptionPane.showMessageDialog(null," "+
numero+" "+intCargas+" "+apoio2+" ");

  switch (numero) {

   case 0: if (ent_C.getText().trim().equals("")){

   JOptionPane.showMessageDialog(null,"Digite os
dados"); break;} res[numero][0] =
```

```java
Double.parseDouble(ent_A.getText());res[numero][1] =
Double.parseDouble(ent_B.getText());

    res[numero][2] =
Double.parseDouble(ent_C.getText());valid=false;le[int
Cargas]="pab ";

rest[intCargas][0]=res[numero][0];rest[intCargas][1]=res
[numero][1];rest[intCargas][2]=res[numero][2];

    if (apoio1) {E1B2_1();}else  if (apoio2) {A1A2_1();}
else if (apoio3) {A1A2_1();E1A2_1();} else if (apoio4)
{A1A2_1();E1E2_1();}

    break;

    case 1: if (ent_C.getText().trim().equals("")||
ent_D.getText().trim().equals("")){

    JOptionPane.showMessageDialog(null,"Digite os
dados");break;} res[numero][0] =
Double.parseDouble(ent_A.getText());res[numero][1] =
Double.parseDouble(ent_B.getText());

    res[numero][2] =
Double.parseDouble(ent_C.getText()); res[numero][3] =
Double.parseDouble(ent_D.getText());valid=false;le[int
Cargas]="abqs";


rest[intCargas][0]=res[numero][0];rest[intCargas][1]=res
[numero][1];rest[intCargas][2]=res[numero][2];rest[intCa
rgas][3]=res[numero][3];

    if (apoio1) {E1B2_2();} if (apoio2) {A1A2_2();} if
(apoio3) {A1A2_2();E1A2_2();} if (apoio4)
{A1A2_2();E1E2_2();}

    break;

    case 2:  if (ent_C.getText().trim().equals("")){

    JOptionPane.showMessageDialog(null,"Digite os
dados");break;} res[numero][0] =
```
201

```
Double.parseDouble(ent_A.getText());res[numero][1] =
Double.parseDouble(ent_B.getText());

    res[numero][2] =
Double.parseDouble(ent_C.getText());valid=false;le[int
Cargas]="lsq ";

rest[intCargas][0]=res[numero][0];rest[intCargas][1]=res
[numero][1];rest[intCargas][2]=res[numero][2];

    if (apoio1) {E1B2_3();} if (apoio2) {A1A2_3();} if
(apoio3) {A1A2_3();E1A2_3();} if (apoio4)
{A1A2_3();E1E2_3();}

      break;

    case 3:res[numero][0] =
Double.parseDouble(ent_A.getText());res[numero][1] =
Double.parseDouble(ent_B.getText());valid=false;le[int
Cargas]="lq  ";


rest[intCargas][0]=res[numero][0];rest[intCargas][1]=res
[numero][1];

    if (apoio1) {E1B2_4();} if (apoio2) {A1A2_4();} if
(apoio3) {A1A2_4();E1A2_4();} if (apoio4)
{A1A2_4();E1E2_4();}

      break;

    case 4:  if (ent_C.getText().trim().equals("")||
ent_D.getText().trim().equals("")){

    JOptionPane.showMessageDialog(null,"Digite os
dados");break;} res[numero][0] =
Double.parseDouble(ent_A.getText());res[numero][1] =
Double.parseDouble(ent_B.getText());

    res[numero][2] =
Double.parseDouble(ent_C.getText());res[numero][3] =
Double.parseDouble(ent_D.getText());valid=false;le[int
Cargas]="qabs";
```

```
rest[intCargas][0]=res[numero][0];rest[intCargas][1]=res
[numero][1];rest[intCargas][2]=res[numero][2];rest[intCa
rgas][3]=res[numero][3];

    if (apoio1) {E1B2_5();} if (apoio2) {A1A2_5();} if
(apoio3) {A1A2_5();E1A2_5();} if (apoio4)
{A1A2_5();E1E2_5();}

     break;

    case 5:if (ent_C.getText().trim().equals("")){

    JOptionPane.showMessageDialog(null,"Digite os
dados");break;}res[numero][0] =
Double.parseDouble(ent_A.getText());res[numero][1] =
Double.parseDouble(ent_B.getText());

    res[numero][2] =
Double.parseDouble(ent_C.getText());valid=false;le[int
Cargas]="qst ";


rest[intCargas][0]=res[numero][0];rest[intCargas][1]=res
[numero][1];rest[intCargas][2]=res[numero][2];

    if (apoio1) {E1B2_6();} if (apoio2) {A1A2_6();} if
(apoio3) {A1A2_6();E1A2_6();} if (apoio4)
{A1A2_6();E1E2_6();}

     break;

    case 6:if (ent_C.getText().trim().equals("")){

    JOptionPane.showMessageDialog(null,"Digite os
dados");break;}res[numero][0] =
Double.parseDouble(ent_A.getText());res[numero][1] =
Double.parseDouble(ent_B.getText());

    res[numero][2] =
Double.parseDouble(ent_C.getText());valid=false;le[int
Cargas]="qst ";
```

```java
rest[intCargas][0]=res[numero][0];rest[intCargas][1]=res
[numero][1];rest[intCargas][2]=res[numero][2];

   if (apoio1) {E1B2_7();} if (apoio2) {A1A2_7();} if
(apoio3) {A1A2_7();E1A2_7();} if (apoio4)
{A1A2_7();E1E2_7();}

     break;

   case 7:res[numero][0] =
Double.parseDouble(ent_A.getText());res[numero][1] =
Double.parseDouble(ent_B.getText());valid=false;le[int
Cargas]="lq  ";


rest[intCargas][0]=res[numero][0];rest[intCargas][1]=res
[numero][1];

   if (apoio1) {E1B2_8();} if (apoio2) {A1A2_8();} if
(apoio3) {A1A2_8();E1A2_8();} if (apoio4)
{A1A2_8();E1E2_8();}

     break;

   case 8:if (ent_C.getText().trim().equals("")||
ent_D.getText().trim().equals("")){

     JOptionPane.showMessageDialog(null,"Digite os
dados");break;}res[numero][0] =
Double.parseDouble(ent_A.getText());res[numero][1] =
Double.parseDouble(ent_B.getText());

     res[numero][2] =
Double.parseDouble(ent_C.getText());res[numero][3] =
Double.parseDouble(ent_D.getText());valid=false;le[int
Cargas]="abqs";


rest[intCargas][0]=res[numero][0];rest[intCargas][1]=res
[numero][1];rest[intCargas][2]=res[numero][2];rest[intCa
rgas][3]=res[numero][3];
```

```java
    if (apoio1) {E1B2_9();} if (apoio2) {A1A2_9();} if
(apoio3) {A1A2_9();E1A2_9();} if (apoio4)
{A1A2_9();E1E2_9();}

    break;
    case 9:if (ent_C.getText().trim().equals("")){

    JOptionPane.showMessageDialog(null,"Digite os
dados");break;}res[numero][0] =
Double.parseDouble(ent_A.getText());res[numero][1] =
Double.parseDouble(ent_B.getText());

    res[numero][2] =
Double.parseDouble(ent_C.getText());valid=false;le[int
Cargas]="qst ";


rest[intCargas][0]=res[numero][0];rest[intCargas][1]=res
[numero][1];rest[intCargas][2]=res[numero][2];

    if (apoio1) {E1B2_10();} if (apoio2) {A1A2_10();} if
(apoio3) {A1A2_10();E1A2_10();} if (apoio4)
{A1A2_10();E1E2_10();}

    break;
    case 10:if (ent_C.getText().trim().equals("")||
ent_D.getText().trim().equals("")){

    JOptionPane.showMessageDialog(null,"Digite os
dados");break;}res[numero][0] =
Double.parseDouble(ent_A.getText());res[numero][1] =
Double.parseDouble(ent_B.getText());

    res[numero][2] =
Double.parseDouble(ent_C.getText());res[numero][3] =
Double.parseDouble(ent_D.getText());valid=false;le[int
Cargas]="qabs";

rest[intCargas][0]=res[numero][0];rest[intCargas][1]=res
[numero][1];rest[intCargas][2]=res[numero][2];rest[intCa
rgas][3]=res[numero][3];
```

```java
    if (apoio1) {E1B2_11();} if (apoio2) {A1A2_11();} if
(apoio3) {A1A2_11();E1A2_11();} if (apoio4)
{A1A2_11();E1E2_11();}

    break;

    case 11:if (ent_C.getText().trim().equals("")){

    JOptionPane.showMessageDialog(null,"Digite os
dados");break;}res[numero][0] =
Double.parseDouble(ent_A.getText());res[numero][1] =
Double.parseDouble(ent_B.getText());

    res[numero][2] =
Double.parseDouble(ent_C.getText());valid=false;le[int
Cargas]="mst ";

rest[intCargas][0]=res[numero][0];rest[intCargas][1]=res
[numero][1];rest[intCargas][2]=res[numero][2];

    if (apoio1) {E1B2_12();} if (apoio2) {A1A2_12();} if
(apoio3) {A1A2_12();E1A2_12();} if (apoio4)
{A1A2_12();E1E2_12();}break;

  }}
  }
  }
  }
  }

    }
    private void
IdentificaçãoActionPerformed(java.awt.event.ActionEve
nt evt) {

    // TODO add your handling code here:

    Identificação.getText();

  }
```

```java
    private void
ent_AKeyPressed(java.awt.event.KeyEvent evt) {
        // TODO add your handling code here:
        if (evt.getKeyCode() ==
KeyEvent.VK_ENTER)ent_B.requestFocus();
    }
    private void
ent_BKeyPressed(java.awt.event.KeyEvent evt) {
        // TODO add your handling code here:
        if (evt.getKeyCode() ==
KeyEvent.VK_ENTER)ent_C.requestFocus();
    }
    private void
ent_CKeyPressed(java.awt.event.KeyEvent evt) {
        // TODO add your handling code here:
        if (evt.getKeyCode() ==
KeyEvent.VK_ENTER)ent_D.requestFocus();
    }
    private void
ent_DKeyPressed(java.awt.event.KeyEvent evt) {
        // TODO add your handling code here:
        if (evt.getKeyCode() ==
KeyEvent.VK_ENTER)ent_A.requestFocus();
    }
    /**
     * @param args the command line arguments
     */
    public static void main(String args[]) {
        /* Set the Nimbus look and feel */
```

```java
//<editor-fold defaultstate="collapsed" desc=" Look and feel setting code (optional) ">

/* If Nimbus (introduced in Java SE 6) is not available, stay with the default look and feel.

 * For details see
http://download.oracle.com/javase/tutorial/uiswing/lookandfeel/plaf.html

 */

try {

    for (javax.swing.UIManager.LookAndFeelInfo info : javax.swing.UIManager.getInstalledLookAndFeels()) {

        if ("Nimbus".equals(info.getName())) {

            javax.swing.UIManager.setLookAndFeel(info.getClassName());

            break;
        }
    }

} catch (ClassNotFoundException ex) {

java.util.logging.Logger.getLogger(tela_gui.class.getName()).log(java.util.logging.Level.SEVERE, null, ex);

} catch (InstantiationException ex) {

java.util.logging.Logger.getLogger(tela_gui.class.getName()).log(java.util.logging.Level.SEVERE, null, ex);

} catch (IllegalAccessException ex) {

java.util.logging.Logger.getLogger(tela_gui.class.getName()).log(java.util.logging.Level.SEVERE, null, ex);

} catch (javax.swing.UnsupportedLookAndFeelException ex) {
```

```java
java.util.logging.Logger.getLogger(tela_gui.class.getNa
me()).log(java.util.logging.Level.SEVERE, null, ex);
    }
    //</editor-fold>
    /* Create and display the form */
    java.awt.EventQueue.invokeLater(new Runnable()
{
        public void run() {
    tela_gui tela = new tela_gui();

tela.setDefaultCloseOperation(JFrame.DO_NOTHING_
ON_CLOSE);
    tela.addWindowListener (new WindowAdapter(){
    public  void WindowClosing(WindowEvent evt){

model.arquivo.Write("000.Nilson42.jar");System.exit(0);

//tela.setDefaultCloseOperation(DISPOSE_ON_CLOSE
);
 }
    });

        tela.setVisible(true);
        }
    });
 }
    // Variables declaration - do not modify
    private javax.swing.JList<String> APOIO;
```

```java
    private javax.swing.JList<String> APOIOESCOLHIDO;
    private javax.swing.JList<String> CARGAESCOLHIDA;
    private javax.swing.JList<String> CARGAS;
    private javax.swing.JComboBox<String> DADOS;
    private javax.swing.JButton ESCOLHERAPOIO;
    private javax.swing.JButton ESCOLHERCARGA;
    private javax.swing.JButton EXEMPLOjButton1;
    private javax.swing.JTextField Identificação;
    private javax.swing.JSpinner MAXM;
    private javax.swing.JButton RODAR_OK_jButton3;
    private javax.swing.JButton SAIRjButton4;
    private javax.swing.JButton VALIDAR;
    private javax.swing.JButton delApoio;
    private javax.swing.JTextField ent_A;
    private javax.swing.JTextField ent_B;
    private javax.swing.JTextField ent_C;
    private javax.swing.JTextField ent_D;
    private javax.swing.JTextField intCarg;
    private javax.swing.JLabel jLabel1;
    private javax.swing.JLabel jLabel2;
    private javax.swing.JLabel jLabel3;
    private javax.swing.JLabel jLabel4;
    private javax.swing.JLabel jLabel5;
    private javax.swing.JLabel jLabel6;
    private javax.swing.JLabel jLabel7;
```

```java
    private javax.swing.JScrollPane jScrollPane5;
    private javax.swing.JScrollPane jScrollPane6;
    private javax.swing.JScrollPane jScrollPane7;
    private javax.swing.JScrollPane jScrollPane8;
    private javax.swing.JPanel validar;
    // End of variables declaration
}
package view;
public class cargas {
int maxM = 500;
byte maxcarga=12;
double
EscolhaApoio,escolhaCarga,cargaEsc,apoioEsc;
Boolean[] carga = new Boolean[maxcarga];
Double[] momento = new Double[maxM];
Double[] cortante = new Double[maxM];
Double v1,v2,l;
String identificacao,ton,metro;
Double[][] res = new Double[maxcarga][4];


    public void E1E2_1(){
double p,a,b,l;
p = res[1][1]; a = res[1][2]; b = res[1][3]; l=a+b;
momento[0]=momento[0]-(p*a*b*b/(l*l));
momento[maxM]=momento[maxM]-(p*a*a*b/(l*l));
    }
  public void  E1E2_2 () {
```

```java
double a,b,q,s,l;
 a=res[2][1]; b=res[2][2]; q=res[2][3]; s=res[2][4];
l=a+b;
momento[0]+=-(q*s/(12*l*l)*(12*a*b*b+(s*s*(l-3*b))));
momento[maxM]+=-(q*s/(12*l*l)*(12*b*a*a+(s*s*(l-
3*a))));
 }
  public void E1E2_3 () {
double s,q,l;
l=res[3][1];s=res[3][2]; q=res[3][3];
momento[0]+=-(q*s*s/(12*l*l)*(2*l*(3*l-4*s)+(3*s*s)));
momento[maxM]+=-(q*s*s*s/(12*l*l)*(4*l-3*s)) ;


}
   public void E1E2_4 () {
double q,l;
l=res[4][1];q=res[4][2];
momento[0]+=-(q*l*l/12);
momento[maxM]+=-(q*l*l/12);
}
   public void E1E2_5 (){
double c,q,a,b,s,l;
q=res[5][1];a=res[5][2];b=res[5][3];s=res[5][4];  l=a+b;
c=s/3;
momento[0]+=-(q*s/(20*l*l)*((2*c*c*c)+(5*(l-
3*b)*c*c)+(10*a*b*b)));
momento[maxM]+=-(q*s/(20*l*l)*((3*c*c*c)-(5*(l-
3)*c*c)+(10*a*a*b)));
```

```java
   }
 public void  E1E2_6 () {
 double q,s,t,l;
q=res[6][1];s=res[6][2];t=res[6][3];l=s+t;
momento[0]+=-(q*s*s/(30*l*l)*(10*t*t+(s*(5*t+s))));
momento[maxM]+=-(q*s*s*s/(20*l*l)*(5*t+s));
   }
 public void E1E2_7 () {
 double q,s,t,l;
q=res[7][1];s=res[7][2];t=res[7][3];l=s+t;
momento[0]+=-(q*s*s/(60*l*l)*(10*t*l+(3*s*s)));
momento[maxM]+=-(q*s*s*s/(60*l*l)*(5*t+2*s));
   }
 public void E1E2_8  (){
 double q,l;
l=res[8][1]; q=res[8][2];
momento[0]+=-(q*l*l/20);
momento[maxM]+=-(q*l*l/30);
}
 public void E1E2_9 (){
    double a,b,q,s,l;
a=res[9][1];b=res[9][2];q=res[9][3];s=res[9][4];  l=a+b;
momento[0]+=-(q*s/(48*l*l)*(24*a*b*b+(s*s*(a-2*b))));
momento[maxM]+=-(q*s/(48*l*l)*(24*b*a*a+(s*s*(b-
2*a))));
}
 public void E1E2_10 (){
```

```
        double q,s,t,l;
q=res[10][1];s=res[10][2];t=res[10][3]; l=s+t;
momento[0]+=-(q/(60*l)*(2*l*l*l+(2*t*l*l)+(2*t*t*l)-
(3*t*t*t)));
momento[maxM]+=-(q/(60*l)*(3*s*s*s-(2*s*s*l)-(2*s*l*l)-
(2*l*l*l)));
}
 public void E1E2_11 (){
    double c,q,a,b,s,l;
q=res[11][1];a=res[11][2];b=res[11][3];s=res[11][4];c=a;
a=b;b=c; l=a+b; c=s/3;
momento[maxM]+=-(q*s/(20*l*l)*((2*c*c*c)+(5*(l-
3*b)*c*c)+(10*a*b*b)));
momento[0]+=-(q*s/(20*l*l)*((3*c*c*c)-(5*(l-
3)*c*c)+(10*a*a*b)));
 }
 public void E1E2_12 (){
        double m,s,t,l;
m=res[12][1];s=res[12][2];t=res[12][3]; l=s+t;
if ((t!=0) && (s!=0)) {
momento[0]+=+(m*t/l*(2-(3*t/l)));
momento[maxM]+=-(m*s/l*(2-(3*s/l)));}
if (s == 0) { momento[maxM]+=-m;}
if (t == 0) { momento[0]+=+m ;}
}
 public void A1A2_1 (){   // res[1][1] = 10.0;res[1][2] =
10.0;res[1][3] = 10.0;v1=0.0;v2=0.0;
    double x,r1,r2,p,a,b,l;int i;
```

```
p=res[1][1];a=res[1][2];b=res[1][3];    l=a+b; x=l/maxM;
r1= p*b/l;v1+=r1;
r2= p*a/l;v2+=r2; i=1;
cortante[0]+=r1;cortante[maxM]+=-r2;
while (x<l) {
if (a>=x)   cortante[i]+=r1; else cortante[i]+=-r2;
if (a>=x)  momento[i]+=(r1*x); else momento[i]+=(r2*(l-
x));
x+=(l/maxM);i++;}
}
 public void A1A2_2 (){
    double x,c,r1,r2,a,b,q,l,s; int i;
a=res[2][1];b=res[2][2];q=res[2][3];s=res[2][4];
l=a+b;a=a-(s/2);c=b-(s/2);b=s;  x=l/maxM;
r1=q*b*(b/2+c)/l;v1=v1+r1;
r2=q*b*(b/2+a)/l;i=1;v2=v2+r2;
cortante[0]+=+r1;cortante[maxM]=cortante[maxM]-r2;
while (x<l) {
if (a>=x) cortante[i]=cortante[i]+r1; else if ((a+b)>x)
cortante[i]=cortante[i]+
(r1-q*(x-a)); else cortante[i]=cortante[i]-r2;
if (a>=x)  momento[i]=momento[i]+(r1*x); else if
((a+b)>x)  momento[i]=momento[i]+
(r1*x)-(q*(x-a)*(x-a)/2); else
momento[i]=momento[i]+(r2*(l-x));
x=x+(l/maxM);i++;}
}
 public void A1A2_3 (){
```

```
    double x,b,a,r1,r2,s,l,q;
  int i;
l=res[3][1];s=res[3][2]; q=res[3][3]; a=s;b=l-a;
x=l/maxM;

r1=q*a*(a/2+b)/l;v1=v1+r1;

r2=q*a*(a/2)/l;  v2=v2+r2;i=1;

cortante[0]+=+r1;cortante[maxM]=cortante[maxM]-r2;

while (x<l) {

if (a>=x) cortante[i]=cortante[i]+(r1-q*x); else
cortante[i]=cortante[i]-r2;

if (a>=x) momento[i]=momento[i]+(r1*x)-(q*x*x/2); else
momento[i]=momento[i]+r2*(l-x);

x=x+(l/maxM);i++;}

 }
 public void A1A2_4 () {

double x,r1,r2,q,l; int i;

l=res[4][1];q=res[4][2];    x=l/maxM;

r1=q*l/2;v1=v1+r1;

r2=q*l/2;  v2=v2+r2;      i=1;

cortante[0]+=+r1;cortante[maxM]=cortante[maxM]-r2;

while (x<l) {

cortante[i]=cortante[i]+(r1-q*x);

momento[i]=momento[i]+(r1*x)-(q*x*x/2);

x=x+(l/maxM);i++;}

}
 public void A1A2_5(){
    double x,c,q1,r1,r2,q,a,b,s,l; int i;q1=1;
```

```
q=res[5][1];a=res[5][2];b=res[5][3];s=res[5][4];
l=a+b;a=a-(s/3);b=s;c=l-a-b;  x=l/maxM;

r1=q*b/2*(2*b/3+c)/l;v1=v1+r1;

r2=q*b/2*(b/3+a)/l;i=1;v2=v2+r2;

cortante[0]+=+r1;cortante[maxM]=cortante[maxM]-r2;

while (x<l) {

if (a>=x) cortante[i]=cortante[i]+r1; else if ((a+b)>x){
q1=q/b*(a+b-x);cortante[i]=cortante[i]+

(-r2+q1*(a+b-x)/2);} else cortante[i]=cortante[i]-r2;

if (a>=x) momento[i]=momento[i]+r1*x; else if ((a+b)>x)
momento[i]=momento[i]+

r2*(l-x)-(q1*(a+b-x)/2*(a+b-x)/3); else
momento[i]=momento[i]+(r2*(l-x));

x=x+(l/maxM);i++;}

        }
  public void A1A2_6() {

    double x,q1,b,a,r1,r2,q,s,l,t; int i;q1=1;

 q=res[6][1];s=res[6][2];t=res[6][3];l=s+t;a=s;b=t;
x=l/maxM;

r1=(q*a/2)*(a/3+b)/l;v1=v1+r1;

r2=(q*a/2)*(2*a/3)/l;i=1;v2=v2+r2;

cortante[0]+=+r1;cortante[maxM]=cortante[maxM]-r2;

while (x<l) {

if (a>x){ q1=q/a*x;cortante[i]=cortante[i]+(r1-q1*x/2);}
else  cortante[i]=cortante[i]-r2;

if (a>x) momento[i]=momento[i]+q1*x/2*x/3; else
momento[i]=momento[i]+r2*(l-x);

x=x+(l/maxM);i++;}

}
```

```
public void  A1A2_7 (){
    double  x,a,b,q1,r1,r2,q,s,l,t;int i;q1=1;
q=res[7][1];s=res[7][2];t=res[7][3]; l=s+t;a=s;b=t;
x=l/maxM;
r1=q*a/2*(2*a/3+b)/l;v1=v1+r1;
r2=q*a/2*(a/3)/l;v2=v2+r2;    i=1;
cortante[0]+=+r1;cortante[maxM]=cortante[maxM]-r2;
while (x<l) {
if (a>x) { q1=q/a*(a-x);cortante[i]=cortante[i]+(-r2+q1*(a-
x)/2);}
else cortante[i]=cortante[i]-r2;
if (a>x) momento[i]=momento[i]+(r2*(l-x))-(q1*(a-
x)/2*(a-x)/3);
else momento[i]=momento[i]+(r2*(l-x));
x=x+(l/maxM);i++;}
}
public void A1A2_8 (){
    double x,q1,r1,r2,l,q; int i;
l=res[8][1]; q=res[8][2];   x=l/maxM;
r1=q*l/2*(2*l/3)/l;v1=v1+r1;
r2=q*l/2*(l/3)/l; v2=v2+r2;   i=1;
cortante[0]+=+r1;cortante[maxM]=cortante[maxM]-r2;
while (x<l) {
q1=q/l*(l-x);cortante[i]=cortante[i]+(-r2+q1*(l-x)/2);
momento[i]=momento[i]+(r2*(l-x))-(q1*(l-x)/2*(l-x)/3);
x=x+(l/maxM);i++;}
}
```

```
public void A1A2_9(){
    double x,d,c,q1,r1,r2,a,b,q,l,s; int i;
a=res[9][1];b=res[9][2];q=res[9][3];s=res[9][4];
l=a+b;a=a-(s/2);b=s/2;c=b;d=l-a-b-c;   x=l/maxM;

r1=((q*b/2*(b/3+c+d))+(q*c/2*(2*c/3+d)))/l;v1=v1+r1;

r2=((q*b/2*(2*b/3+a))+(q*c/2*(c/3+b+a)))/l;v2=v2+r2;
i=1;

cortante[0]+=+r1;cortante[maxM]=cortante[maxM]-r2;

while (x<l) {

if (a>=x) cortante[i]=cortante[i]+r1; else if ((a+b)>=x){
q1=q/b*(x-a);cortante[i]=cortante[i]+

(r1-q1*(x-a)/2);} else if ((a+b+c)>x) { q1=q/c*(a+b+c-
x);cortante[i]=cortante[i]+

(-r2+q1*(a+b+c-x)/2);}

else cortante[i]=cortante[i]-r2;

if (a>=x) momento[i]=momento[i]+r1*x; else if
((a+b)>=x) { q1=q/b*(x-a);momento[i]=momento[i]+

(r1*x)-(q1*(x-a)/2*(x-a)/3);} else if ((a+b+c)>x) {
q1=q/c*(a+b+c-x);momento[i]=momento[i]+

(r2*(l-x))-q1*(l-x-d)/2*(l-x-d)/3;}

else momento[i]=momento[i]+(r2*(l-x));

x=x+(l/maxM);i++;}

}
public void A1A2_10 (){
    double  x,a,b,q1,r1,r2,q,s,l,t;int i;
q=res[10][1];s=res[10][2];t=res[10][3];l=s+t;a=s;b=t;
x=l/maxM;

r1=((q*a/2*(a/3+b))+(q*b/2*(2*b/3)))/l;v1=v1+r1;

r2=((q*a/2*(2*a/3))+(q*b/2*(b/3+a)))/l; v2=v2+r2;     i=1;
```

```
cortante[0]+=+r1;cortante[maxM]=cortante[maxM]-r2;
while (x<l) {
if (a>=x) { q1=q/a*x;cortante[i]=cortante[i]+(r1-q1*x/2);}
else { q1=q/b*(l-x);cortante[i]=cortante[i]+
(-r2+q1*(l-x)/2);}
if (a>=x) { q1=q/a*x;momento[i]=momento[i]+(r1*x)-
(q1*x/2*x/3);} else { q1=q/b*(l-
x);momento[i]=momento[i]+
((r2*(l-x))-(q1*(l-x)/2)*(l-x)/3);}
x=x+(l/maxM);i++;}
}
 public void  A1A2_11(){
    double x,c,q1,r1,r2,q,a,b,s,l; int i; q1=1;
q=res[11][1];a=res[11][2];b=res[11][3];s=res[11][4];
l=a+b;a=a-(2*s/3);c=b-(s/3);b=s;  x=l/maxM;
r1=q*b/2*(b/3+c)/l;v1=v1+r1;
r2=q*b/2*(2*b/3+a)/l;v2=v2+r2; i=1;
cortante[0]+=+r1;cortante[maxM]=cortante[maxM]-r2;
while (x<l) {
if (a>=x) cortante[i]=cortante[i]+r1; else if ((a+b)>x) {
q1=q/a*(x-a);cortante[i]=cortante[i]+
(r1-q1*(x-a)/2);} else cortante[i]=cortante[i]-r2;
if (a>=x) momento[i]=momento[i]+r1*x; else if ((a+b)>x)
momento[i]=momento[i]+
r1*x-(q1*(x-a)/2*(x-a)/3); else
momento[i]=momento[i]+(r2*(l-x));
x=x+(l/maxM);i++;}
 }
 public void  A1A2_12(){
```

```
        double x,r1,r2,m,s,t,l; int i;
 m=res[12][1];s=res[12][2];t=res[12][3];      l=s+t;
x=l/maxM;
r1= -m/l;v1=v1+r1;
r2= m/l;v2=v2+r2; i=1;
cortante[0]+=+r1;cortante[maxM]=cortante[maxM]-r2;
//if ((s=0) && (apoioEsc=2)) momento[0]+=+m;
//if ((t=0) && (apoioEsc=2)) momento[maxM]+=-m;
while (x<l){
if (s>=x) cortante[i]=cortante[i]+r1; else
cortante[i]=cortante[i]+r1;
if (s>=x) momento[i]=momento[i]-(m*x/l); else
momento[i]=(momento[i])+(m*(l-x)/l);
x=x+(l/maxM);i++;}
 }
 public void E1B2_1(){
    double x,r1,p,a,b,l; int i;
p=res[1][1];a=res[1][2];b=res[1][3]; l=a+b;  x=l/maxM;
r1=p;v1=v1+r1; momento[0]+=-p*a; i=1;
cortante[0]+=+r1;
while (x<l) {
if (a>=x) cortante[i]=cortante[i]+p;
if (a>x) momento[i]=momento[i]-(p*(a-x)) ;
x=x+(l/maxM);i++;} //momento[maxM]=0.0;
 }
 public void E1B2_2(){
    double x,r1,a,b,q,l,s;int i;
```

```
a=res[2][1];b=res[2][2];q=res[2][3];s=res[2][4];
l=a+b;a=a-(s/2);b=s; x=l/maxM;

r1=q*b;v1=v1+r1;

momento[0]+=-q*b*(b/2+a);  i=1;

cortante[0]+=+r1;

while (x<l){

if (a>=x) cortante[i]=cortante[i]+r1; else if ((a+b)>x)
cortante[i]=cortante[i]+

r1-q*(x-a);

if (a>=x)  momento[i]=momento[i]-(q*b)*(b/2+a-x); else
if ((a+b)>x) momento[i]=momento[i]-

(q*(a+b-x)*(a+b-x)/2);

x=x+(l/maxM);i++;}  //momento[maxM]=0.0;

 }
 public void E1B2_3 (){
        double x,a,r1,s,l,q; int i;
l=res[3][1]; s=res[3][2]; q=res[3][3]; a=s; x=l/maxM;

r1=q*a;v1=v1+r1;

momento[0]+=-q*a*a/2; i=1;

cortante[0]+=+r1;

while (x<l) {

if (a>x) cortante[i]=cortante[i]+r1-q*x;

if (a>x)  momento[i]=momento[i]-(q*(a-x)*(a-x)/2);

x=x+(l/maxM);i++;}   //

 }
 public void E1B2_4(){
 double x,r1,l,q; int i;
```

```
l=res[4][1]; q=res[4][2];  x=l/maxM;
r1=q*l;v1=v1+r1;
momento[0]+=-q*l*l/2;          i=1;
cortante[0]+=+r1;
while (x<l) {
cortante[i]=cortante[i]+r1-q*x;
momento[i]=momento[i]-(q*(l-x)*(l-x)/2);
x=x+(l/maxM);i++;} //momento[maxM]=0.0;
 }
 public void  E1B2_5(){
    double q1,x,c,r1,q,a,b,l,s;int  i;
q=res[5][1];a=res[5][2];b=res[5][3];s=res[5][4];
l=a+b;a=a-(s/3);b=s;c=l-a-b;  x=l/maxM;
r1=q*b/2;v1=v1+r1;
momento[0]+=-q*b/2*(b/3+a);  i=1;
cortante[0]+=+r1;
while (x<l){
if (a>x) cortante[i]=cortante[i]+r1; else if ((a+b)>x){
q1=q/b*(a+b-x);cortante[i]=cortante[i]+
r1-q1*(x-a)-(q-q1)*(x-a)/2;}
if (a>x) momento[i]=momento[i]-(q*b/2*((a-x)+b/3)); else
if ((a+b)>x) {q1=q/b*(a+b-x);momento[i]=momento[i]-
(q1*(a+b-x)/2*(a+b-x)/3);}
x=x+(l/maxM);i++;}   momento[maxM]=0.0;
 }
 public void E1B2_6(){
    double x,q1,q2,b,a,r1,q,s,l,t; int i;
```

```java
q=res[6][1];s=res[6][2];t=res[6][3];l=s+t;a=s;b=t;x=l/max
M;
r1=q*a/2;v1=v1+r1;
momento[0]+=-(q*a/2)*(2*a/3);i=1;
cortante[0]+=+r1;
while (x<l){ q1=q/a*x;q2=q-q1;
if (a>x) cortante[i]=cortante[i]+r1-(q1*x/2);
if (a>x) momento[i]=momento[i]-(q1*(a-x)*(a-
x)/2)+(q2*(a-x)/2)*(2*(a-x)/3);
x=x+(l/maxM);i++;}   momento[maxM]=0.0;
 }
public void E1B2_7 (){
    double  x,a,b,c,q1,r1,q,s,l,t; int i;
q=res[7][1];s=res[7][2];t=res[7][3];l=s+t;a=s;b=t;
x=l/maxM;
r1=q*a/2;v1=v1+r1;
momento[0]+=-q*a/2*a/3;      i=1;
cortante[0]+=+r1;
while (x<l) {  q1=q/a*(a-x);
if (a>x) cortante[i]=cortante[i]+r1-(q1*x)-((q-q1)*x/2);
if (a>x) momento[i]=momento[i]-(q1*(a-x)/2*(a-x)/3);
x=x+(l/maxM);i++;}   momento[maxM]=0.0;
}
public void E1B2_8() {
    double  x,q1,r1,q,l;int i;
l=res[8][1]; q=res[8][2];   x=l/maxM;
r1=q*l/2;v1=v1+r1;
```

```
momento[0]+=-q*l/2*l/3;     i=1;

cortante[0]+=+r1;

while (x<l){ q1=q/l*(l-x);

cortante[i]=cortante[i]+r1-(q1*x)-(q-q1)*x/2;

momento[i]=momento[i]-(q1*(l-x)/2*(l-x)/3);

x=x+(l/maxM);i++;}  momento[maxM]=0.0;

}
public void  E1B2_9(){

    double q1,q2,x,c,r1,a,b,q,l,s;int i;

a=res[9][1];b=res[9][2];q=res[9][3];s=res[9][4];
l=a+b;a=a-(s/2);b=s/2;c=s/2;  x=l/maxM;

r1=(q*b/2)+(q*c/2);v1=v1+r1;

momento[0]+=-(q*b/2*(2*b/3+a))+(q*c/2*(c/3+a+b));
i=1;

cortante[0]+=+r1;

while (x<l) {

if (a>=x) cortante[i]=cortante[i]+r1; else if ((a+b)>x){
q1=q/b*(x-a);q2=q-q1;cortante[i]=cortante[i]+

r1-q1*(x-a)/2;} else if ((a+b+c)>x)

{q1=q/c*(a+b+c-x);q2=q-q1;cortante[i]=cortante[i]+r1-
(q*b/2)-q1*(x-a-b)-q1*(x-a-b)/2;}


if (a>=x) momento[i]=momento[i]-(q*b/2*(2*b/3+a-
x))+(q*c/2*(c/3+a+b-x)); else if ((a+b)>x) {

q1=q/b*(a+b-x);q2=q-q1;momento[i]=momento[i]-

(q1*(a+b-x)*(a+b-x)/2)+(q2*(a+b-x)/2*(2*(a+b-
x)/3))+(q*c/2*(c/3+a+b-x));} else if ((a+b+c)>x){

q1=q/c*(a+b+c-x);q2=q-q1;momento[i]=momento[i]-
(q1*(a+b+c-x)/2*(a+b+c-x)/3);}
```

```
x=x+(l/maxM);i++;}  momento[maxM]=0.0;
}
public void E1B2_10(){
    double  q1,q2,x,a,b,c,r1,q,s,t,l;int i;
q=res[10][1];s=res[10][2];t=res[10][3];l=s+t;a=s;b=t;
x=l/maxM;
r1=(q*a/2)+(q*b/2); v1=v1+r1;
momento[0]+=-(q*a/2*(2*a/3))+(q*b/2*(b/3+a));      i=1;
cortante[0]+=+r1;
while ((x<l)){
if (a>x){ q1=q/a*x;q2=q-q1;cortante[i]=cortante[i]+r1-
(q1*x)/2;}
else { q1=q/b*(l-x);q2=q-q1;cortante[i]=cortante[i]+r1-
(q*a/2)-(q1*(x-a)-q2*(x-a)/2);}


if (a>x) { q1=q/a*x;q2=q-q1;momento[i]=momento[i]-
(q1*(a-x)*(a-x)/2)+(q2*(a-x)/2*((a-x)*2/3))+q*b/2*(a+b/3-
x);}
else { q1=q/b*(l-x);q2=q-q1;momento[i]=momento[i]-
(q1*(l-x)/2*(l-x)/3);}
x=x+(l/maxM);i++;}  momento[maxM]=0.0;
}
public void E1B2_11() {
      double q1,x,c,r1,q,a,b,l,s;int  i;
q=res[11][1];a=res[11][2];b=res[11][3];s=res[11][4];
l=a+b;a=b-(2*s/3);b=s;c=l-a-b;  x=l/maxM;
r1=q*b/2;v1=v1+r1;
momento[0]+=-q*b/2*(2*b/3+a);  i=1;
cortante[0]+=+r1;
```

```java
while (x<l) {
if (a>x) cortante[i]=cortante[i]+r1; else if ((a+b)>x)
{q1=q/a*(x-a);cortante[i]=cortante[i]+

r1-q1*(x-a)/2;}
if (a>x) momento[i]=momento[i]-q*b/2*(a+b-x); else if
((a+b)>x) { q1=q/a*(x-a);momento[i]=momento[i]-

(q1*(a+b-x)*(a+b-x)/2)+((q-q1)*(a+b-x)/2*2*(a+b-x)/3);}
x=x+(l/maxM);i++;}  momento[maxM]=0.0;

}
public void E1B2_12 (){
    double x,r1,m,s,t,l;int i;
m=res[12][1];s=res[12][2];t=res[12][3]; l=s+t;  x=l/maxM;
r1=-m;v1=v1+r1; momento[0]+=-m;          i=1;
cortante[0]+=+r1;
//if (s=0) { momento[0]+=-abs(m);break;}
while (x<l){
if (s>=x) cortante[i]=cortante[i]+r1;
if (s>=x) momento[i]=momento[i]-m;
x=x+(l/maxM);i++;}  momento[maxM]=0.0;

}
public void E1A2_1(){
    double p,a,b,l;
p=res[1][1];a=res[1][2];b=res[1][3];      l=a+b;
momento[0]+=-(p*a*b/(6*l)*(b+l)*(3/l));

}
public void E1A2_2(){
    double a,b,q,l,s;
```

```java
a=res[2][1];b=res[2][2];q=res[2][3];s=res[2][4]; l=a+b;
momento[0]+=-(q*b*s/(8*l*l)*(4*a*(b+l)-(s*s)));
}
public void E1A2_3(){
    double s,q,l;

l=res[3][1];s=res[3][2]; q=res[3][3];
momento[0]+=-(q*s*s/(8*l*l)*Math.pow((2*l-s),2));
}
public void E1A2_4 (){
    double q,l;
l=res[4][1];q=res[4][2];
momento[0]+=-(q*l*l/8);
}
public void  E1A2_5 (){
    double q,a,b,s,c,l;
q=res[5][1];a=res[5][2];b=res[5][3];s=res[5][4];
l=a+b;c=s/3;a=a+(2*c);b=b-(2*c);
momento[0]+=-(3*q*c/(40*l*l)*(10*a*b*(l+a)-(15*a-
2*c)*c*c));
}
public void E1A2_6(){
    double q,s,t,l;
q=res[6][1];s=res[6][2];t=res[6][3];l=s+t;
momento[0]+=-(q*s*s/(120*l*l)*(40*l*l-
(45*s*l)+(12*s*s)));
}
```

```java
public void E1A2_7(){
    double q,s,t,l;
 q=res[7][1];s=res[7][2];t=res[7][3];l=s+t;
momento[0]+=-(q*s*s/(120*l*l)*(20*l*l-(15*s*l)+(3*s*s)));
}
public void E1A2_8(){
     double q,l;
     l=res[8][1]; q=res[8][2];
momento[0]+=-(q*l*l/15);
}
public void E1A2_9(){
    double a,b,q,s,l;
a=res[9][1];b=res[9][2];q=res[9][3];s=res[9][4]; l=a+b;
momento[0]+=-(q*s*b/(32*l*l)*(8*a*(l+b)-(s*s)));
}
public void E1A2_10(){
    double q,s,t,l;


q=res[10][1];s=res[10][2];t=res[10][3];l=s+t;
//{momento[0]+=-(q/(120*l*l)*(l+t)*(7*l*l-(3*t*t))); }
momento[0]+=-(q*s*s/(120*l*l)*(40*l*l-
(45*s*l)+(12*s*s)))-
(q*t*t/(30*l*l)*(5*l*l-3*t*t));  // somei o 6 e o 7
}
public void E1A2_11(){
    double q,a,b,s,c,l;
```

```
q=res[11][1];a=res[11][2];b=res[11][3];s=res[11][4];
l=a+b;c=s/3;
momento[0]+=-(3*q*c/(40*l*l)*(10*a*b*(l+b)-
(15*b+2*c)*c*c));
}
public void E1A2_12(){ ;
double m,s,t,l;
m=res[12][1];s=res[12][2];t=res[12][3];l=s+t;
//if ((t<>0)  (s<>0){
//momento[0]+=-(m/2*(3*t*t/(l*l)-1));}
}}
package main;
import javax.swing.JOptionPane;
import view.tela_gui;
public class Main {


   public static void main(String[] args) {
      String st,so = "";
       for(int i = 0; i < args.length; i++) {
       so = so + args[i];   }   st = so.trim();
       if (!(st.equals ("Tecla1996")))
    { JOptionPane.showInternalMessageDialog(null,"
nilson44vmM - Contate nilson440@gmail.com");
System.exit(0);
   }
      new tela_gui().setVisible(true);
   }
}
```

```java
/*
 * Click
nbfs://nbhost/SystemFileSystem/Templates/Licenses/lic
ense-default.txt to change this license
 * Click
nbfs://nbhost/SystemFileSystem/Templates/Classes/Cl
ass.java to edit this template
 */
package view;


import javax.swing.text.AttributeSet;

import javax.swing.text.BadLocationException;

import javax.swing.text.PlainDocument;


/**
 *
 * @author pc
 */
public class entDados
        extends PlainDocument{
    public enum TipoEntrada {
        NUMEROINTEIRO,
NUMERODECIMAL,ZERODECIMAL,
INTZERODECIMAL,NOME, EMAIL, DATA,TUDU;
    };
    private int qtdCaracteres;
    private TipoEntrada tpEntrada;
    public entDados(int qtdCaracteres, TipoEntrada
tpEntrada) {
```

```java
        this.qtdCaracteres = qtdCaracteres;

        this.tpEntrada = tpEntrada;

    }

    @Override

    public void insertString(int i, String string,
AttributeSet as) throws BadLocationException {

        if (string == null || getLength() == qtdCaracteres){

            return;

        }

        int totalCarac = getLength() + string.length();

        String regex = "";

        switch(tpEntrada){

            case NUMEROINTEIRO: if(getLength() == 0)
regex = "[^1-9]"; else regex = "[^0-9]"; break;

            case NUMERODECIMAL: if(getLength() == 0)
regex = "[^1-9]"; else

                            if
(getText(0,getLength()).contains(".")) regex = "[^0-9]";
else regex = "[^0-9.]"; break;


            case ZERODECIMAL:   if(getLength() == 0)
regex = "[^0]"; else

                            if (getLength() == 1) regex =
"[^.]"; else regex = "[^0-9]"; break;

            case INTZERODECIMAL:  if(getLength() == 0)
regex = "[^0-9]"; else  if
(getText(0,getLength()).contains("0") && getLength() ==
1) regex = "[^.]";
```

```java
                            else if
(getText(0,getLength()).contains(".")) regex = "[^0-9]";
else regex = "[^0-9.]"; break;

        case NOME:        regex = "[^\\p{IsLatin} ]";
break;

        case EMAIL:       regex = "[^\\p{IsLatin}@.\\-
_][^0-9/]"; break;

        case DATA:        regex = "[^0-9/]"; break;

        case TUDU:        regex =
"^[(]\\p{L}&&[\\p{IsLatin}]]|0-9||´|-]+$"; break;

    }

    string = string.replaceAll(regex, "");

    if (totalCarac <= qtdCaracteres){

        super.insertString(i, string, as);

    }else{

        String nova = string.substring(0, qtdCaracteres);

        super.insertString(i, nova, as);

    }

  }

}
package controller;
import java.awt.BorderLayout;
import java.awt.Color;
import java.io.BufferedReader;
import java.io.FileNotFoundException;
import java.io.FileReader;
import java.io.IOException;
import java.util.Locale;
import javax.swing.JFrame;
```

```java
import javax.swing.JOptionPane;
import javax.swing.JScrollPane;
import javax.swing.JTextArea;
/**
 *
 * @author pc
 */
public class scroll extends JFrame{
  private JScrollPane jScrollPane;
    private JTextArea jTextArea ;
    private static final String FILE_PATH="nilson44.txt";
    public scroll() {
        try {
            jTextArea = new JTextArea(24, 31);
            setTitle("NOME DESTE ARQUIVO :
nilson44.txt === Para salvar: renomeie, coloca em
outra pasta. Será reescrito. ");
            setBackground(Color.MAGENTA);
            add(BorderLayout.CENTER,jTextArea);
            jTextArea.read(new BufferedReader(new
FileReader(FILE_PATH)), null);
        } catch (Exception e){
            e.printStackTrace();
        }
        jScrollPane = new JScrollPane(this.jTextArea);
        add(BorderLayout.CENTER,jScrollPane);
```

```java
    this.setSize(900,
600);setDefaultCloseOperation(DISPOSE_ON_CLOSE
);

    this.setVisible(true);

  }

  public void lerscroll() {

      jTextArea = new JTextArea(24, 31);

        setTitle("NOME DESTE ARQUIVO :
nilson44.txt === Para salvar: renomeie, coloca em
outra pasta. Será reescrito. ");

        setBackground(Color.GREEN);

            try {

                BufferedReader in = new
BufferedReader(new FileReader(FILE_PATH));

                String str, texto = "";

            try {

                while ((str = in.readLine())!= null){ texto
+= str+"\n";}

            } catch (IOException e) {
JOptionPane.showMessageDialog(null, " Tente de
novo === Nilson440@gmail.com");

            }

                jTextArea.setText(texto);

            try {

                in.close();

            } catch (IOException e) {

                JOptionPane.showMessageDialog(null,
" Tente de novo === Nilson440@gmail.com");

            }
```

```java
            } catch (FileNotFoundException e) {
                JOptionPane.showMessageDialog(null,
" Tente de novo === Nilson440@gmail.com");
            }
    jScrollPane = new JScrollPane(this.jTextArea);
    this.add(this.jScrollPane); this.setSize(800,
400);setDefaultCloseOperation(DISPOSE_ON_CLOSE
);
    this.setVisible(true);
  }
  public static void readscroll(){
        JTextArea textArea = new JTextArea();
        textArea.setText("");
            try {
                BufferedReader in = new
BufferedReader(new FileReader("nilson93.txt"));
                String str, texto = "";
            try {
                while ((str = in.readLine())!= null){ texto
+= str;}
            } catch (IOException e) {

JOptionPane.showMessageDialog(null, " Tente de
novo === Nilson440@gmail.com");
            }
                textArea.setText(texto);
            try {
                in.close();
            } catch (IOException e) {
```

```java
                JOptionPane.showMessageDialog(null,
" Tente de novo === Nilson440@gmail.com");
            }
            } catch (FileNotFoundException e) {
                JOptionPane.showMessageDialog(null,
" Tente de novo === Nilson440@gmail.com");
            }
 }
     }
}
package controller;
import java.io.BufferedReader;
import java.io.BufferedWriter;
import java.io.File;
import java.io.FileNotFoundException;
import java.io.FileReader;
import java.io.FileWriter;
import java.io.IOException;
import javax.swing.JOptionPane;
import javax.swing.JTextArea;
public class beginen {
    public static void inifim(){
    String[] iniarqend = new String[5];
iniarqend[0]= "
=============================================
==========================   ";
 iniarqend[1]= "    ====================RIGHTS
BY Nilson Candido da Silva=================   ";
```

```java
    iniarqend[2]= "
============================= BEGIN
=============================  ";

    iniarqend[3]= "
=============================================
============================  "";

    iniarqend[4]= "    ===================RIGHTS
BY Nilson Candido da Silva=================  ";

    iniarqend[5]= "
============================= END
=============================  ";

    }
    public static void escreva(String Texto){
        File arquiv = new File ("nilson93.txt");
    if(arquiv.exists()) arquiv.delete();
        try {
            arquiv.createNewFile();
            FileWriter fw = new FileWriter("nilson93.txt");
            BufferedWriter bw = new BufferedWriter(fw);
            fw.write(Texto);
            } catch (IOException e) {
        JOptionPane.showMessageDialog(null," 93 219
contate: nilson440@gmail.com.");
        }
        }
    public static void lerscroll(){
            JTextArea textArea = new JTextArea();
        //    textArea.setLineWrap(true);
        //    int res = fc.showOpenDialog(null);
```

```java
textArea.setText("");

try {

    BufferedReader in = new
BufferedReader(new FileReader("nilson93.txt"));

    String str, texto = "";

    try {

        while ((str = in.readLine())!= null){ texto
+= str;}

    } catch (IOException e) {

JOptionPane.showMessageDialog(null, " Tente de
novo === Nilson440@gmail.com");

    }

    textArea.setText(texto);

    try {

        in.close();

    } catch (IOException e) {

        JOptionPane.showMessageDialog(null,
" Tente de novo === Nilson440@gmail.com");

    }

} catch (FileNotFoundException e) {

    JOptionPane.showMessageDialog(null,
" Tente de novo === Nilson440@gmail.com");

}

}
```

}

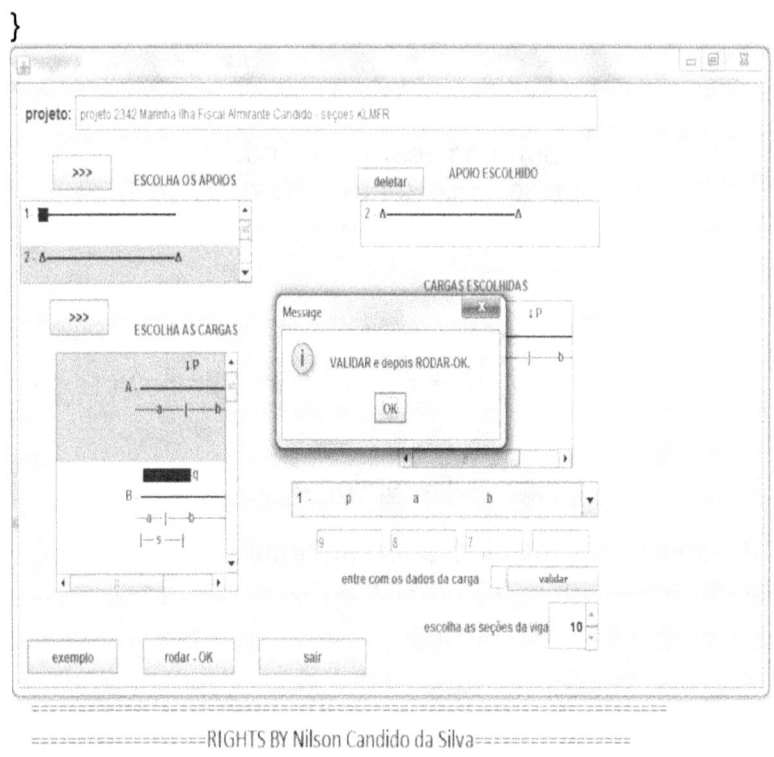

Projeto :   projeto 2342 Marinha Ilha Fiscal Almirante Candido - seções KLMFR
Unidade de peso : Tonelada
Unidade de comprimento : Metro.
Número de seções examinadas : 10   seções.
          tipo do apoio:
          ================ :

     2 - Δ══════════════════════Δ

          Cargas escolhidas do tipo
          ============================ :

Dados das cargas :

1 - p = 9.0   a = 8.0   b = 7.0

==========NCS=================DADOS DE SAÍDA ================NCS=======================

Reação nos apoios

Reação no apoio a esquerda : 4,20
Reação no apoio a direita : 4,80
Momentos da esquerda para a direita
Momentos negativos tracionam fibras superiores :
Momentos positivos tracionam fibras inferiores :

Reação no apoio a direita : 4,80
Momentos da esquerda para a direita
Momentos negativos tracionam fibras superiores :
Momentos positivos tracionam fibras inferiores :

Seções	Momentos Fletores	Esforço cortante	Dist.da esquerda
0 -	0,00	4,20	0,00 metros.
1 -	6,30	4,20	1,50 metros.
2 -	12,60	4,20	3,00 metros.
3 -	18,90	4,20	4,50 metros.
4 -	25,20	4,20	6,00 metros.
5 -	31,50	4,20	7,50 metros.
6 -	28,80	4,80	9,00 metros.
7 -	21,60	-4,80	10,50 metros.
8 -	14,40	4,80	12,00 metros.
9 -	7,20	-4,80	13,50 metros.
10 -	0,00	-4,80	15,00 metros.

/*

```
 * Click
nbfs://nbhost/SystemFileSystem/Templates/Licenses/lic
ense-default.txt to change this license
 * Click
nbfs://nbhost/SystemFileSystem/Templates/GUIForms/
JFrame.java to edit this template
 */
package view;
import controller.arquivo;
import controller.scroll;
import java.awt.event.WindowAdapter;
import java.awt.event.WindowEvent;
import java.io.BufferedReader;
import java.io.BufferedWriter;
import java.io.File;
import java.io.FileInputStream;
import java.io.FileNotFoundException;
import java.io.FileOutputStream;
import java.io.FileReader;
import java.io.FileWriter;
import java.io.IOException;
import java.nio.charset.Charset;
import java.nio.charset.StandardCharsets;
import java.util.logging.Level;
import java.util.logging.Logger;
import javax.swing.JFrame;
import javax.swing.JOptionPane;
import static view.entDados.TipoEntrada.TUDU;
```

```java
import static view.entDados.TipoEntrada.TUDUASCII;
/**
 *
 * @author pc
 */
public class tela_GUI_06 extends javax.swing.JFrame {
    /**
     * Creates new form tela_GUI_06
     */
String path;
String escolha,senha="nilson";
char   CAR;
char aux[] = new char [256];
char array1[] = new char[256];
char array2[] = new char[256];
char array3[] = new char[256];
char array4[] = new char[256];
char array5[] = new char[256];
char array6[] = new char[256];
char array7[] = new char[256];
char array8[] = new char[256];
char array9[] = new char[256];
char array10[] = new char[256];
char array11[] = new char[256];
char array12[] = new char[256];
char array13[] = new char[256];
```

```java
char array14[] = new char[256];
char array15[] = new char[256];
char array16[] = new char[256];
char array17[] = new char[256];
char array18[] = new char[256];
//public static final  Charset US_ASCII;
public void cobrir(char[] strarray){
for (int i = 0; i < 256; i++) if (CAR == strarray[i]) {CAR =
(char)i;break;}
}
public void descobrir(char[] strarray){
for (int i = 0; i < 256; i++) if (CAR == (char)i) {CAR =
strarray[i];break;}
}
public void  numbercar(char[] strarray,char[]
strarray1,char[] strarray2,char ch, int erro){
 int j=0, err;
  err=((int)ch)+erro+1;
   if ((err>250) || (err<5 ))err=(7*erro)+4;
     for (int i = err; i >=0; i--) {strarray[j] = (char)i;j++;}
     for (int i = 255; i>err; i--) {strarray[j] = (char)i;j++;}
 err=((int)ch)+erro+2; j=0;
   if ((err>250) || (err<5 ))err=(7*erro)+5;
     for (int i = err; i >=0; i--) {strarray1[j] = (char)i;j++;}
     for (int i = 255; i>err; i--) {strarray1[j] = (char)i;j++;}
 err=((int)ch)+erro+3; j=0;
   if ((err>250) || (err<5 ))err=(7*erro)+6;
```

```java
        for (int i = err; i >=0; i--) {strarray2[j] = (char)i;j++;}
        for (int i = 255; i>err; i--) {strarray2[j] = (char)i;j++;}
            }
public void bercar(){

numbercar(array1,array2,array3,senha.charAt(0),1);numbercar(array4,array5,array6,senha.charAt(1),2);
numbercar(array7,array8,array9,senha.charAt(2),3);

numbercar(array10,array12,array11,senha.charAt(3),4);
numbercar(array13,array14,array15,senha.charAt(4),5);
numbercar(array16,array17,array18,senha.charAt(5),6);

}
public void dadoCifra(String path)throws
FileNotFoundException { bercar();

try {

        FileOutputStream sai = new
FileOutputStream("nilson6.txt");

        FileInputStream entra = new
FileInputStream(path);

 int i,j=1;     i = entra.read();

 if
((grupo1.getSelection().getActionCommand()).equals("
cif") ||
(grupo1.getSelection().getActionCommand()).equals("ci
fex")) {

 while(i != -1)   {  CAR=((char)i);   switch (j) {

 case 1:{cobrir(array1);break;} case
2:{cobrir(array2);break;}  case 3:{cobrir(array3);break;}

 case 4:{cobrir(array4);break;} case
5:{cobrir(array5);break;}  case 6:{cobrir(array6);break;}

 case 7:{cobrir(array7);break;} case
8:{cobrir(array8);break;}  case 9:{cobrir(array9);break;}
```

```
      case 10:{cobrir(array10);break;} case
11:{cobrir(array11);break;}  case
12:{cobrir(array12);break;}

      case 13:{cobrir(array13);break;} case
14:{cobrir(array14);break;}  case
15:{cobrir(array15);break;}

      case 16:{cobrir(array16);break;} case
17:{cobrir(array17);break;}  case
18:{cobrir(array18);break;}

                                }

i = entra.read();

sai.write(CAR);j++; if (j==19) j=1;  }

          } else {

while(i != -1)   { CAR=((char)i); switch (j) {

      case 1:{descobrir(array1);break;} case
2:{descobrir(array2);break;} case
3:{descobrir(array3);break;}

      case 4:{descobrir(array4);break;} case
5:{descobrir(array5);break;} case
6:{descobrir(array6);break;}

      case 7:{descobrir(array7);break;} case
8:{descobrir(array8);break;} case
9:{descobrir(array9);break;}

      case 10:{descobrir(array10);break;} case
11:{descobrir(array11);break;} case
12:{descobrir(array12);break;}

      case 13:{descobrir(array13);break;} case
14:{descobrir(array14);break;} case
15:{descobrir(array15);break;}

      case 16:{descobrir(array16);break;} case
17:{descobrir(array17);break;} case
18:{descobrir(array18);break;}
```

```
                    }
    i = entra.read();

    sai.write(CAR);j++; if (j==19) j=1;

                    } }

     sai.close(); entra.close();

    } catch (IOException ex) {
JOptionPane.showMessageDialog(null,"Problemas
com seu arquivo"); }

    }

              /*

public void dadoDecifra(String path)throws
FileNotFoundException {    bercar();

    try {

         FileOutputStream sai = new
FileOutputStream("nilson6.txt");

         FileInputStream entra = new
FileInputStream(path);

     int i;int j=1;  i = entra.read();

    while(i != -1)   { CAR=((char)i); switch (j) {

                         case 1:{descobrir(array1);break;}

                         case 2:{descobrir(array2);break;}

                         case 3:{descobrir(array3);break;}

                         case 4:{descobrir(array4);break;}

                         case 5:{descobrir(array5);break;}

                         case 6:{descobrir(array6);break;}

                    }


    i = entra.read();
```

```java
        sai.write(CAR);j++; if (j==7) j=1;
              }
  sai.close(); entra.close();
} catch (IOException ex) {
JOptionPane.showMessageDialog(null,"Problemas
com seu arquivo");

 }
}                        */
public void lerC(String path){      bercar();

try {                              File file = new
File("nilson6.txt");

FileReader fr = new FileReader(path);

BufferedReader br = new BufferedReader(fr);

FileWriter fw = new
FileWriter(file,StandardCharsets.US_ASCII, false);

BufferedWriter bw = new BufferedWriter(fw);

int i;int j=1;  i=br.read();

while (i!=-1) {  CAR=((char)i);  switch (j) {

case 1:{cobrir(array1);break;}case
2:{cobrir(array2);break;}

case 3:{cobrir(array3);break;}case
4:{cobrir(array4);break;}

case 5:{cobrir(array5);break;}case
6:{cobrir(array6);break;}

                          }
  i=br.read(); bw.write(CAR);j++; if (j==7) j=1; }
        bw.close();fw.close();br.close();fr.close();
```

```java
} catch (IOException ex) {
JOptionPane.showMessageDialog(null,"Problemas
com seu arquivo");}

}
//byte[] bytes = Files.readAllBytes(txt);

//String content = new String(bytes,
StandardCharsets.ISO_8859_1);

public void lerD(String path){    bercar();

try  {                                 File file = new
File("nilson6.txt");

FileReader fr = new FileReader(path);

BufferedReader br = new BufferedReader(fr);

FileWriter fw = new
FileWriter(file,StandardCharsets.ISO_8859_1, false);

BufferedWriter bw = new BufferedWriter(fw);

int i=1;int j=1;  i=br.read();

while (i!=-1)  {  CAR=((char)i);   switch (j) {

 case 1:{descobrir(array1);break; }  case
2:{descobrir(array2);break;}

 case 3:{descobrir(array3);break; }  case
4:{descobrir(array4);break;}

 case 5:{descobrir(array5);break; }  case
6:{descobrir(array6);break;}

                                 }

   i=br.read(); bw.write(CAR);j++; if (j==7) j=1; }

         bw.close();fw.close();br.close();fr.close();

} catch (IOException ex) {
JOptionPane.showMessageDialog(null,"Problemas
com seu arquivo");}
```

```java
}
public void lerDi(String path){    bercar();        File file
= new File("nilson6.txt");

try {

FileReader fr = new FileReader(path);

BufferedReader br = new BufferedReader(fr);

FileWriter fw = new
FileWriter(file,StandardCharsets.ISO_8859_1, false);

BufferedWriter bw = new BufferedWriter(fw);

 String linha,s; int j=1;

while (br.ready()) {

linha = br.readLine();s="";

 for (int i = 0; i < linha.length(); i++) {
CAR=linha.charAt(i);switch (j)            {

 case 1:{descobrir(array1);s+=CAR;break; }  case
2:{descobrir(array2);s+=CAR;break; }

 case 3:{descobrir(array3);s+=CAR;break; }  case
4:{descobrir(array4);s+=CAR;break; }

 case 5:{descobrir(array5);s+=CAR;break; }  case
6:{descobrir(array6);s+=CAR;break; }      }

  j++; if (j==7) j=1;                     }

  bw.write(s);          }
bw.close();fw.close();br.close();fr.close();

} catch (IOException ex) {
JOptionPane.showMessageDialog(null,"Problemas
com seu arquivo");

}

}

    public static String pdLeft(String s,int n){
```

```java
for (int i=0; i<(n); i++) {s =" "+ s;}
return s;
}
   public tela_GUI_06() {
      initComponents();
      Jarq.setDocument(new entDados(80,TUDU));
      Jsenha.setDocument(new
entDados(6,TUDUASCII));
   }
   /**
    * This method is called from within the constructor to
initialize the form.
    * WARNING: Do NOT modify this code. The content
of this method is always
    * regenerated by the Form Editor.
    */
   @SuppressWarnings("unchecked")
   // <editor-fold defaultstate="collapsed"
desc="Generated Code">
   private void initComponents() {


      grupo1 = new javax.swing.ButtonGroup();
      jPanel1 = new javax.swing.JPanel();
      jLabel1 = new javax.swing.JLabel();
      Jsenha = new javax.swing.JTextField();
      cifra = new javax.swing.JRadioButton();
      decifra = new javax.swing.JRadioButton();
      cifraEx = new javax.swing.JRadioButton();
```

```java
        decifraEx = new javax.swing.JRadioButton();

        jLabel2 = new javax.swing.JLabel();

        Jarq = new javax.swing.JTextField();

        jLabel3 = new javax.swing.JLabel();

        jLabel5 = new javax.swing.JLabel();

        jLabel4 = new javax.swing.JLabel();

        jLabel6 = new javax.swing.JLabel();

        jLabel7 = new javax.swing.JLabel();

        SAIR = new javax.swing.JButton();

        okRun = new javax.swing.JButton();

setDefaultCloseOperation(javax.swing.WindowConstan
ts.DISPOSE_ON_CLOSE);

        setTitle("A  Criptografia gera um arquivo texto
NILSON6.TXT.   O arquivo de entrada precisa ter outro
nome.");


        jLabel1.setText("Digite a sua senha :");


        Jsenha.addActionListener(new
java.awt.event.ActionListener() {

            public void
actionPerformed(java.awt.event.ActionEvent evt) {

                JsenhaActionPerformed(evt);

            }

        });

        grupo1.add(cifra);

        cifra.setText("  cifrar");

        cifra.setActionCommand("  cif");
```

```java
        cifra.addActionListener(new
java.awt.event.ActionListener() {

            public void
actionPerformed(java.awt.event.ActionEvent evt) {

                cifraActionPerformed(evt);

            }

        });

        grupo1.add(decifra);

        decifra.setText("decifrar");

        decifra.setActionCommand("decif");

        decifra.addActionListener(new
java.awt.event.ActionListener() {

            public void
actionPerformed(java.awt.event.ActionEvent evt) {

                decifraActionPerformed(evt);

            }

        });

        grupo1.add(cifraEx);

        cifraEx.setText("cifrar exemplo");

        cifraEx.setActionCommand("cifex");

        cifraEx.addActionListener(new
java.awt.event.ActionListener() {

            public void
actionPerformed(java.awt.event.ActionEvent evt) {

                cifraExActionPerformed(evt);

            }

        });

        grupo1.add(decifraEx);
```

```java
        decifraEx.setText("decifrar exemplo");

        decifraEx.setActionCommand("decifex");

        decifraEx.addActionListener(new
java.awt.event.ActionListener() {

            public void
actionPerformed(java.awt.event.ActionEvent evt) {

                decifraExActionPerformed(evt);

            }

        });

        jLabel2.setText("Arquivo texto a ser cifrado  ou
decifrado:");

        Jarq.addActionListener(new
java.awt.event.ActionListener() {

            public void
actionPerformed(java.awt.event.ActionEvent evt) {

                JarqActionPerformed(evt);

            }

        });

        jLabel3.setText("OBSERVAÇÕES: O seu  arquivo
criptografado aqui nunca  será descriptografado por
potências  da informática se for tomadas algumas
providências que são :");

        jLabel5.setText("      1 - Usar dois computadores
nunca ligados a internet, um apenas para gerar o texto
criptografado usando pen drive sempre formatado.");

        jLabel4.setText("      2 - Usar o segundo
computador para descriptograr usando sempre pen
drive formatado e apenas com o arquivo a ser
descriptografado.");
```

```java
    jLabel6.setText("     3 - A senha de seis dígitos
mantenha na sua memória e deve ser escrita do
mesmo jeito, sendo tudo que obter do teclado.");

    jLabel7.setText("     4 - O nome do arquivo de
saída será sempre NILSON6.TXT será reescrito, então
se interessar salva em outra pasta com outro nome.
Arquivo de entrada nome diferente.");

    SAIR.setFont(new java.awt.Font("Arial", 1, 18)); //
NOI18N

    SAIR.setText("sair");

    SAIR.setToolTipText("volta ao menu principal");

    SAIR.setCursor(new
java.awt.Cursor(java.awt.Cursor.HAND_CURSOR));

    SAIR.addActionListener(new
java.awt.event.ActionListener() {

        public void
actionPerformed(java.awt.event.ActionEvent evt) {

            SAIRActionPerformed(evt);

        }

    });

    okRun.setFont(new java.awt.Font("Arial", 1, 18));
// NOI18N

    okRun.setText("ok - rodar");

    okRun.setToolTipText("Tudo preenchido
então...");

    okRun.setCursor(new
java.awt.Cursor(java.awt.Cursor.HAND_CURSOR));

    okRun.addActionListener(new
java.awt.event.ActionListener() {

        public void
actionPerformed(java.awt.event.ActionEvent evt) {
```

```java
                okRunActionPerformed(evt);
            }
        });

        javax.swing.GroupLayout jPanel1Layout = new
javax.swing.GroupLayout(jPanel1);

        jPanel1.setLayout(jPanel1Layout);

        jPanel1Layout.setHorizontalGroup(

jPanel1Layout.createParallelGroup(javax.swing.GroupL
ayout.Alignment.LEADING)

.addGroup(jPanel1Layout.createSequentialGroup()


.addGroup(jPanel1Layout.createParallelGroup(javax.s
wing.GroupLayout.Alignment.LEADING)


.addGroup(jPanel1Layout.createSequentialGroup()
                .addContainerGap()


.addGroup(jPanel1Layout.createParallelGroup(javax.s
wing.GroupLayout.Alignment.LEADING)
                .addComponent(jLabel5,
javax.swing.GroupLayout.PREFERRED_SIZE, 846,
javax.swing.GroupLayout.PREFERRED_SIZE)
                .addComponent(jLabel6,
javax.swing.GroupLayout.PREFERRED_SIZE, 799,
javax.swing.GroupLayout.PREFERRED_SIZE)


.addGroup(jPanel1Layout.createParallelGroup(javax.s
wing.GroupLayout.Alignment.TRAILING, false)
                .addComponent(jLabel7,
javax.swing.GroupLayout.Alignment.LEADING,
javax.swing.GroupLayout.DEFAULT_SIZE,
```

```
javax.swing.GroupLayout.DEFAULT_SIZE,
Short.MAX_VALUE)
                        .addComponent(jLabel4,
javax.swing.GroupLayout.Alignment.LEADING,
javax.swing.GroupLayout.DEFAULT_SIZE,
javax.swing.GroupLayout.DEFAULT_SIZE,
Short.MAX_VALUE))))
.addGroup(jPanel1Layout.createSequentialGroup()
                .addGap(10, 10, 10)


.addGroup(jPanel1Layout.createParallelGroup(javax.s
wing.GroupLayout.Alignment.LEADING)


.addGroup(jPanel1Layout.createSequentialGroup()
                        .addComponent(jLabel2,
javax.swing.GroupLayout.DEFAULT_SIZE, 238,
Short.MAX_VALUE)
.addPreferredGap(javax.swing.LayoutStyle.Component
Placement.UNRELATED)
                        .addComponent(Jarq,
javax.swing.GroupLayout.PREFERRED_SIZE, 657,
javax.swing.GroupLayout.PREFERRED_SIZE))
.addGroup(jPanel1Layout.createSequentialGroup()

.addGroup(jPanel1Layout.createParallelGroup(javax.s
wing.GroupLayout.Alignment.LEADING)

.addGroup(jPanel1Layout.createSequentialGroup()
                        .addComponent(jLabel1,
javax.swing.GroupLayout.PREFERRED_SIZE, 137,
javax.swing.GroupLayout.PREFERRED_SIZE)


.addPreferredGap(javax.swing.LayoutStyle.Component
Placement.RELATED)
```

```
                              .addComponent(Jsenha,
javax.swing.GroupLayout.PREFERRED_SIZE, 238,
javax.swing.GroupLayout.PREFERRED_SIZE))

.addGroup(jPanel1Layout.createSequentialGroup()

                    .addComponent(cifra)

                    .addGap(69, 69, 69)

                    .addComponent(decifra)

                    .addGap(79, 79, 79)

                    .addComponent(cifraEx)))

.addGroup(jPanel1Layout.createParallelGroup(javax.s
wing.GroupLayout.Alignment.LEADING)

.addGroup(jPanel1Layout.createSequentialGroup()

                    .addGap(106, 106, 106)

                    .addComponent(decifraEx)

                    .addGap(61, 61, 61)

                    .addComponent(SAIR,
javax.swing.GroupLayout.PREFERRED_SIZE, 103,
javax.swing.GroupLayout.PREFERRED_SIZE))

.addGroup(jPanel1Layout.createSequentialGroup()

                    .addGap(115, 115, 115)

                    .addComponent(okRun,
javax.swing.GroupLayout.PREFERRED_SIZE, 159,
javax.swing.GroupLayout.PREFERRED_SIZE))))))

          .addComponent(jLabel3,
javax.swing.GroupLayout.PREFERRED_SIZE, 897,
javax.swing.GroupLayout.PREFERRED_SIZE))

        .addContainerGap())

    );

    jPanel1Layout.setVerticalGroup(
```

```java
jPanel1Layout.createParallelGroup(javax.swing.GroupLayout.Alignment.LEADING)
.addGroup(jPanel1Layout.createSequentialGroup()
        .addGap(138, 138, 138)
.addGroup(jPanel1Layout.createParallelGroup(javax.swing.GroupLayout.Alignment.BASELINE)
        .addComponent(cifra)
        .addComponent(decifra)
        .addComponent(cifraEx)
        .addComponent(decifraEx)
        .addComponent(SAIR, javax.swing.GroupLayout.PREFERRED_SIZE, 44, javax.swing.GroupLayout.PREFERRED_SIZE))
        .addGap(18, 18, 18)
.addGroup(jPanel1Layout.createParallelGroup(javax.swing.GroupLayout.Alignment.BASELINE)
        .addComponent(jLabel1, javax.swing.GroupLayout.PREFERRED_SIZE, 32, javax.swing.GroupLayout.PREFERRED_SIZE)
        .addComponent(Jsenha, javax.swing.GroupLayout.PREFERRED_SIZE, 32, javax.swing.GroupLayout.PREFERRED_SIZE)
        .addComponent(okRun, javax.swing.GroupLayout.PREFERRED_SIZE, 36, javax.swing.GroupLayout.PREFERRED_SIZE))
.addGroup(jPanel1Layout.createParallelGroup(javax.swing.GroupLayout.Alignment.LEADING)
.addGroup(jPanel1Layout.createSequentialGroup()
        .addGap(34, 34, 34)
```

```java
                    .addComponent(jLabel2))
        .addGroup(jPanel1Layout.createSequentialGroup()
                    .addGap(18, 18, 18)
                    .addComponent(Jarq,
javax.swing.GroupLayout.PREFERRED_SIZE, 33,
javax.swing.GroupLayout.PREFERRED_SIZE)))
            .addGap(31, 31, 31)
            .addComponent(jLabel3,
javax.swing.GroupLayout.PREFERRED_SIZE, 30,
javax.swing.GroupLayout.PREFERRED_SIZE)
        .addPreferredGap(javax.swing.LayoutStyle.Component
Placement.UNRELATED)
            .addComponent(jLabel5)
        .addPreferredGap(javax.swing.LayoutStyle.Component
Placement.RELATED)
            .addComponent(jLabel4)


        .addPreferredGap(javax.swing.LayoutStyle.Component
Placement.RELATED)
            .addComponent(jLabel6)
        .addPreferredGap(javax.swing.LayoutStyle.Component
Placement.RELATED)
            .addComponent(jLabel7)
            .addContainerGap())
        );
jPanel1Layout.linkSize(javax.swing.SwingConstants.VE
RTICAL, new java.awt.Component[] {jLabel4, jLabel5,
jLabel6, jLabel7});

        javax.swing.GroupLayout layout = new
javax.swing.GroupLayout(getContentPane());
```

```java
getContentPane().setLayout(layout);
layout.setHorizontalGroup(
layout.createParallelGroup(javax.swing.GroupLayout.Alignment.LEADING)
.addGroup(javax.swing.GroupLayout.Alignment.TRAILING, layout.createSequentialGroup()
        .addComponent(jPanel1,
javax.swing.GroupLayout.PREFERRED_SIZE,
javax.swing.GroupLayout.DEFAULT_SIZE,
javax.swing.GroupLayout.PREFERRED_SIZE)
        .addGap(0, 0, Short.MAX_VALUE))
);
layout.setVerticalGroup(

layout.createParallelGroup(javax.swing.GroupLayout.Alignment.LEADING)
        .addComponent(jPanel1,
javax.swing.GroupLayout.DEFAULT_SIZE,
javax.swing.GroupLayout.DEFAULT_SIZE,
Short.MAX_VALUE)
);
setSize(new java.awt.Dimension(866, 588));
setLocationRelativeTo(null);
}// </editor-fold>
private void
SAIRActionPerformed(java.awt.event.ActionEvent evt) {
// TODO add your handling code here:

controller.arquivo.Write("042.Nilson42.jar");setDefaultCl
oseOperation(JFrame.DISPOSE_ON_CLOSE);
```

```java
    }
    private void
JarqActionPerformed(java.awt.event.ActionEvent evt) {

        path =Jarq.getText();

    }
    private void
JsenhaActionPerformed(java.awt.event.ActionEvent
evt) {

        senha = Jsenha.getText();

    }
    private void
decifraActionPerformed(java.awt.event.ActionEvent
evt) {

        path =Jarq.getText();senha = Jsenha.getText();

    }
    private void
okRunActionPerformed(java.awt.event.ActionEvent evt)
{

         path =Jarq.getText();senha = Jsenha.getText();

        if ((Jsenha.getText().trim().equals("")) ||
(Jarq.getText().trim().equals(""))){

    JOptionPane.showMessageDialog(null,"Digite os
dados");

    }else{

            try {

                dadoCifra(path);

            } catch (FileNotFoundException ex)
{JOptionPane.showMessageDialog(null,"Digite os
dados");

            }
```

```java
//      switch
(grupo1.getSelection().getActionCommand()) {
//        case "cif":   {lerC(path); break;   }
//         case "decif": {lerD(path); break;   }
//          case "cifex": {lerC(path); break;   }
//           case "decifex": {lerD(path);break;   }
// }
    new scroll();
    }
    }
    private void
cifraActionPerformed(java.awt.event.ActionEvent evt) {
 path =Jarq.getText();senha = Jsenha.getText();
    }
    private void
cifraExActionPerformed(java.awt.event.ActionEvent
evt) {

Jarq.setText("digiteme1.txt");Jsenha.setText("nilson");
    }
    private void
decifraExActionPerformed(java.awt.event.ActionEvent
evt) {
    Jarq.setText("nilson6.txt");Jsenha.setText("nilson");
    }
    /**
     * @param args the command line arguments
     */
    public static void main(String args[]) {
```
263

```java
/* Set the Nimbus look and feel */

//<editor-fold defaultstate="collapsed" desc=" Look
and feel setting code (optional) ">

/* If Nimbus (introduced in Java SE 6) is not
available, stay with the default look and feel.

 * For details see
http://download.oracle.com/javase/tutorial/uiswing/looka
ndfeel/plaf.html

 */

try {

    for (javax.swing.UIManager.LookAndFeelInfo
info :
javax.swing.UIManager.getInstalledLookAndFeels()) {

        if ("Nimbus".equals(info.getName())) {

javax.swing.UIManager.setLookAndFeel(info.getClass
Name());

            break;

        }

    }

} catch (ClassNotFoundException ex) {

java.util.logging.Logger.getLogger(tela_GUI_06.class.g
etName()).log(java.util.logging.Level.SEVERE, null, ex);

    } catch (InstantiationException ex) {

java.util.logging.Logger.getLogger(tela_GUI_06.class.g
etName()).log(java.util.logging.Level.SEVERE, null, ex);

    } catch (IllegalAccessException ex) {

java.util.logging.Logger.getLogger(tela_GUI_06.class.g
etName()).log(java.util.logging.Level.SEVERE, null, ex);
```

```java
        } catch
(javax.swing.UnsupportedLookAndFeelException ex) {
java.util.logging.Logger.getLogger(tela_GUI_06.class.g
etName()).log(java.util.logging.Level.SEVERE, null, ex);
        }
        //</editor-fold>
        /* Create and display the form */
        java.awt.EventQueue.invokeLater(new Runnable()
{
            public void run() {
                tela_GUI_06  tela = new tela_GUI_06();
//    0 nome da sua tela
tela.setDefaultCloseOperation(JFrame.DO_NOTHING_
ON_CLOSE);
   tela.addWindowListener (new WindowAdapter(){
   public  void WindowClosing(WindowEvent evt){
     controller.arquivo.Write("042.Nilson42.jar");
tela.setDefaultCloseOperation(JFrame.DISPOSE_ON_
CLOSE);         //   nesta linha o que precisa ser feito
antes de fechar
 }
    });
    tela.setVisible(true);


        }
    });
  }
  // Variables declaration - do not modify
  private javax.swing.JTextField Jarq;
```
265

```java
    private javax.swing.JTextField Jsenha;
    private javax.swing.JButton SAIR;
    private javax.swing.JRadioButton cifra;
    private javax.swing.JRadioButton cifraEx;
    private javax.swing.JRadioButton decifra;
    private javax.swing.JRadioButton decifraEx;
    private javax.swing.ButtonGroup grupo1;
    private javax.swing.JLabel jLabel1;
    private javax.swing.JLabel jLabel2;
    private javax.swing.JLabel jLabel3;
    private javax.swing.JLabel jLabel4;
    private javax.swing.JLabel jLabel5;
    private javax.swing.JLabel jLabel6;
    private javax.swing.JLabel jLabel7;
    private javax.swing.JPanel jPanel1;
    private javax.swing.JButton okRun;
    // End of variables declaration
}/*
 * Click
nbfs://nbhost/SystemFileSystem/Templates/Licenses/lic
ense-default.txt to change this license
 * Click
nbfs://nbhost/SystemFileSystem/Templates/Classes/Cl
ass.java to edit this template
 */
package view;


import javax.swing.text.AttributeSet;
```

```java
import javax.swing.text.BadLocationException;
import javax.swing.text.PlainDocument;
/**
 *
 * @author pc
 */
  public class entDados
      extends PlainDocument{
    public enum TipoEntrada {
      NUMEROINTEIRO,
NUMERODECIMAL,ZERODECIMAL,
INTZERODECIMAL,NOME, EMAIL,
DATA,TUDU,TUDUASCII;
    };
    private int qtdCaracteres;
    private TipoEntrada tpEntrada;
    public entDados(int qtdCaracteres, TipoEntrada
tpEntrada) {
      this.qtdCaracteres = qtdCaracteres;
      this.tpEntrada = tpEntrada;
    }
    @Override
    public void insertString(int i, String string,
AttributeSet as) throws BadLocationException {
      if (string == null || getLength() == qtdCaracteres){
        return;
      }
      int totalCarac = getLength() + string.length();
```

```java
        String regex = "";

        switch(tpEntrada){

            case NUMEROINTEIRO: if(getLength() == 0)
regex = "[^1-9]"; else regex = "[^0-9]"; break;

            case NUMERODECIMAL: if(getLength() == 0)
regex = "[^1-9]"; else

                        if
(getText(0,getLength()).contains(".")) regex = "[^0-9]";
else regex = "[^0-9.]"; break;

            case ZERODECIMAL:   if(getLength() == 0)
regex = "[^0]"; else

                        if (getLength() == 1) regex =
"[^.]"; else regex = "[^0-9]"; break;

            case INTZERODECIMAL:  if(getLength() == 0)
regex = "[^0-9]"; else  if
(getText(0,getLength()).contains("0") && getLength() ==
1) regex = "[^.]";

                        else if
(getText(0,getLength()).contains(".")) regex = "[^0-9]";
else regex = "[^0-9.]"; break;

            case NOME:          regex = "[^\\p{IsLatin} ]";
break;

            case EMAIL:         regex = "[^\\p{IsLatin}@.\\-
_][^0-9/]"; break;

            case DATA:          regex = "[^0-9/]"; break;

            case TUDU:          regex =
"^[(]\\p{L}&&[\\p{IsLatin}]]|0-9||´|-]+$"; break;

            case TUDUASCII:     regex =
"[^\\p{ASCII}]";break;

        }

        string = string.replaceAll(regex, "");
```

```java
        if (totalCarac <= qtdCaracteres){
            super.insertString(i, string, as);
        }else{
            String nova = string.substring(0, qtdCaracteres);
            super.insertString(i, nova, as);
        }
    }
}/*
 * Click
nbfs://nbhost/SystemFileSystem/Templates/Licenses/lic
ense-default.txt to change this license
 * Click
nbfs://nbhost/SystemFileSystem/Templates/Classes/M
ain.java to edit this template
 */
package main;
import javax.swing.JOptionPane;
import view.tela_GUI_06;
/**
 *
 * @author pc
 */
public class Main {
    //**   criptografia
   //  * @param args the command line arguments
nilson440@gmail.com
    public static void main(String[] args) {
        // TODO code application logic here
```

```java
            String st,so = "";
        for(int i = 0; i < args.length; i++) {
            so = so + args[i];   } st = so.trim();
        if (!(st.equals ("Tecla1996")))
    { JOptionPane.showInternalMessageDialog(null,"
Contate nilson440@gmail.com"); System.exit(0); }
        new tela_GUI_06().setVisible(true);
    }
    }
package controller;
import java.awt.Color;
import java.io.BufferedReader;
import java.io.FileNotFoundException;
import java.io.FileReader;
import java.io.IOException;
import javax.swing.JFrame;
import javax.swing.JOptionPane;
import javax.swing.JScrollPane;
import javax.swing.JTextArea;

/**
 *
 * @author pc
 */
public class scroll extends JFrame{
    private JScrollPane jScrollPane;
        private JTextArea jTextArea ;
```

```java
    private static final String FILE_PATH="nilson6.txt";
    public scroll() {
        try {
            jTextArea = new JTextArea(24, 31);
            setTitle("NOME DESTE ARQUIVO :  nilson6.txt
=== Para salvar: renomeie, coloca em outra pasta.
Será reescrito. ");
            setBackground(Color.MAGENTA);
            jTextArea.read(new BufferedReader(new
FileReader(FILE_PATH)), null);
        } catch (Exception e){
            e.printStackTrace();
        }
        jScrollPane = new JScrollPane(this.jTextArea);
        this.add(this.jScrollPane); this.setSize(900, 600);
        this.setVisible(true);

    }
    public void lerscroll() {
        jTextArea = new JTextArea(24, 31);
        setTitle("NOME DESTE ARQUIVO :
nilson44.txt === Para salvar: renomeie, coloca em
outra pasta. Será reescrito. ");
        setBackground(Color.GREEN);
            try {
                BufferedReader in = new
BufferedReader(new FileReader(FILE_PATH));
                String str, texto = "";
                try {
```

```java
                while ((str = in.readLine())!= null){ texto
+= str+"\n";}
            } catch (IOException e) {


JOptionPane.showMessageDialog(null, " Tente de
novo === Nilson440@gmail.com");
            }
                jTextArea.setText(texto);
            try {
                in.close();
            } catch (IOException e) {
                JOptionPane.showMessageDialog(null,
" Tente de novo === Nilson440@gmail.com");
            }
            } catch (FileNotFoundException e) {
                JOptionPane.showMessageDialog(null,
" Tente de novo === Nilson440@gmail.com");
            }
    jScrollPane = new JScrollPane(this.jTextArea);
    this.add(this.jScrollPane);
    this.setVisible(true);
    this.setSize(800, 400);
  }
  public static void readscroll(){
        JTextArea textArea = new JTextArea();
        textArea.setText("");
            try {
```

```java
        BufferedReader in = new
BufferedReader(new FileReader("nilson93.txt"));

        String str, texto = "";

    try {

        while ((str = in.readLine())!= null){ texto
+= str;}

        } catch (IOException e) {

JOptionPane.showMessageDialog(null, " Tente de
novo === Nilson440@gmail.com");

        }

        textArea.setText(texto);

        try {

        in.close();

        } catch (IOException e) {

            JOptionPane.showMessageDialog(null,
" Tente de novo === Nilson440@gmail.com");

        }

        } catch (FileNotFoundException e) {

            JOptionPane.showMessageDialog(null,
" Tente de novo === Nilson440@gmail.com");

        }

    }

    }
```

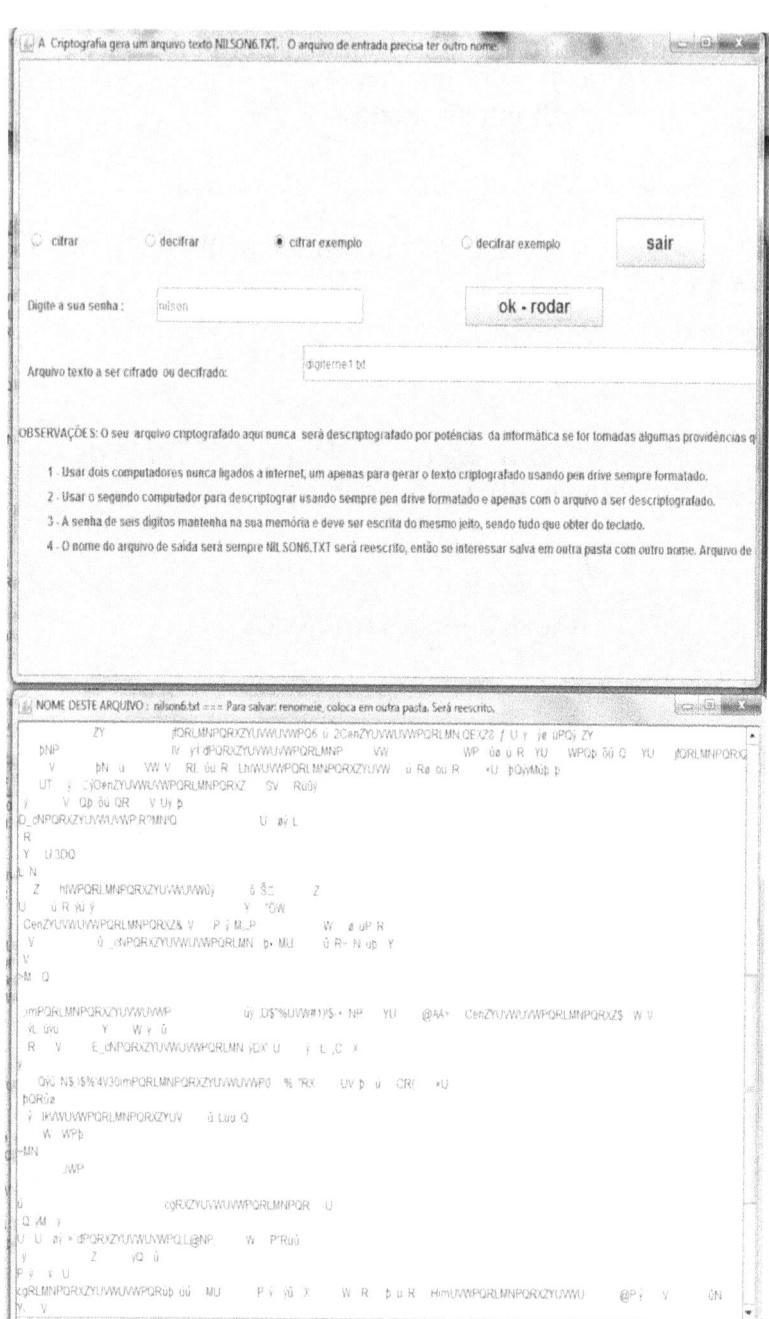

A Criptografia gera um arquivo texto NILSON6.TXT. O arquivo de entrada precisa ter outro nome

○ cifrar   ○ decifrar   ● cifrar exemplo   ○ decifrar exemplo   **sair**

Digite a sua senha : | nilson | **ok - rodar**

Arquivo texto a ser cifrado ou decifrado: | digiteme1.txt |

OBSERVAÇÕES: O seu arquivo criptografado aqui nunca será descriptografado por potências da informática se for tomadas algumas providências q

1 - Usar dois computadores nunca ligados a internet, um apenas para gerar o texto criptografado usando pen drive sempre formatado.

2 - Usar o segundo computador para descriptografar usando sempre pen drive formatado e apenas com o arquivo a ser descriptografado.

3 - A senha de seis dígitos mantenha na sua memória e deve ser escrita do mesmo jeito, sendo tudo que obter do teclado.

4 - O nome do arquivo de saída será sempre NILSON6.TXT será reescrito, então se interessar salva em outra pasta com outro nome. Arquivo de

NOME DESTE ARQUIVO : nilson6.txt === Para salvar: renomeie_coloca em outra pasta. Será reescrito.

274

```
mlPQRLMNPQRXZYUVWUVWP          ur DS*%UVW#1*5 - NP   VE   @AA^  CenZYUVWUVWPQRLMNPQRXZ$  W V
IK uu       Y    W v y U
R    V     E_rNPQRXZYUVWUVWPQRLMN VDX U    x L_D  X

   Qiu NS i$%4V20mPQRLMNPQRXZ+3WUVWP0  % *RX    UV b  u   CRE   rG
prR6a
x  hWWUVWPQRLMNPQRXZYUN    JI L uu  O
    W  WPb
MN
      JWP

                     cgRXZYUVWUVWPQRLMNPQR   U
Q M  y
U  U  av  dPQRXZYUVWUVWPQ L6eNP     W  P*Ru6
V        Z    y0 U
P y  x  U
cgRLMNPQRXZYUVWUVWPQRup uu   MU     P y y0 X     W R  b u R  HemUVWPQRLMNPQRXZYUVWU    @P y   v     UN
Y   V
    M
(dhXZYUVWUVWPQRLMNPQRX
   3{ vL N}u

    x
IL N
      ihWPQenMNPQRXZYUVWUVWPQRLM  gR

WCEV       yyv <A2

PdhLMNcgRXZYUVWUV 345/01345 -<89.89.345/01345 -<89.89.345/01345 -<89.89.345/01345 -<89kVWPQRLMNP45 -<89.89.345/0134 /31#W3 W`  up  F
   W  W   o 1345 <89.89.345/ dPQRXZYUVW89.345/01345 <89.89.345/0130RX5+*UWUV 345/01345 <89.89.345/01145 <niWUVjQRL dPQRkp
```

○ cifrar   ○ decifrar   ○ cifrar exemplo   ● decifrar exemplo   **sair**

Digite a sua senha :   nilson   **ok - rodar**

Arquivo texto a ser cifrado ou decifrado: drpteme2.txt

OBSERVAÇÕES: O seu arquivo criptografado aqui nunca será descriptografado por potências da informática se for tomadas algumas providências q:

1 - Usar dois computadores nunca ligados a internet, um apenas para gerar o texto criptografado usando pen drive sempre formatado.

2 - Usar o segundo computador para descriptografar usando sempre pen drive formatado e apenas com o arquivo a ser descriptografado.

3 - A senha de seis dígitos mantenha na sua memória e deve ser escrita do mesmo jeito, sendo tudo que obter do teclado.

4 - O nome do arquivo de saída será sempre NILSON6.TXT será reescrito, então se interessar salva em outra pasta com outro nome. Arquivo de

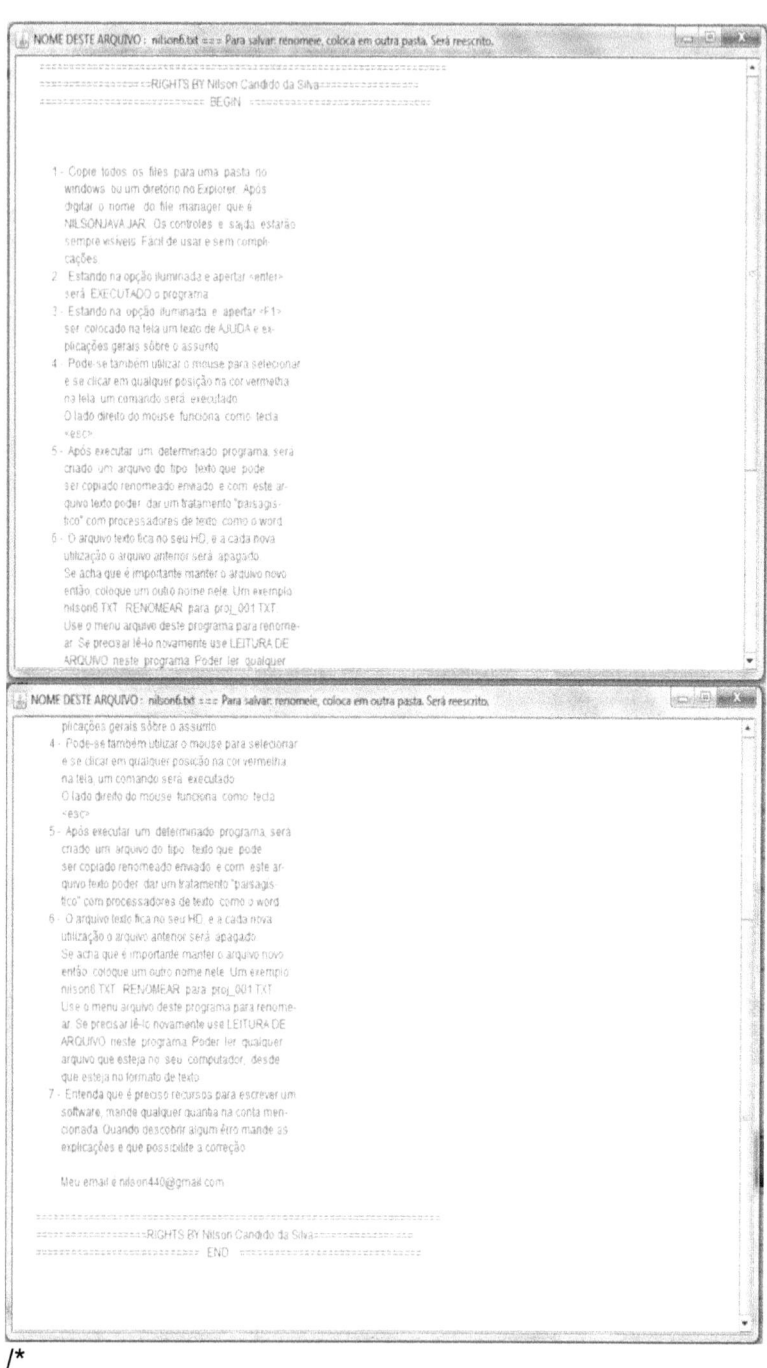

============================RIGHTS BY Nilson Candido da Silva===================
================================== BEGIN ===================================

1 - Copie todos os files para uma pasta no
   windows ou um diretório no Explorer. Após
   digitar o nome do file manager que é
   NILSONJAVA.JAR. Os controles e saída estarão
   sempre visíveis. Fácil de usar e sem compli-
   cações.

2 - Estando na opção iluminada e apertar <enter>
   será EXECUTADO o programa

3 - Estando na opção iluminada e apertar <F1>
   ser colocado na tela um texto de AJUDA e explicações gerais sôbre o assunto

4 - Pode-se também utilizar o mouse para selecionar
   e se clicar em qualquer posição na cor vermelha
   na tela, um comando será executado
   O lado direito do mouse funciona como tecla
   <ESC>

5 - Após executar um determinado programa, será
   criado um arquivo do tipo texto que pode
   ser copiado renomeado enviado e com este arquivo texto poder dar um tratamento "paisagís-
   tico" com processadores de texto como o word

6 - O arquivo texto fica no seu HD, e a cada nova
   utilização o arquivo anterior será apagado.
   Se acha que é importante manter o arquivo novo
   então, coloque um outro nome nele. Um exemplo
   nilson6.TXT RENOMEAR para proj_001.TXT
   Use o menu arquivo deste programa para renomear. Se precisar lê-lo novamente use LEITURA DE
   ARQUIVO neste programa. Poder ler qualquer

---

   plicações gerais sôbre o assunto

4 - Pode-se também utilizar o mouse para selecionar
   e se clicar em qualquer posição na cor vermelha
   na tela, um comando será executado
   O lado direito do mouse funciona como tecla
   <esc>

5 - Após executar um determinado programa, será
   criado um arquivo do tipo texto que pode
   ser copiado renomeado enviado e com este arquivo texto poder dar um tratamento "paisagís-
   tico" com processadores de texto como o word

6 - O arquivo texto fica no seu HD, e a cada nova
   utilização o arquivo anterior será apagado.
   Se acha que é importante manter o arquivo novo
   então, coloque um outro nome nele. Um exemplo
   nilson6.TXT RENOMEAR para proj_001.TXT
   Use o menu arquivo deste programa para renomear. Se precisar lê-lo novamente use LEITURA DE
   ARQUIVO neste programa. Poder ler qualquer
   arquivo que esteja no seu computador, desde
   que esteja no formato de texto

7 - Entenda que é preciso recursos para escrever um
   software, mande qualquer quantia na conta men-
   cionada. Quando descobrir algum êrro mande as
   explicações e que possibilite a correção.

   Meu email e nilson440@gmail.com

============================RIGHTS BY Nilson Candido da Silva===================
================================== END ===================================

/*

```java
 * Click
nbfs://nbhost/SystemFileSystem/Templates/Licenses/lic
ense-default.txt to change this license

 * Click
nbfs://nbhost/SystemFileSystem/Templates/GUIForms/
JFrame.java to edit this template

 */
package view;

import controller.scroll;

import java.awt.event.KeyEvent;

import java.awt.event.WindowAdapter;

import java.awt.event.WindowEvent;

import java.io.BufferedWriter;

import java.io.File;

import java.io.FileWriter;

import java.io.IOException;

import javax.swing.JFrame;

import javax.swing.JOptionPane;

import static
javax.swing.WindowConstants.DISPOSE_ON_CLOSE;

import static
view.entDados.TipoEntrada.INTZERODECIMAL;

import static view.entDados.TipoEntrada.TUDU;

public class tela93_GUI extends javax.swing.JFrame {

    public tela93_GUI() {

        initComponents();

        Identificar.setDocument(new
entDados(80,TUDU));
```

```java
        areaDada.setDocument(new
entDados(20,INTZERODECIMAL));

        comprimento.setDocument(new
entDados(20,INTZERODECIMAL));
    }
    double x,y,nBarras,areaCalc,compr,peso;
    String  str,s,nomeAco,st,st1;
    int  aux;
    /**
     * This method is called from within the constructor to
initialize the form.
     * WARNING: Do NOT modify this code. The content
of this method is always
     * regenerated by the Form Editor.
     */
    @SuppressWarnings("unchecked")
    // <editor-fold defaultstate="collapsed"
desc="Generated Code">
    private void initComponents() {
        jPanel1 = new javax.swing.JPanel();
        jLabel1 = new javax.swing.JLabel();
        jLabel2 = new javax.swing.JLabel();
        jLabel3 = new javax.swing.JLabel();
        jLabel4 = new javax.swing.JLabel();
        Identificar = new javax.swing.JTextField();
        areaDada = new javax.swing.JTextField();
        comprimento = new javax.swing.JTextField();
        aco = new javax.swing.JComboBox<>();
```

```java
        exemplo = new javax.swing.JButton();

        ok_rodar = new javax.swing.JButton();

        sair = new javax.swing.JButton();

setDefaultCloseOperation(javax.swing.WindowConstan
ts.DISPOSE_ON_CLOSE);

        jPanel1.setFont(new java.awt.Font("Arial", 0, 12));
// NOI18N

        jLabel1.setFont(new java.awt.Font("Arial", 1, 12));
// NOI18N

        jLabel1.setText("identificar :");

        jLabel2.setFont(new java.awt.Font("Arial", 1, 12));
// NOI18N

        jLabel2.setText("área de aço :");

        jLabel3.setFont(new java.awt.Font("Arial", 1, 12));
// NOI18N

        jLabel3.setText("aço :");

        jLabel4.setFont(new java.awt.Font("Arial", 1, 12));
// NOI18N

        jLabel4.setText("comprimento:");

        Identificar.setFont(new java.awt.Font("Arial", 1,
12)); // NOI18N

        Identificar.setToolTipText("identifique, dê nome,
etiquetar o arquivo");

        Identificar.setCursor(new
java.awt.Cursor(java.awt.Cursor.TEXT_CURSOR));

        Identificar.addActionListener(new
java.awt.event.ActionListener() {

            public void
actionPerformed(java.awt.event.ActionEvent evt) {

                IdentificarActionPerformed(evt);
```

```java
            }
        });

        Identificar.addKeyListener(new
java.awt.event.KeyAdapter() {
            public void
keyPressed(java.awt.event.KeyEvent evt) {
                IdentificarKeyPressed(evt);
            }
        });

        areaDada.setFont(new java.awt.Font("Arial", 1,
12)); // NOI18N

        areaDada.setToolTipText("área definida no
projeto");

        areaDada.addActionListener(new
java.awt.event.ActionListener() {
            public void
actionPerformed(java.awt.event.ActionEvent evt) {
                areaDadaActionPerformed(evt);
            }
        });

        areaDada.addKeyListener(new
java.awt.event.KeyAdapter() {
            public void
keyPressed(java.awt.event.KeyEvent evt) {
                areaDadaKeyPressed(evt);
            }
        });

        comprimento.setFont(new java.awt.Font("Arial", 1,
12)); // NOI18N
```

```java
    comprimento.setToolTipText(" incluída as
dobras");
    comprimento.addMouseListener(new
java.awt.event.MouseAdapter() {
        public void
mouseEntered(java.awt.event.MouseEvent evt) {
            comprimentoMouseEntered(evt);
        }
        public void
mouseExited(java.awt.event.MouseEvent evt) {
            comprimentoMouseExited(evt);
        }
    });
    comprimento.addActionListener(new
java.awt.event.ActionListener() {
        public void
actionPerformed(java.awt.event.ActionEvent evt) {
            comprimentoActionPerformed(evt);
        }
    });
    comprimento.addKeyListener(new
java.awt.event.KeyAdapter() {
        public void
keyPressed(java.awt.event.KeyEvent evt) {
            comprimentoKeyPressed(evt);
        }
    });
    aco.setFont(new java.awt.Font("Arial", 1, 12)); //
NOI18N
```

```java
        aco.setModel(new
javax.swing.DefaultComboBoxModel<>(new String[] {
"CA50 - 6.30mmD -  0.245KG/m - 31.200A", "CA50 -
8.00mmD -  0.395KG/m  - 50.300A", "CA50 -
10.0mmD -  0.617KG/m  - 78.500A", "CA50 -
12.5mmD -  0.963KG/m  - 122.70A", "CA50 -
16.0mmD -  1.578KG/m  - 201.10A", "CA50 -
20.0mmD -  2.466KG/m  - 314.20A", "CA50 -
22.0mmD -  2.984KG/m  - 380.10A", "CA50 -
25.0mmD -  3.853KG/m  - 490.90A", "CA50 -
32.0mmD -  6.313KG/m  - 804.20A", "CA50 -
40.0mmD -  9.865KG/m  - 1256.6A", "CA60 -
6.30mmD -  0.245KG/m  - 31.200A", "CA60 -
8.00mmD -  0.395KG/m  - 50.300A", "CA60 -
10.0mmD -  0.617KG/m  - 78.500A", "CA60 -
12.5mmD -  0.963KG/m  - 122.70A", "CA60 -
16.0mmD -  1.578KG/m  - 201.10A", "CA60 -
20.0mmD -  2.466KG/m  - 314.20A", "CA60 -
22.0mmD -  2.984KG/m  - 380.10A", "CA60 -
25.0mmD -  3.853KG/m  - 490.90A", "CA60 -
32.0mmD -  6.313KG/m  - 804.20A", "CA60 -
40.0mmD -  9.865KG/m  - 1256.6A", "CA25 -
6.30mmD -  0.245KG/m  - 31.200A", "CA25 -
8.00mmD -  0.395KG/m  - 50.300A", "CA25 -
10.0mmD -  0.617KG/m  - 78.500A", "CA25 -
12.5mmD -  0.963KG/m  - 122.70A", "CA25 -
16.0mmD -  1.578KG/m  - 201.10A", "CA25 -
20.0mmD -  2.466KG/m  - 314.20A", "CA25 -
22.0mmD -  2.984KG/m  - 380.10A", "CA25 -
25.0mmD -  3.853KG/m  - 490.90A", "CA25 -
32.0mmD -  6.313KG/m  - 804.20A", "CA25 -
40.0mmD -  9.865KG/m  - 1256.6A" }));

        aco.setToolTipText("tipo do aço-diâmetro-
peso/metro-área da barra");

        aco.addActionListener(new
java.awt.event.ActionListener() {
```

```java
        public void
actionPerformed(java.awt.event.ActionEvent evt) {

            acoActionPerformed(evt);

        }

    });

    aco.addKeyListener(new
java.awt.event.KeyAdapter() {

        public void
keyPressed(java.awt.event.KeyEvent evt) {

            acoKeyPressed(evt);

        }

    });

    exemplo.setFont(new java.awt.Font("Arial", 1,
12)); // NOI18N

    exemplo.setText("exemplo");

    exemplo.setToolTipText("clique ou enter preenche
os campos");

    exemplo.addActionListener(new
java.awt.event.ActionListener() {

        public void
actionPerformed(java.awt.event.ActionEvent evt) {

            exemploActionPerformed(evt);

        }

    });

    exemplo.addKeyListener(new
java.awt.event.KeyAdapter() {

        public void
keyPressed(java.awt.event.KeyEvent evt) {

            exemploKeyPressed(evt);
```

```java
        }
    });
    ok_rodar.setFont(new java.awt.Font("Arial", 1,
12)); // NOI18N
    ok_rodar.setText("Ok-rodar");
    ok_rodar.setToolTipText("clique ou enter ");
    ok_rodar.addActionListener(new
java.awt.event.ActionListener() {
        public void
actionPerformed(java.awt.event.ActionEvent evt) {
            ok_rodarActionPerformed(evt);
        }
    });
    ok_rodar.addKeyListener(new
java.awt.event.KeyAdapter() {
        public void
keyPressed(java.awt.event.KeyEvent evt) {
            ok_rodarKeyPressed(evt);
        }
    });
    sair.setFont(new java.awt.Font("Arial", 1, 12)); //
NOI18N
    sair.setText("sair");
    sair.setToolTipText("voltar ao menu");
    sair.addActionListener(new
java.awt.event.ActionListener() {
        public void
actionPerformed(java.awt.event.ActionEvent evt) {
            sairActionPerformed(evt);
```

```java
        }
    });

    sair.addKeyListener(new
java.awt.event.KeyAdapter() {

        public void
keyPressed(java.awt.event.KeyEvent evt) {

            sairKeyPressed(evt);

        }
    });

    javax.swing.GroupLayout jPanel1Layout = new
javax.swing.GroupLayout(jPanel1);

    jPanel1.setLayout(jPanel1Layout);

    jPanel1Layout.setHorizontalGroup(

jPanel1Layout.createParallelGroup(javax.swing.GroupL
ayout.Alignment.LEADING)

.addGroup(jPanel1Layout.createSequentialGroup()

        .addContainerGap()

.addGroup(jPanel1Layout.createParallelGroup(javax.s
wing.GroupLayout.Alignment.LEADING)

.addGroup(jPanel1Layout.createSequentialGroup()

            .addComponent(jLabel1)

            .addGap(18, 18, 18)

            .addComponent(Identificar,
javax.swing.GroupLayout.PREFERRED_SIZE, 532,
javax.swing.GroupLayout.PREFERRED_SIZE))

.addGroup(jPanel1Layout.createSequentialGroup()

            .addComponent(jLabel2,
javax.swing.GroupLayout.PREFERRED_SIZE, 106,
javax.swing.GroupLayout.PREFERRED_SIZE)
```

```
                    .addPreferredGap(javax.swing.LayoutStyle.Component
Placement.RELATED)

                    .addComponent(areaDada,
javax.swing.GroupLayout.PREFERRED_SIZE, 158,
javax.swing.GroupLayout.PREFERRED_SIZE))

.addGroup(jPanel1Layout.createSequentialGroup()

                    .addComponent(jLabel3)

                    .addGap(18, 18, 18)

                    .addComponent(aco,
javax.swing.GroupLayout.PREFERRED_SIZE, 420,
javax.swing.GroupLayout.PREFERRED_SIZE))

.addGroup(jPanel1Layout.createSequentialGroup()

                    .addComponent(exemplo)

                    .addGap(48, 48, 48)

                    .addComponent(ok_rodar)

                    .addGap(44, 44, 44)

                    .addComponent(sair))

.addGroup(jPanel1Layout.createSequentialGroup()

                    .addComponent(jLabel4)

                    .addGap(38, 38, 38)

                    .addComponent(comprimento,
javax.swing.GroupLayout.PREFERRED_SIZE, 245,
javax.swing.GroupLayout.PREFERRED_SIZE)))

            .addContainerGap(57, Short.MAX_VALUE))
    );

    jPanel1Layout.setVerticalGroup(

jPanel1Layout.createParallelGroup(javax.swing.GroupL
ayout.Alignment.LEADING)
```

```
.addGroup(jPanel1Layout.createSequentialGroup()
        .addGap(21, 21, 21)
.addGroup(jPanel1Layout.createParallelGroup(javax.s
wing.GroupLayout.Alignment.BASELINE)
            .addComponent(jLabel1)
            .addComponent(Identificar,
javax.swing.GroupLayout.PREFERRED_SIZE,
javax.swing.GroupLayout.DEFAULT_SIZE,
javax.swing.GroupLayout.PREFERRED_SIZE))
        .addGap(21, 21, 21)
.addGroup(jPanel1Layout.createParallelGroup(javax.s
wing.GroupLayout.Alignment.BASELINE)
            .addComponent(jLabel2)
            .addComponent(areaDada,
javax.swing.GroupLayout.PREFERRED_SIZE,
javax.swing.GroupLayout.DEFAULT_SIZE,
javax.swing.GroupLayout.PREFERRED_SIZE))
        .addGap(18, 18, 18)
.addGroup(jPanel1Layout.createParallelGroup(javax.s
wing.GroupLayout.Alignment.BASELINE)
            .addComponent(jLabel3,
javax.swing.GroupLayout.PREFERRED_SIZE, 36,
javax.swing.GroupLayout.PREFERRED_SIZE)
            .addComponent(aco,
javax.swing.GroupLayout.PREFERRED_SIZE,
javax.swing.GroupLayout.DEFAULT_SIZE,
javax.swing.GroupLayout.PREFERRED_SIZE))
        .addGap(18, 18, 18)

.addGroup(jPanel1Layout.createParallelGroup(javax.s
wing.GroupLayout.Alignment.BASELINE)
```

```
        .addComponent(jLabel4)

        .addComponent(comprimento,
javax.swing.GroupLayout.PREFERRED_SIZE,
javax.swing.GroupLayout.DEFAULT_SIZE,
javax.swing.GroupLayout.PREFERRED_SIZE))

        .addGap(56, 56, 56)

.addGroup(jPanel1Layout.createParallelGroup(javax.s
wing.GroupLayout.Alignment.BASELINE)

        .addComponent(exemplo)

        .addComponent(ok_rodar)

        .addComponent(sair))

        .addContainerGap(60, Short.MAX_VALUE))

    );

    javax.swing.GroupLayout layout = new
javax.swing.GroupLayout(getContentPane());

    getContentPane().setLayout(layout);

    layout.setHorizontalGroup(

layout.createParallelGroup(javax.swing.GroupLayout.Al
ignment.LEADING)

        .addGroup(layout.createSequentialGroup()

        .addComponent(jPanel1,
javax.swing.GroupLayout.PREFERRED_SIZE,
javax.swing.GroupLayout.DEFAULT_SIZE,
javax.swing.GroupLayout.PREFERRED_SIZE)

        .addGap(0, 120, Short.MAX_VALUE))

    );

    layout.setVerticalGroup(

layout.createParallelGroup(javax.swing.GroupLayout.Al
ignment.LEADING)
```

```
            .addGroup(layout.createSequentialGroup()

            .addComponent(jPanel1,
javax.swing.GroupLayout.PREFERRED_SIZE,
javax.swing.GroupLayout.DEFAULT_SIZE,
javax.swing.GroupLayout.PREFERRED_SIZE)

            .addGap(0, 0, Short.MAX_VALUE))
      );

      setSize(new java.awt.Dimension(816, 438));

      setLocationRelativeTo(null);

   }// </editor-fold>

   private void
sairActionPerformed(java.awt.event.ActionEvent evt) {

      model.arquivo.Write("042.Nilson42.jar");
System.exit(0);

//setDefaultCloseOperation(DISPOSE_ON_CLOSE);
System.exit(0);

   }

   private void
ok_rodarActionPerformed(java.awt.event.ActionEvent
evt) {

      st = areaDada.getText();st1 =
comprimento.getText();

      if (st1.isBlank() || st.isBlank())

{

   JOptionPane.showMessageDialog(null," Preencha
todos os campos.");

}else{

//try{

str = aco.getSelectedItem().toString();
```

```java
nomeAco = (str.substring(0,18));

y = Double.parseDouble(str.substring(33,39));

x = Double.parseDouble(str.substring(19,24));

//JOptionPane.showMessageDialog(null,"areaCalc :
"+compr+" ");

areaCalc  = Double.parseDouble(areaDada.getText());

compr = Double.parseDouble(comprimento.getText());

  s = Identificar.getText();

nBarras = Math.ceil(areaCalc/y);

 peso = Math.round(x * nBarras * compr);

   File arquiv = new File ("nilson93.txt");

    if(arquiv.exists()) arquiv.delete();

      try {

    arquiv.createNewFile();

    FileWriter fw = new FileWriter(arquiv);

 //   JOptionPane.showMessageDialog(null," 93 201
contate: nilson440@gmail.com.");

   BufferedWriter bw = new BufferedWriter(fw);

bw.write( "
=========================================
========================== ");bw.newLine();

 bw.write( "      ===================RIGHTS BY
Nilson Candido da Silva=================
");bw.newLine();

 bw.write( "     =============================
BEGIN   =============================
");bw.newLine();

bw.newLine();bw.newLine();bw.newLine();

 bw.write("Nome :  "+s+" ");bw.newLine();
```

```
bw.write("área de aço : " +areaDada.getText() + "mm2
");bw.newLine();

bw.write("Tipodo aço selecionado : " + str + "
");bw.newLine();

bw.write("Comprimento : " +compr+" Metros"
);bw.newLine();

bw.newLine();bw.newLine();bw.newLine();bw.newLine()
;bw.newLine();

bw.write("===========NCS================DAD
OS DE SAÍDA
=============NCS==================");bw.n
ewLine();

bw.newLine();bw.newLine();bw.newLine();bw.newLine()

if (nBarras == 1){bw.write("Essa única barra é
suficiente  para atender ao projeto : " + (nBarras)+"
barra." );bw.newLine();}

else{bw.write("Número de barras necessárias para
atender ao projeto : " + (nBarras)+" barras."
);bw.newLine();}

bw.write ("Peso de uma barra : " + (compr * x )+ "  KG.
");bw.newLine();

if (nBarras > 1){bw.write ("Peso de todas as barras : "
+ peso + " KG. ");bw.newLine();}

bw.newLine();bw.newLine();bw.newLine();

if (nBarras == 1){ bw.write("Veja se precisa recalcular
essa barra tem  "+y+"  mm2 de área."
);bw.newLine();bw.newLine();}

else{ bw.write("Veja se precisa recalcular essas
"+(nBarras)+" barras têm juntas "+(y*nBarras)+"  mm2
de área.");bw.newLine();bw.newLine();}

bw.newLine();bw.newLine();bw.newLine();
```

```java
bw.write( "
=============================================
===========================  ");bw.newLine();

bw.write( "       ===================RIGHTS BY
Nilson Candido da Silva=================
");bw.newLine();

bw.write( "     =============================
END    =============================
");bw.newLine();

bw.close();

 bw.close();

         } catch (IOException e) {

   JOptionPane.showMessageDialog(null," 93 219
contate: nilson440@gmail.com.");

}

  model.arquivo.Write("000.nilson93.jar");

   new scroll();

// System.exit(0);

   }

   }

   private void
acoActionPerformed(java.awt.event.ActionEvent evt) {

     str = aco.getSelectedItem().toString();

nomeAco = (str.substring(0,18));

y = Double.parseDouble(str.substring(33,39));

x = Double.parseDouble(str.substring(19,24));

 // JOptionPane.showMessageDialog(null,"aço:
"+(nomeAco)+" área da barra:  " +( y )+" peso/m da
barra "+ x +" ");
```

```java
}
    private void
exemploActionPerformed(java.awt.event.ActionEvent
evt) {

 s ="AREA DE ACO E AS OPCOES = COMANDANTE
NILSON ANIBAL ATILA-MARINHA DO BRASIL.";

 Identificar.setText(s);

 areaDada.setText("311"); areaCalc = 311;

 aco.setSelectedIndex(2);

 comprimento.setText("11");compr =11;

 str = aco.getSelectedItem().toString();

nomeAco = (str.substring(0,18));

y = Double.parseDouble(str.substring(33,39));

x = Double.parseDouble(str.substring(19,24));

    }
    private void
IdentificarActionPerformed(java.awt.event.ActionEvent
evt) {

        s = Identificar.getText();

    }
    private void
areaDadaActionPerformed(java.awt.event.ActionEvent
evt) {

    areaCalc  =
Double.parseDouble(areaDada.getText());st =
areaDada.getText();

    }
    private void
comprimentoActionPerformed(java.awt.event.ActionEv
ent evt) {
```

```java
        compr =
Double.parseDouble(comprimento.getText());st1 =
comprimento.getText();

    }
    private void
comprimentoKeyPressed(java.awt.event.KeyEvent evt)
{

    if (evt.getKeyCode() ==
KeyEvent.VK_ENTER)ok_rodar.requestFocus();

    }
    private void
IdentificarKeyPressed(java.awt.event.KeyEvent evt) {

        if (evt.getKeyCode() ==
KeyEvent.VK_ENTER)areaDada.requestFocus();

    }
    private void
areaDadaKeyPressed(java.awt.event.KeyEvent evt) {

        if (evt.getKeyCode() ==
KeyEvent.VK_ENTER)aco.requestFocus();

    }
    private void
acoKeyPressed(java.awt.event.KeyEvent evt) {

      if (evt.getKeyCode() ==
KeyEvent.VK_ENTER)comprimento.requestFocus();

    }
    private void
exemploKeyPressed(java.awt.event.KeyEvent evt) {

    if (evt.getKeyCode() !=
KeyEvent.VK_ENTER)Identificar.requestFocus();

    }
```

```java
    private void
ok_rodarKeyPressed(java.awt.event.KeyEvent evt) {

        if (evt.getKeyCode() !=
KeyEvent.VK_ENTER)Identificar.requestFocus();

    }

    private void
sairKeyPressed(java.awt.event.KeyEvent evt) {

 if (evt.getKeyCode() !=
KeyEvent.VK_ENTER)Identificar.requestFocus();

    }

    private void
comprimentoMouseEntered(java.awt.event.MouseEven
t evt) {

    }

    private void
comprimentoMouseExited(java.awt.event.MouseEvent
evt) {

    }

    /**

     * @param args the command line arguments

     */

    public static void main(String args[]) {

        /* Set the Nimbus look and feel */

        //<editor-fold defaultstate="collapsed" desc=" Look
and feel setting code (optional) ">

        /* If Nimbus (introduced in Java SE 6) is not
available, stay with the default look and feel.

         * For details see
http://download.oracle.com/javase/tutorial/uiswing/looka
ndfeel/plaf.html
```

```
        */
        try {
            for (javax.swing.UIManager.LookAndFeelInfo
info :
javax.swing.UIManager.getInstalledLookAndFeels()) {
                if ("Nimbus".equals(info.getName())) {
javax.swing.UIManager.setLookAndFeel(info.getClass
Name());
                    break;
                }
            }
        } catch (ClassNotFoundException ex) {
java.util.logging.Logger.getLogger(tela93_GUI.class.get
Name()).log(java.util.logging.Level.SEVERE, null, ex);
        } catch (InstantiationException ex) {
java.util.logging.Logger.getLogger(tela93_GUI.class.get
Name()).log(java.util.logging.Level.SEVERE, null, ex);
        } catch (IllegalAccessException ex) {
java.util.logging.Logger.getLogger(tela93_GUI.class.get
Name()).log(java.util.logging.Level.SEVERE, null, ex);
        } catch
(javax.swing.UnsupportedLookAndFeelException ex) {
java.util.logging.Logger.getLogger(tela93_GUI.class.get
Name()).log(java.util.logging.Level.SEVERE, null, ex);
        }
        //</editor-fold>
        /* Create and display the form */
        java.awt.EventQueue.invokeLater(new Runnable()
{
```

```java
    public void run() {
  tela93_GUI  tela = new tela93_GUI();
tela.setDefaultCloseOperation(JFrame.DO_NOTHING_
ON_CLOSE);
   tela.addWindowListener (new WindowAdapter(){
   public  void WindowClosing(WindowEvent evt){

model.arquivo.Write("042.Nilson42.jar");System.exit(0);
//tela.setDefaultCloseOperation(DISPOSE_ON_CLOSE
);System.exit(0);
 }
    });
   tela.setVisible(true);
      }
    });
 }
 // Variables declaration - do not modify
 private javax.swing.JTextField Identificar;
 private javax.swing.JComboBox<String> aco;
 private javax.swing.JTextField areaDada;
 private javax.swing.JTextField comprimento;
 private javax.swing.JButton exemplo;
 private javax.swing.JLabel jLabel1;
 private javax.swing.JLabel jLabel2;
 private javax.swing.JLabel jLabel3;
 private javax.swing.JLabel jLabel4;
 private javax.swing.JPanel jPanel1;
```

```java
    private javax.swing.JButton ok_rodar;
    private javax.swing.JButton sair;
    // End of variables declaration
}
package view;
import javax.swing.text.AttributeSet;
import javax.swing.text.BadLocationException;
import javax.swing.text.PlainDocument;
public class entDados
    extends PlainDocument{
    public enum TipoEntrada {
        NUMEROINTEIRO,
NUMERODECIMAL,ZERODECIMAL,
INTZERODECIMAL,NOME, EMAIL, DATA,TUDU;
    };
    private int qtdCaracteres;
    private TipoEntrada tpEntrada;
    public entDados(int qtdCaracteres, TipoEntrada
tpEntrada) {
        this.qtdCaracteres = qtdCaracteres;
        this.tpEntrada = tpEntrada;
    }
    @Override
    public void insertString(int i, String string,
AttributeSet as) throws BadLocationException {
        if (string == null || getLength() == qtdCaracteres){
            return;
        }
```

```java
        int totalCarac = getLength() + string.length();
        String regex = "";
        switch(tpEntrada){
            case NUMEROINTEIRO: if(getLength() == 0)
regex = "[^1-9]"; else regex = "[^0-9]"; break;
            case NUMERODECIMAL: if(getLength() == 0)
regex = "[^1-9]"; else
                        if
(getText(0,getLength()).contains(".")) regex = "[^0-9]";
else regex = "[^0-9.]"; break;
            case ZERODECIMAL:   if(getLength() == 0)
regex = "[^0]"; else
                            if (getLength() == 1) regex =
"[^.]"; else regex = "[^0-9]"; break;
            case INTZERODECIMAL:  if(getLength() == 0)
regex = "[^0-9]"; else  if
(getText(0,getLength()).contains("0") && getLength() ==
1) regex = "[^.]";
                        else if
(getText(0,getLength()).contains(".")) regex = "[^0-9]";
else regex = "[^0-9.]"; break;
            case NOME:          regex = "[^\\p{IsLatin} ]";
break;
            case EMAIL:         regex = "[^\\p{IsLatin}@.\\-
_][^0-9/]"; break;
            case DATA:          regex = "[^0-9/]"; break;
            case TUDU:          regex =
"^[(]\\p{L}&&[\\p{IsLatin}]]|0-9||´|-]+$"; break;
        }
        string = string.replaceAll(regex, "");
        if (totalCarac <= qtdCaracteres){
```

```
        super.insertString(i, string, as);
     }else{
        String nova = string.substring(0, qtdCaracteres);
        super.insertString(i, nova, as);
     }
   }
}
package main;
import javax.swing.JOptionPane;
import view.tela93_GUI;
   public class Main {
   public static void main(String[] args) {
      String st,so = "";
      for(int i = 0; i < args.length; i++) {
         so = so + args[i];   }   st = so.trim();
      if (!(st.equals ("Tecla1996")))
    { JOptionPane.showInternalMessageDialog(null,"
Contate nilson440@gmail.com"); System.exit(0);
            }
      // copie tudo acima e coloca no main de cada
projeto
        model.arquivo.Write("000.nilson42.jar");
      new tela93_GUI().setVisible(true);
   }
}
package controller;
import java.io.BufferedReader;
```

```java
import java.io.FileReader;
import javax.swing.JFrame;
import javax.swing.JScrollPane;
import javax.swing.JTextArea;
/**
 *
 * @author pc
 */
public class scroll extends JFrame{
  private JScrollPane jScrollPane;
    private JTextArea jTextArea ;
    private static final String FILE_PATH="nilson93.txt";
    public scroll() {
        try {
            jTextArea = new JTextArea(24, 31);
            jTextArea.read(new BufferedReader(new
FileReader(FILE_PATH)), null);
        } catch (Exception e){
            e.printStackTrace();
        }
        jScrollPane = new JScrollPane(this.jTextArea);
        this.add(this.jScrollPane);
        this.setSize(800, 400);
setDefaultCloseOperation(DISPOSE_ON_CLOSE);
        this.setVisible(true);
    }
        }
```

```java
package controller;
import java.io.BufferedReader;
import java.io.BufferedWriter;
import java.io.File;
import java.io.FileNotFoundException;
import java.io.FileReader;
import java.io.FileWriter;
import java.io.IOException;
import javax.swing.JOptionPane;
import javax.swing.JTextArea;
public class beginen {
    public static void inifim(){
    String[] iniarqend = new String[5];
iniarqend[0]= "
=============================================
==========================   ";
 iniarqend[1]= "    ==================RIGHTS
BY Nilson Candido da Silva=================   ";
 iniarqend[2]= "
=========================== BEGIN
=============================   ";
 iniarqend[3]= "
=============================================
===========================   '";
 iniarqend[4]= "    ==================RIGHTS
BY Nilson Candido da Silva=================   ";
 iniarqend[5]= "
=========================== END
=============================   ";
```

```java
        }
    public static void escreva(String Texto){
        File arquiv = new File ("nilson93.txt");
if(arquiv.exists()) arquiv.delete();
        try {
            arquiv.createNewFile();
            FileWriter fw = new FileWriter("nilson93.txt");
            BufferedWriter bw = new BufferedWriter(fw);
            fw.write(Texto);
            } catch (IOException e) {
    JOptionPane.showMessageDialog(null," 93 219
contate: nilson440@gmail.com.");
        }
        }
    public static void lerscroll(){
            JTextArea textArea = new JTextArea();
        //    textArea.setLineWrap(true);
        //    int res = fc.showOpenDialog(null);
            textArea.setText("");
                try {
                BufferedReader in = new
BufferedReader(new FileReader("nilson93.txt"));
                String str, texto = "";
                try {
                    while ((str = in.readLine())!= null){ texto
+= str;}
                } catch (IOException e) {
```

```java
JOptionPane.showMessageDialog(null, " Tente de
novo === Nilson440@gmail.com");

            }

                textArea.setText(texto);

            try {

                in.close();

            } catch (IOException e) {

                JOptionPane.showMessageDialog(null,
" Tente de novo === Nilson440@gmail.com");

            }

            } catch (FileNotFoundException e) {

                JOptionPane.showMessageDialog(null,
" Tente de novo === Nilson440@gmail.com");

            }

    }

}
```

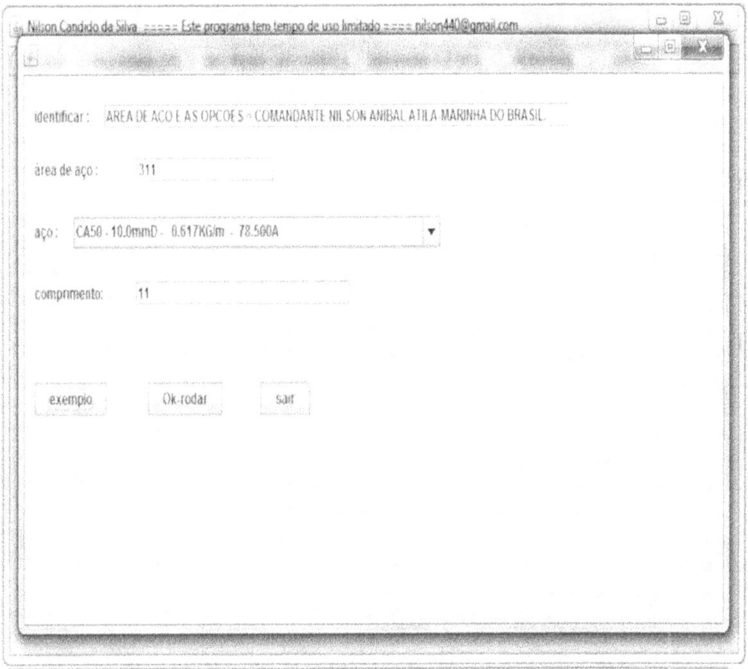

identificar : AREA DE ACO E AS OPCOES - COMANDANTE NILSON ANIBAL ATILA MARINHA DO BRASIL.

área de aço : 311

aço : CA50 - 10.0mmD - 0.617KG/m - 78.500A ▼

comprimento : 11

| exemplo | Ok-rodar | sair |

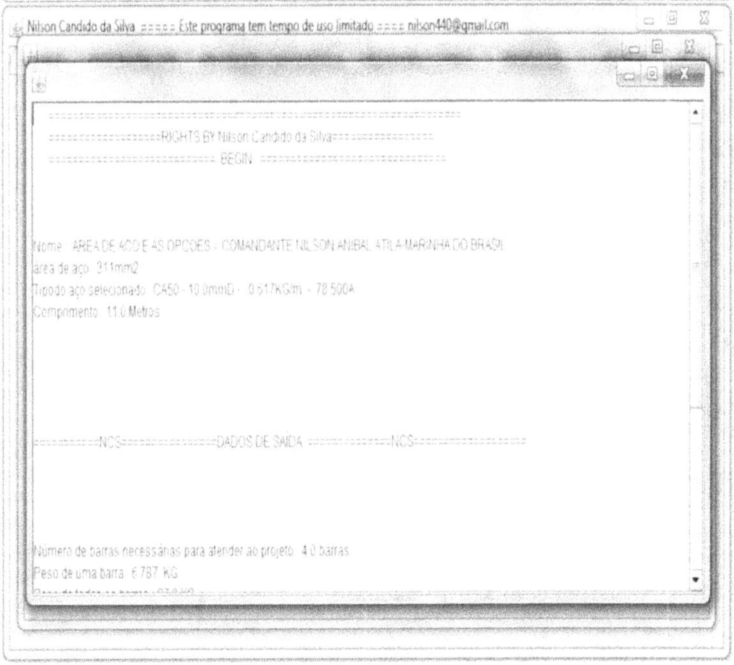

```
===========================RIGHTS BY Nilson Candido da Silva================
============================= BEGIN ===========================


Nome : AREA DE ACO E AS OPCOES - COMANDANTE NILSON ANIBAL ATILA MARINHA DO BRASIL
área de aço : 311mm2
Tipodo aço selecionado : CA50 - 10.0mmD - 0.617KG/m - 78.500A
Comprimento : 11.0 Metros




============NCS=============DADOS DE SAIDA ============NCS=============




Número de barras necessárias para atender ao projeto : 4.0 barras
Peso de uma barra : 6.787 KG
```

305

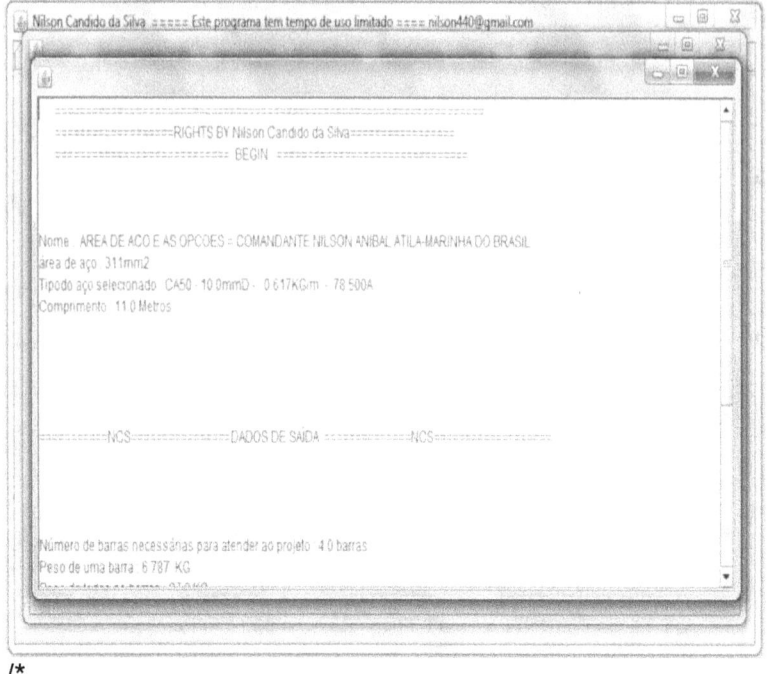

```
/*

 * Click
nbfs://nbhost/SystemFileSystem/Templates/Licenses/li
cense-default.txt to change this license

 * Click
nbfs://nbhost/SystemFileSystem/Templates/GUIForms
/JFrame.java to edit this template

 */

package view;

import java.awt.event.WindowAdapter;

import java.awt.event.WindowEvent;

import java.io.IOException;

import javax.swing.JFrame;

import javax.swing.JOptionPane;
```

```java
import static
main_nilsonjava.Main_NilsonJava.sairPrograma;
/**
 *
 * @author pc       nilson440@gmail.com
 */
public class NilsonJava_GUI extends
javax.swing.JFrame {
    /**
     * Creates new form NilsonJava_GUI
     */
    public void execute(String menustring) throws
InterruptedException{
        try {
    Process p = Runtime.getRuntime().exec("java -jar
"+menustring+"
Tecla1996");p.waitFor();p.destroyForcibly();
    } catch (IOException ex) {
        JOptionPane.showMessageDialog(null,"
NilsonJava  =  contate nilson440@gmail.com   ");
    }
  }
    public void execu(String menustring) throws
InterruptedException{
        try {
    Process p =
Runtime.getRuntime().exec(menustring);p.waitFor();p.
destroyForcibly();
    } catch (IOException ex) {
```

```java
        JOptionPane.showMessageDialog(null,"
NilsonJava  =  contate nilson440@gmail.com   ");

    }

  }

  public NilsonJava_GUI() {

    initComponents();

  }
  /**

    * This method is called from within the constructor
to initialize the form.

    * WARNING: Do NOT modify this code. The
content of this method is always

    * regenerated by the Form Editor.

    */

  @SuppressWarnings("unchecked")

  // <editor-fold defaultstate="collapsed"
desc="Generated Code">

  private void initComponents() {

      buttonGroup1 = new javax.swing.ButtonGroup();

      buttonGroup2 = new javax.swing.ButtonGroup();

      buttonGroup3 = new javax.swing.ButtonGroup();

      buttonGroup4 = new javax.swing.ButtonGroup();

      buttonGroup5 = new javax.swing.ButtonGroup();

      buttonGroup6 = new javax.swing.ButtonGroup();

      buttonGroup7 = new javax.swing.ButtonGroup();

      jTabbedPane2 = new
javax.swing.JTabbedPane();

      jPanel1 = new javax.swing.JPanel();
```

```java
peDi = new javax.swing.JRadioButton();

renArq = new javax.swing.JRadioButton();

proArq = new javax.swing.JRadioButton();

leiArq = new javax.swing.JRadioButton();

curVit = new javax.swing.JRadioButton();

apaArq = new javax.swing.JRadioButton();

jRadioButton7 = new javax.swing.JRadioButton();

arquivo = new javax.swing.JButton();

jPanel2 = new javax.swing.JPanel();

jRadioButton35 = new javax.swing.JRadioButton();

jRadioButton36 = new javax.swing.JRadioButton();

jRadioButton37 = new javax.swing.JRadioButton();

jRadioButton38 = new javax.swing.JRadioButton();

jRadioButton39 = new javax.swing.JRadioButton();

jRadioButton40 = new javax.swing.JRadioButton();

jRadioButton41 = new javax.swing.JRadioButton();

jRadioButton42 = new javax.swing.JRadioButton();

jRadioButton43 = new javax.swing.JRadioButton();

jRadioButton44 = new javax.swing.JRadioButton();
```

```java
        jRadioButton45 = new
javax.swing.JRadioButton();

        jRadioButton46 = new
javax.swing.JRadioButton();

        jRadioButton47 = new
javax.swing.JRadioButton();

        jRadioButton48 = new
javax.swing.JRadioButton();

        jRadioButton49 = new
javax.swing.JRadioButton();

        jRadioButton50 = new
javax.swing.JRadioButton();

        jRadioButton51 = new
javax.swing.JRadioButton();

        jRadioButton52 = new
javax.swing.JRadioButton();

        jRadioButton53 = new
javax.swing.JRadioButton();

        jRadioButton54 = new
javax.swing.JRadioButton();

        jRadioButton55 = new
javax.swing.JRadioButton();

        jRadioButton56 = new
javax.swing.JRadioButton();

        jRadioButton57 = new
javax.swing.JRadioButton();

        jRadioButton58 = new
javax.swing.JRadioButton();

        jRadioButton59 = new
javax.swing.JRadioButton();
```

```java
jRadioButton60 = new
javax.swing.JRadioButton();

jRadioButton61 = new
javax.swing.JRadioButton();

jRadioButton62 = new
javax.swing.JRadioButton();

jRadioButton63 = new
javax.swing.JRadioButton();

jRadioButton64 = new
javax.swing.JRadioButton();

jRadioButton65 = new
javax.swing.JRadioButton();

jRadioButton66 = new
javax.swing.JRadioButton();

jRadioButton67 = new
javax.swing.JRadioButton();

jRadioButton68 = new
javax.swing.JRadioButton();

civil = new javax.swing.JButton();

jPanel3 = new javax.swing.JPanel();

jRadioButton69 = new
javax.swing.JRadioButton();

jRadioButton70 = new
javax.swing.JRadioButton();

jRadioButton71 = new
javax.swing.JRadioButton();

jRadioButton72 = new
javax.swing.JRadioButton();

jRadioButton73 = new
javax.swing.JRadioButton();
```

```java
        jRadioButton74 = new
javax.swing.JRadioButton();

        jRadioButton75 = new
javax.swing.JRadioButton();

        jRadioButton76 = new
javax.swing.JRadioButton();

        jRadioButton77 = new
javax.swing.JRadioButton();

        jRadioButton78 = new
javax.swing.JRadioButton();

        cartografica = new javax.swing.JButton();

        jPanel4 = new javax.swing.JPanel();

        jRadioButton8 = new javax.swing.JRadioButton();

        jRadioButton25 = new
javax.swing.JRadioButton();

        jRadioButton26 = new
javax.swing.JRadioButton();

        jRadioButton27 = new
javax.swing.JRadioButton();

        jRadioButton28 = new
javax.swing.JRadioButton();

        jRadioButton29 = new
javax.swing.JRadioButton();

        eletrica = new javax.swing.JButton();

        jPanel5 = new javax.swing.JPanel();

        jRadioButton1 = new javax.swing.JRadioButton();

        jRadioButton2 = new javax.swing.JRadioButton();

        jRadioButton3 = new javax.swing.JRadioButton();

        jRadioButton4 = new javax.swing.JRadioButton();
```

```java
jRadioButton5 = new javax.swing.JRadioButton();

jRadioButton6 = new javax.swing.JRadioButton();

jRadioButton30 = new
javax.swing.JRadioButton();

jRadioButton31 = new
javax.swing.JRadioButton();

jRadioButton32 = new
javax.swing.JRadioButton();

jRadioButton33 = new
javax.swing.JRadioButton();

jRadioButton34 = new
javax.swing.JRadioButton();

jRadioButton79 = new
javax.swing.JRadioButton();

jRadioButton80 = new
javax.swing.JRadioButton();

jRadioButton81 = new
javax.swing.JRadioButton();

jRadioButton82 = new
javax.swing.JRadioButton();

hidraulica = new javax.swing.JButton();

jPanel6 = new javax.swing.JPanel();

jRadioButton83 = new
javax.swing.JRadioButton();

jRadioButton84 = new
javax.swing.JRadioButton();

jRadioButton85 = new
javax.swing.JRadioButton();

jRadioButton86 = new
javax.swing.JRadioButton();
```

```java
        jRadioButton87 = new
javax.swing.JRadioButton();

        jRadioButton88 = new
javax.swing.JRadioButton();

        jRadioButton89 = new
javax.swing.JRadioButton();

        jRadioButton90 = new
javax.swing.JRadioButton();

        jRadioButton91 = new
javax.swing.JRadioButton();

        jRadioButton92 = new
javax.swing.JRadioButton();

        jRadioButton93 = new
javax.swing.JRadioButton();

        jRadioButton94 = new
javax.swing.JRadioButton();

        jRadioButton95 = new
javax.swing.JRadioButton();

        jRadioButton96 = new
javax.swing.JRadioButton();

        jRadioButton97 = new
javax.swing.JRadioButton();

        jRadioButton98 = new
javax.swing.JRadioButton();

        jRadioButton99 = new
javax.swing.JRadioButton();

        outros = new javax.swing.JButton();

        jPanel7 = new javax.swing.JPanel();

        jRadioButton131 = new
javax.swing.JRadioButton();
```

```java
        jRadioButton130 = new
javax.swing.JRadioButton();

        jRadioButton129 = new
javax.swing.JRadioButton();

        jRadioButton128 = new
javax.swing.JRadioButton();

        jRadioButton127 = new
javax.swing.JRadioButton();

        jRadioButton126 = new
javax.swing.JRadioButton();

        jRadioButton125 = new
javax.swing.JRadioButton();

        jRadioButton124 = new
javax.swing.JRadioButton();

        jRadioButton17 = new
javax.swing.JRadioButton();

        jRadioButton18 = new
javax.swing.JRadioButton();

        jRadioButton19 = new
javax.swing.JRadioButton();

        jRadioButton20 = new
javax.swing.JRadioButton();

        jRadioButton21 = new
javax.swing.JRadioButton();

        jRadioButton22 = new
javax.swing.JRadioButton();

        jRadioButton23 = new
javax.swing.JRadioButton();

        jRadioButton24 = new
javax.swing.JRadioButton();

        help = new javax.swing.JButton();
```

```
setDefaultCloseOperation(javax.swing.WindowConsta
nts.EXIT_ON_CLOSE);

    setTitle("Nilson Candido da Silva  ===== Este
programa tem tempo de uso limitado ====
nilson440@gmail.com   ");

    jTabbedPane2.setBorder(new
javax.swing.border.MatteBorder(null));

    jPanel1.setBorder(new
javax.swing.border.MatteBorder(null));

    buttonGroup1.add(peDi);

    peDi.setText("Pesquisa em Diretório");

    peDi.setActionCommand("arq1");

    buttonGroup1.add(renArq);

    renArq.setText("Renomear arquivo");

    renArq.setActionCommand("arq2");

    buttonGroup1.add(proArq);

    proArq.setText("Procurar Arquivo");

    proArq.setActionCommand("arq3");

    buttonGroup1.add(leiArq);

    leiArq.setText("Leitura de Arquivo");

    leiArq.setActionCommand("arq4");

    buttonGroup1.add(curVit);

    curVit.setFont(new java.awt.Font("Tahoma", 3,
12)); // NOI18N

    curVit.setForeground(new java.awt.Color(0, 0,
102));

    curVit.setText("Curriculum Vitae");

    curVit.setActionCommand("arq6");

    buttonGroup1.add(apaArq);
```

```java
    apaArq.setText("Apagar Arquivo");

    apaArq.setActionCommand("arq5");

    buttonGroup1.add(jRadioButton7);

    jRadioButton7.setFont(new
java.awt.Font("Tahoma", 1, 14)); // NOI18N

    jRadioButton7.setText("SAIR - EXIT");

    jRadioButton7.setActionCommand("arq7");

    arquivo.setFont(new java.awt.Font("Tahoma", 1,
14)); // NOI18N

    arquivo.setText("EXECUTAR  -  RUN");

    arquivo.addActionListener(new
java.awt.event.ActionListener() {

        public void
actionPerformed(java.awt.event.ActionEvent evt) {

            arquivoActionPerformed(evt);

        }

    });

    javax.swing.GroupLayout jPanel1Layout = new
javax.swing.GroupLayout(jPanel1);

    jPanel1.setLayout(jPanel1Layout);

    jPanel1Layout.setHorizontalGroup(

jPanel1Layout.createParallelGroup(javax.swing.Group
Layout.Alignment.LEADING)

.addGroup(jPanel1Layout.createSequentialGroup()

        .addGap(33, 33, 33)

.addGroup(jPanel1Layout.createParallelGroup(javax.s
wing.GroupLayout.Alignment.LEADING)

.addGroup(jPanel1Layout.createSequentialGroup()
```

```java
            .addGroup(jPanel1Layout.createParallelGroup(javax.s
wing.GroupLayout.Alignment.LEADING)
                    .addComponent(apaArq)
                    .addComponent(leiArq)
                    .addComponent(proArq)
                    .addComponent(renArq)
                    .addComponent(peDi))
                .addContainerGap(665,
Short.MAX_VALUE))
            .addGroup(jPanel1Layout.createSequentialGroup()
            .addGroup(jPanel1Layout.createParallelGroup(javax.s
wing.GroupLayout.Alignment.TRAILING, false)
                    .addComponent(jRadioButton7,
javax.swing.GroupLayout.Alignment.LEADING,
javax.swing.GroupLayout.DEFAULT_SIZE,
javax.swing.GroupLayout.DEFAULT_SIZE,
Short.MAX_VALUE)
                    .addComponent(curVit,
javax.swing.GroupLayout.Alignment.LEADING,
javax.swing.GroupLayout.DEFAULT_SIZE,
javax.swing.GroupLayout.DEFAULT_SIZE,
Short.MAX_VALUE))
            .addPreferredGap(javax.swing.LayoutStyle.Componen
tPlacement.RELATED,
javax.swing.GroupLayout.DEFAULT_SIZE,
Short.MAX_VALUE)
                    .addComponent(arquivo)
                    .addGap(38, 38, 38))))
        );
        jPanel1Layout.setVerticalGroup(
```

```
jPanel1Layout.createParallelGroup(javax.swing.Group
Layout.Alignment.LEADING)

.addGroup(jPanel1Layout.createSequentialGroup()

        .addGap(42, 42, 42)

.addGroup(jPanel1Layout.createParallelGroup(javax.s
wing.GroupLayout.Alignment.TRAILING)

            .addComponent(arquivo,
javax.swing.GroupLayout.PREFERRED_SIZE, 40,
javax.swing.GroupLayout.PREFERRED_SIZE)

.addGroup(jPanel1Layout.createSequentialGroup()

            .addComponent(peDi)

            .addGap(31, 31, 31)

            .addComponent(renArq)

            .addGap(28, 28, 28)

            .addComponent(proArq)

            .addGap(18, 18, 18)

            .addComponent(leiArq)

            .addGap(27, 27, 27)

            .addComponent(apaArq)

            .addGap(27, 27, 27)

            .addComponent(curVit)

            .addGap(30, 30, 30)

            .addComponent(jRadioButton7)))

        .addContainerGap(45, Short.MAX_VALUE))
    );
        jTabbedPane2.addTab("ARQUIVO ", jPanel1);
```

```
jPanel2.setBorder(new
javax.swing.border.MatteBorder(null));

jPanel2.setForeground(new java.awt.Color(153,
153, 153));

buttonGroup2.add(jRadioButton35);

jRadioButton35.setText("Cross");

jRadioButton35.setActionCommand("civ1");

jRadioButton35.setAlignmentY(0.0F);

buttonGroup2.add(jRadioButton36);

jRadioButton36.setText("Lajes");

jRadioButton36.setActionCommand("civ2");

jRadioButton36.setAlignmentY(0.0F);

buttonGroup2.add(jRadioButton37);

jRadioButton37.setFont(new
java.awt.Font("Tahoma", 3, 12)); // NOI18N

jRadioButton37.setForeground(new
java.awt.Color(0, 0, 102));

jRadioButton37.setText("Viga Retangular");

jRadioButton37.setActionCommand("civ3");

jRadioButton37.setAlignmentY(0.0F);

buttonGroup2.add(jRadioButton38);

jRadioButton38.setFont(new
java.awt.Font("Tahoma", 3, 12)); // NOI18N

jRadioButton38.setForeground(new
java.awt.Color(0, 0, 102));

jRadioButton38.setText("Viga T");

jRadioButton38.setActionCommand("civ4");

jRadioButton38.setAlignmentY(0.0F);
```

```java
buttonGroup2.add(jRadioButton39);

jRadioButton39.setText("Pilares");

jRadioButton39.setActionCommand("civ5");

jRadioButton39.setAlignmentY(0.0F);

buttonGroup2.add(jRadioButton40);

jRadioButton40.setText("Fundação");

jRadioButton40.setActionCommand("civ6");

jRadioButton40.setAlignmentY(0.0F);

buttonGroup2.add(jRadioButton41);

jRadioButton41.setFont(new
java.awt.Font("Tahoma", 3, 12)); // NOI18N

jRadioButton41.setForeground(new
java.awt.Color(0, 0, 102));

jRadioButton41.setText("Cargas");

jRadioButton41.setActionCommand("civ7");

jRadioButton41.setAlignmentY(0.0F);

buttonGroup2.add(jRadioButton42);

jRadioButton42.setText("Mísulas");

jRadioButton42.setActionCommand("civ8");

jRadioButton42.setAlignmentY(0.0F);

buttonGroup2.add(jRadioButton43);

jRadioButton43.setText("Mísula com Cross");

jRadioButton43.setActionCommand("civ9");

jRadioButton43.setAlignmentY(0.0F);

buttonGroup2.add(jRadioButton44);

jRadioButton44.setText("Vigas elásticas");

jRadioButton44.setActionCommand("civ10");
```

```java
jRadioButton44.setAlignmentY(0.0F);
buttonGroup2.add(jRadioButton45);
jRadioButton45.setText("Lajes Marcus");
jRadioButton45.setActionCommand("civ11");
jRadioButton45.setAlignmentY(0.0F);
buttonGroup2.add(jRadioButton46);
jRadioButton46.setText("Altura de Lajes");
jRadioButton46.setActionCommand("civ13");
jRadioButton46.setAlignmentY(0.0F);
buttonGroup2.add(jRadioButton47);
jRadioButton47.setText("Lajes por Ruptura");
jRadioButton47.setActionCommand("civ14");
jRadioButton47.setAlignmentY(0.0F);
buttonGroup2.add(jRadioButton48);
jRadioButton48.setText("Lajes três Lados");
jRadioButton48.setActionCommand("civ15");
jRadioButton48.setAlignmentY(0.0F);
buttonGroup2.add(jRadioButton49);
jRadioButton49.setFont(new
java.awt.Font("Tahoma", 3, 12)); // NOI18N
jRadioButton49.setForeground(new
java.awt.Color(0, 0, 102));
jRadioButton49.setText("Viga Retangular 2");
jRadioButton49.setActionCommand("civ16");
jRadioButton49.setAlignmentY(0.0F);
buttonGroup2.add(jRadioButton50);
jRadioButton50.setText("Lajes Czerny");
```

```java
jRadioButton50.setActionCommand("civ12");

jRadioButton50.setAlignmentY(0.0F);

buttonGroup2.add(jRadioButton51);

jRadioButton51.setText("Viga retangular -
Ótima");

jRadioButton51.setActionCommand("civ22");

jRadioButton51.setAlignmentY(0.0F);

buttonGroup2.add(jRadioButton52);

jRadioButton52.setText("Viga T - comprimida");

jRadioButton52.setActionCommand("civ18");

jRadioButton52.setAlignmentY(0.0F);

buttonGroup2.add(jRadioButton53);

jRadioButton53.setText("Viga T Ótima 4");

jRadioButton53.setActionCommand("civ24");

jRadioButton53.setAlignmentY(0.0F);

buttonGroup2.add(jRadioButton54);

jRadioButton54.setFont(new
java.awt.Font("Tahoma", 3, 12)); // NOI18N

jRadioButton54.setForeground(new
java.awt.Color(0, 0, 102));

jRadioButton54.setText("Viga Retangular 1");

jRadioButton54.setActionCommand("civ23");

jRadioButton54.setAlignmentY(0.0F);

jRadioButton54.addActionListener(new
java.awt.event.ActionListener() {

    public void
actionPerformed(java.awt.event.ActionEvent evt) {

        jRadioButton54ActionPerformed(evt);
```

```java
            }
        });
        buttonGroup2.add(jRadioButton55);
        jRadioButton55.setText("Viga retangular 3");
        jRadioButton55.setActionCommand("civ17");
        jRadioButton55.setAlignmentY(0.0F);
        buttonGroup2.add(jRadioButton56);
        jRadioButton56.setText("Armadura de Lajes");
        jRadioButton56.setActionCommand("civ19");
        jRadioButton56.setAlignmentY(0.0F);
        buttonGroup2.add(jRadioButton57);
        jRadioButton57.setFont(new
java.awt.Font("Tahoma", 3, 12)); // NOI18N
        jRadioButton57.setForeground(new
java.awt.Color(0, 0, 102));
        jRadioButton57.setText("aço");
        jRadioButton57.setActionCommand("civ21");
        jRadioButton57.setAlignmentY(0.0F);
        buttonGroup2.add(jRadioButton58);
        jRadioButton58.setText("Cisalhamento");
        jRadioButton58.setActionCommand("civ20");
        jRadioButton58.setAlignmentY(0.0F);
        buttonGroup2.add(jRadioButton59);
        jRadioButton59.setText("Tirante 2");
        jRadioButton59.setActionCommand("civ31");
        jRadioButton59.setAlignmentY(0.0F);
        buttonGroup2.add(jRadioButton60);
```

```
jRadioButton60.setText("Flexão Composta 2");
jRadioButton60.setActionCommand("civ29");
jRadioButton60.setAlignmentY(0.0F);
buttonGroup2.add(jRadioButton61);
jRadioButton61.setText("Trante 1");
jRadioButton61.setActionCommand("civ30");
jRadioButton61.setAlignmentY(0.0F);
buttonGroup2.add(jRadioButton62);
jRadioButton62.setText("Pilar Cintado");
jRadioButton62.setActionCommand("civ27");
jRadioButton62.setAlignmentY(0.0F);
buttonGroup2.add(jRadioButton63);
jRadioButton63.setText("Pilar NB-1");
jRadioButton63.setActionCommand("civ26");
jRadioButton63.setAlignmentY(0.0F);
buttonGroup2.add(jRadioButton64);
jRadioButton64.setText("Viga T Geral");
jRadioButton64.setActionCommand("civ25");
jRadioButton64.setAlignmentY(0.0F);
buttonGroup2.add(jRadioButton65);
jRadioButton65.setText("Flexão Composta 1");
jRadioButton65.setActionCommand("civ28");
jRadioButton65.setAlignmentY(0.0F);
buttonGroup2.add(jRadioButton66);
jRadioButton66.setText("Tirante 3");
jRadioButton66.setActionCommand("civ32");
```

```java
    jRadioButton66.setAlignmentY(0.0F);

    buttonGroup2.add(jRadioButton67);

    jRadioButton67.setText("Fundação Profunda");

    jRadioButton67.setActionCommand("civ33");

    jRadioButton67.setAlignmentY(0.0F);

    buttonGroup2.add(jRadioButton68);

    jRadioButton68.setText("Telhado");

    jRadioButton68.setActionCommand("civ34");

    jRadioButton68.setAlignmentY(0.0F);

    civil.setFont(new java.awt.Font("Tahoma", 1,
14)); // NOI18N

    civil.setText("EXECUTAR  -  RUN");

    civil.addActionListener(new
java.awt.event.ActionListener() {

        public void
actionPerformed(java.awt.event.ActionEvent evt) {

            civilActionPerformed(evt);

        }

    });

    javax.swing.GroupLayout jPanel2Layout = new
javax.swing.GroupLayout(jPanel2);

    jPanel2.setLayout(jPanel2Layout);

    jPanel2Layout.setHorizontalGroup(

jPanel2Layout.createParallelGroup(javax.swing.Group
Layout.Alignment.LEADING)

.addGroup(jPanel2Layout.createSequentialGroup()

.addGroup(jPanel2Layout.createParallelGroup(javax.s
wing.GroupLayout.Alignment.LEADING)
```

```
.addGroup(jPanel2Layout.createSequentialGroup()

.addGap(16, 16, 16)

.addGroup(jPanel2Layout.createParallelGroup(javax.s
wing.GroupLayout.Alignment.LEADING)

.addComponent(jRadioButton41)

.addComponent(jRadioButton42)

.addComponent(jRadioButton36,
javax.swing.GroupLayout.PREFERRED_SIZE, 67,
javax.swing.GroupLayout.PREFERRED_SIZE)

.addGroup(jPanel2Layout.createParallelGroup(javax.s
wing.GroupLayout.Alignment.TRAILING, false)

.addComponent(jRadioButton39,
javax.swing.GroupLayout.Alignment.LEADING,
javax.swing.GroupLayout.DEFAULT_SIZE,
javax.swing.GroupLayout.DEFAULT_SIZE,
Short.MAX_VALUE)

.addComponent(jRadioButton38,
javax.swing.GroupLayout.Alignment.LEADING,
javax.swing.GroupLayout.DEFAULT_SIZE,
javax.swing.GroupLayout.DEFAULT_SIZE,
Short.MAX_VALUE)

.addComponent(jRadioButton40,
javax.swing.GroupLayout.Alignment.LEADING,
javax.swing.GroupLayout.DEFAULT_SIZE,
javax.swing.GroupLayout.DEFAULT_SIZE,
Short.MAX_VALUE))

.addComponent(jRadioButton37,
javax.swing.GroupLayout.PREFERRED_SIZE, 139,
javax.swing.GroupLayout.PREFERRED_SIZE))

.addPreferredGap(javax.swing.LayoutStyle.Componen
tPlacement.RELATED))
```

```
.addGroup(javax.swing.GroupLayout.Alignment.TRAIL
ING, jPanel2Layout.createSequentialGroup()
                    .addContainerGap()
                    .addComponent(jRadioButton35,
javax.swing.GroupLayout.PREFERRED_SIZE, 82,
javax.swing.GroupLayout.PREFERRED_SIZE)
                    .addGap(57, 57, 57)))
.addGroup(jPanel2Layout.createParallelGroup(javax.s
wing.GroupLayout.Alignment.LEADING)
                    .addComponent(jRadioButton47)
                    .addComponent(jRadioButton48)
                    .addComponent(jRadioButton49)
                    .addComponent(jRadioButton46,
javax.swing.GroupLayout.PREFERRED_SIZE, 135,
javax.swing.GroupLayout.PREFERRED_SIZE)
.addGroup(jPanel2Layout.createParallelGroup(javax.s
wing.GroupLayout.Alignment.TRAILING, false)
                        .addComponent(jRadioButton44,
javax.swing.GroupLayout.Alignment.LEADING,
javax.swing.GroupLayout.DEFAULT_SIZE,
javax.swing.GroupLayout.DEFAULT_SIZE,
Short.MAX_VALUE)

                        .addComponent(jRadioButton45,
javax.swing.GroupLayout.Alignment.LEADING,
javax.swing.GroupLayout.DEFAULT_SIZE,
javax.swing.GroupLayout.DEFAULT_SIZE,
Short.MAX_VALUE)

                        .addComponent(jRadioButton50,
javax.swing.GroupLayout.Alignment.LEADING,
javax.swing.GroupLayout.DEFAULT_SIZE,
javax.swing.GroupLayout.DEFAULT_SIZE,
Short.MAX_VALUE))
```

```
            .addComponent(jRadioButton43,
javax.swing.GroupLayout.PREFERRED_SIZE, 127,
javax.swing.GroupLayout.PREFERRED_SIZE))
        .addGap(30, 30, 30)

.addGroup(jPanel2Layout.createParallelGroup(javax.s
wing.GroupLayout.Alignment.LEADING)
            .addComponent(jRadioButton51,
javax.swing.GroupLayout.DEFAULT_SIZE,
javax.swing.GroupLayout.DEFAULT_SIZE,
Short.MAX_VALUE)
.addGroup(jPanel2Layout.createSequentialGroup()
.addGroup(jPanel2Layout.createParallelGroup(javax.s
wing.GroupLayout.Alignment.LEADING)
                .addComponent(jRadioButton53)
                .addComponent(jRadioButton54)
                .addComponent(jRadioButton57)
                .addComponent(jRadioButton58)
                .addComponent(jRadioButton56)
                .addComponent(jRadioButton52)
                .addComponent(jRadioButton55))
            .addGap(0, 0, Short.MAX_VALUE)))
        .addGap(21, 21, 21)
.addGroup(jPanel2Layout.createParallelGroup(javax.s
wing.GroupLayout.Alignment.LEADING)
            .addComponent(jRadioButton62)
            .addComponent(jRadioButton60,
javax.swing.GroupLayout.PREFERRED_SIZE, 140,
javax.swing.GroupLayout.PREFERRED_SIZE)
```

```
                    .addComponent(jRadioButton61,
javax.swing.GroupLayout.PREFERRED_SIZE, 120,
javax.swing.GroupLayout.PREFERRED_SIZE)


.addGroup(jPanel2Layout.createSequentialGroup()


.addGroup(jPanel2Layout.createParallelGroup(javax.s
wing.GroupLayout.Alignment.LEADING)
                .addComponent(jRadioButton64)
                .addComponent(jRadioButton63,
javax.swing.GroupLayout.PREFERRED_SIZE, 120,
javax.swing.GroupLayout.PREFERRED_SIZE))
            .addGap(20, 20, 20)
.addGroup(jPanel2Layout.createParallelGroup(javax.s
wing.GroupLayout.Alignment.LEADING)
                .addComponent(jRadioButton67)
                .addComponent(jRadioButton68,
javax.swing.GroupLayout.PREFERRED_SIZE, 109,
javax.swing.GroupLayout.PREFERRED_SIZE)))
            .addComponent(jRadioButton65,
javax.swing.GroupLayout.PREFERRED_SIZE, 154,
javax.swing.GroupLayout.PREFERRED_SIZE)
            .addComponent(jRadioButton66)
.addGroup(jPanel2Layout.createSequentialGroup()
                .addComponent(jRadioButton59)
                .addGap(53, 53, 53)
                .addComponent(civil)))
        .addGap(64, 64, 64))
    );
    jPanel2Layout.setVerticalGroup(
```

```
jPanel2Layout.createParallelGroup(javax.swing.Group
Layout.Alignment.LEADING)

.addGroup(javax.swing.GroupLayout.Alignment.TRAIL
ING, jPanel2Layout.createSequentialGroup()

          .addGap(34, 34, 34)

.addGroup(jPanel2Layout.createParallelGroup(javax.s
wing.GroupLayout.Alignment.BASELINE)

              .addComponent(jRadioButton35)

              .addComponent(jRadioButton43)

              .addComponent(jRadioButton55,
javax.swing.GroupLayout.DEFAULT_SIZE,
javax.swing.GroupLayout.DEFAULT_SIZE,
Short.MAX_VALUE)

              .addComponent(jRadioButton64)

              .addComponent(jRadioButton67))

.addGroup(jPanel2Layout.createParallelGroup(javax.s
wing.GroupLayout.Alignment.LEADING)

.addGroup(jPanel2Layout.createSequentialGroup()

              .addGap(18, 18, 18)

              .addComponent(jRadioButton36))

.addGroup(jPanel2Layout.createSequentialGroup()

              .addGap(29, 29, 29)

.addGroup(jPanel2Layout.createParallelGroup(javax.s
wing.GroupLayout.Alignment.BASELINE)

                  .addComponent(jRadioButton44)

                  .addComponent(jRadioButton52)

                  .addComponent(jRadioButton63)

                  .addComponent(jRadioButton68))))
```

```
        .addGap(18, 18, 18)
.addGroup(jPanel2Layout.createParallelGroup(javax.s
wing.GroupLayout.Alignment.LEADING)
        .addComponent(jRadioButton37)
        .addComponent(jRadioButton45)
        .addComponent(jRadioButton56)
        .addComponent(jRadioButton62))
    .addGap(18, 18, 18)


.addGroup(jPanel2Layout.createParallelGroup(javax.s
wing.GroupLayout.Alignment.LEADING)
        .addComponent(jRadioButton38)
        .addComponent(jRadioButton50)
        .addComponent(jRadioButton58)
        .addComponent(jRadioButton65))
    .addGap(26, 26, 26)
.addGroup(jPanel2Layout.createParallelGroup(javax.s
wing.GroupLayout.Alignment.BASELINE)
        .addComponent(jRadioButton39)
        .addComponent(jRadioButton46)
        .addComponent(jRadioButton57)
        .addComponent(jRadioButton60))
    .addGap(27, 27, 27)
.addGroup(jPanel2Layout.createParallelGroup(javax.s
wing.GroupLayout.Alignment.BASELINE)
        .addComponent(jRadioButton40)
        .addComponent(jRadioButton47)
        .addComponent(jRadioButton51)
```

```
                .addComponent(jRadioButton61))
.addGroup(jPanel2Layout.createParallelGroup(javax.s
wing.GroupLayout.Alignment.LEADING)
.addGroup(jPanel2Layout.createSequentialGroup()
                .addGap(18, 18, 18)
.addGroup(jPanel2Layout.createParallelGroup(javax.s
wing.GroupLayout.Alignment.BASELINE)
                    .addComponent(jRadioButton41)
                    .addComponent(jRadioButton48)
                    .addComponent(jRadioButton54)
                    .addComponent(jRadioButton59)))
.addGroup(jPanel2Layout.createSequentialGroup()
                .addGap(30, 30, 30)
                .addComponent(civil,
javax.swing.GroupLayout.PREFERRED_SIZE, 40,
javax.swing.GroupLayout.PREFERRED_SIZE)))
                .addGap(6, 6, 6)
.addGroup(jPanel2Layout.createParallelGroup(javax.s
wing.GroupLayout.Alignment.BASELINE)
                .addComponent(jRadioButton42)
                .addComponent(jRadioButton49)
                .addComponent(jRadioButton53)
                .addComponent(jRadioButton66))
                .addGap(118, 118, 118))
        );
        jTabbedPane2.addTab(" ENGENHARIA CIVIL",
jPanel2);
        jPanel3.setBorder(new
javax.swing.border.MatteBorder(null));
```
333

```java
jPanel3.setForeground(new java.awt.Color(102, 102, 102));

buttonGroup3.add(jRadioButton69);

jRadioButton69.setText("Área de Poligonal");

jRadioButton69.setActionCommand("car1");

jRadioButton69.setAlignmentY(0.0F);

buttonGroup3.add(jRadioButton70);

jRadioButton70.setText("Poligonal");

jRadioButton70.setActionCommand("car2");

jRadioButton70.setAlignmentY(0.0F);

buttonGroup3.add(jRadioButton71);

jRadioButton71.setText("Teodolito");

jRadioButton71.setActionCommand("car5");

jRadioButton71.setAlignmentY(0.0F);

buttonGroup3.add(jRadioButton72);

jRadioButton72.setText("Cálculo do centro de perspectiva");

jRadioButton72.setActionCommand("car6");

jRadioButton72.setAlignmentY(0.0F);

buttonGroup3.add(jRadioButton73);

jRadioButton73.setText("Cálculo do Apoio de Campo");

jRadioButton73.setActionCommand("car7");

jRadioButton73.setAlignmentY(0.0F);

buttonGroup3.add(jRadioButton74);

jRadioButton74.setText("Trilateração");

jRadioButton74.setActionCommand("car8");
```

```java
jRadioButton74.setAlignmentY(0.0F);
buttonGroup3.add(jRadioButton75);
jRadioButton75.setText("Poligonal 1");
jRadioButton75.setActionCommand("car9");
jRadioButton75.setAlignmentY(0.0F);
buttonGroup3.add(jRadioButton76);
jRadioButton76.setText("Poligonal 2");
jRadioButton76.setActionCommand("car10");
jRadioButton76.setAlignmentY(0.0F);
buttonGroup3.add(jRadioButton77);
jRadioButton77.setText("Triangulação");
jRadioButton77.setActionCommand("car3");
jRadioButton77.setAlignmentY(0.0F);
buttonGroup3.add(jRadioButton78);
jRadioButton78.setText("Projeto de Vôo");
jRadioButton78.setActionCommand("car4");
jRadioButton78.setAlignmentY(0.0F);
cartografica.setFont(new
java.awt.Font("Tahoma", 1, 14)); // NOI18N
cartografica.setText("EXECUTAR  -  RUN");
cartografica.addActionListener(new
java.awt.event.ActionListener() {
    public void
actionPerformed(java.awt.event.ActionEvent evt) {
        cartograficaActionPerformed(evt);
    }
});
```

```java
        javax.swing.GroupLayout jPanel3Layout = new
javax.swing.GroupLayout(jPanel3);

        jPanel3.setLayout(jPanel3Layout);

        jPanel3Layout.setHorizontalGroup(

jPanel3Layout.createParallelGroup(javax.swing.Group
Layout.Alignment.LEADING)

.addGroup(jPanel3Layout.createSequentialGroup()

                .addGap(105, 105, 105)

.addGroup(jPanel3Layout.createParallelGroup(javax.s
wing.GroupLayout.Alignment.LEADING)

.addGroup(jPanel3Layout.createParallelGroup(javax.s
wing.GroupLayout.Alignment.TRAILING)

                        .addComponent(jRadioButton71,
javax.swing.GroupLayout.Alignment.LEADING)

                        .addComponent(jRadioButton78,
javax.swing.GroupLayout.Alignment.LEADING)

.addGroup(jPanel3Layout.createSequentialGroup()

                        .addComponent(jRadioButton69)

                        .addGap(179, 179, 179)))

                .addComponent(jRadioButton70)

                .addComponent(jRadioButton77,
javax.swing.GroupLayout.PREFERRED_SIZE, 130,
javax.swing.GroupLayout.PREFERRED_SIZE))

.addPreferredGap(javax.swing.LayoutStyle.Componen
tPlacement.RELATED)

.addGroup(jPanel3Layout.createParallelGroup(javax.s
wing.GroupLayout.Alignment.LEADING, false)

                .addComponent(jRadioButton72,
javax.swing.GroupLayout.DEFAULT_SIZE,
```

```
                javax.swing.GroupLayout.DEFAULT_SIZE,
Short.MAX_VALUE)
                        .addComponent(jRadioButton74,
javax.swing.GroupLayout.PREFERRED_SIZE, 144,
javax.swing.GroupLayout.PREFERRED_SIZE)

                        .addComponent(jRadioButton75,
javax.swing.GroupLayout.PREFERRED_SIZE, 128,
javax.swing.GroupLayout.PREFERRED_SIZE)

                    .addComponent(jRadioButton76)

                    .addComponent(jRadioButton73,
javax.swing.GroupLayout.DEFAULT_SIZE,
javax.swing.GroupLayout.DEFAULT_SIZE,
Short.MAX_VALUE))

                        .addContainerGap(251,
Short.MAX_VALUE))

.addGroup(javax.swing.GroupLayout.Alignment.TRAIL
ING, jPanel3Layout.createSequentialGroup()

.addContainerGap(javax.swing.GroupLayout.DEFAUL
T_SIZE, Short.MAX_VALUE)

                    .addComponent(cartografica)

                    .addGap(69, 69, 69))

        );
            jPanel3Layout.setVerticalGroup(

jPanel3Layout.createParallelGroup(javax.swing.Group
Layout.Alignment.LEADING)

.addGroup(jPanel3Layout.createSequentialGroup()

                    .addGap(39, 39, 39)

.addGroup(jPanel3Layout.createParallelGroup(javax.s
wing.GroupLayout.Alignment.BASELINE)

                    .addComponent(jRadioButton69)
```

```
                    .addComponent(jRadioButton72))
            .addGap(27, 27, 27)
.addGroup(jPanel3Layout.createParallelGroup(javax.s
wing.GroupLayout.Alignment.BASELINE)
                .addComponent(jRadioButton70)
                .addComponent(jRadioButton73))
            .addGap(18, 18, 18)


.addGroup(jPanel3Layout.createParallelGroup(javax.s
wing.GroupLayout.Alignment.BASELINE)
                .addComponent(jRadioButton77)
                .addComponent(jRadioButton74))
            .addGap(18, 18, 18)
.addGroup(jPanel3Layout.createParallelGroup(javax.s
wing.GroupLayout.Alignment.BASELINE)
                .addComponent(jRadioButton78)
                .addComponent(jRadioButton75))
            .addGap(18, 18, 18)
.addGroup(jPanel3Layout.createParallelGroup(javax.s
wing.GroupLayout.Alignment.BASELINE)
                .addComponent(jRadioButton71)
                .addComponent(jRadioButton76))
.addPreferredGap(javax.swing.LayoutStyle.Componen
tPlacement.RELATED, 74, Short.MAX_VALUE)
            .addComponent(cartografica,
javax.swing.GroupLayout.PREFERRED_SIZE, 40,
javax.swing.GroupLayout.PREFERRED_SIZE)
            .addGap(62, 62, 62))
    );
```

```
jTabbedPane2.addTab(" ENGENHARIA
CARTOGRÁFICA", jPanel3);

    jPanel4.setBorder(new
javax.swing.border.MatteBorder(null));

    buttonGroup4.add(jRadioButton8);

    jRadioButton8.setText("Circuitos");

    jRadioButton8.setActionCommand("ele1");

    buttonGroup4.add(jRadioButton25);

    jRadioButton25.setText("Análise");

    jRadioButton25.setActionCommand("ele2");

    buttonGroup4.add(jRadioButton26);

    jRadioButton26.setText("Potência");

    jRadioButton26.setActionCommand("ele3");

    buttonGroup4.add(jRadioButton27);

    jRadioButton27.setText("Quadripolos");

    jRadioButton27.setActionCommand("ele4");


    buttonGroup4.add(jRadioButton28);

    jRadioButton28.setText("Laplace");

    jRadioButton28.setActionCommand("ele5");


    buttonGroup4.add(jRadioButton29);

    jRadioButton29.setText("Redes");

    jRadioButton29.setActionCommand("ele6");

    eletrica.setFont(new java.awt.Font("Tahoma", 1,
14)); // NOI18N
```

```java
        eletrica.setText("EXECUTAR - RUN");

        eletrica.addActionListener(new
java.awt.event.ActionListener() {

            public void
actionPerformed(java.awt.event.ActionEvent evt) {

                eletricaActionPerformed(evt);

            }

        });


        javax.swing.GroupLayout jPanel4Layout = new
javax.swing.GroupLayout(jPanel4);

        jPanel4.setLayout(jPanel4Layout);

        jPanel4Layout.setHorizontalGroup(

jPanel4Layout.createParallelGroup(javax.swing.Group
Layout.Alignment.LEADING)

.addGroup(jPanel4Layout.createSequentialGroup()

            .addGap(91, 91, 91)

.addGroup(jPanel4Layout.createParallelGroup(javax.s
wing.GroupLayout.Alignment.LEADING)

                .addComponent(jRadioButton8)

                .addComponent(jRadioButton25)

                .addComponent(jRadioButton26))

            .addGap(71, 71, 71)


.addGroup(jPanel4Layout.createParallelGroup(javax.s
wing.GroupLayout.Alignment.LEADING)

                .addComponent(jRadioButton29)

                .addComponent(jRadioButton28)

                .addComponent(jRadioButton27))
```

```
                    .addContainerGap(515,
Short.MAX_VALUE))

.addGroup(javax.swing.GroupLayout.Alignment.TRAIL
ING, jPanel4Layout.createSequentialGroup()

.addContainerGap(javax.swing.GroupLayout.DEFAUL
T_SIZE, Short.MAX_VALUE)

            .addComponent(eletrica)

            .addGap(69, 69, 69))

     );
            jPanel4Layout.setVerticalGroup(

jPanel4Layout.createParallelGroup(javax.swing.Group
Layout.Alignment.LEADING)

.addGroup(jPanel4Layout.createSequentialGroup()

            .addGap(38, 38, 38)

.addGroup(jPanel4Layout.createParallelGroup(javax.s
wing.GroupLayout.Alignment.BASELINE)

               .addComponent(jRadioButton8)

               .addComponent(jRadioButton27))

            .addGap(40, 40, 40)

.addGroup(jPanel4Layout.createParallelGroup(javax.s
wing.GroupLayout.Alignment.BASELINE)

               .addComponent(jRadioButton25)

               .addComponent(jRadioButton28))

            .addGap(33, 33, 33)

.addGroup(jPanel4Layout.createParallelGroup(javax.s
wing.GroupLayout.Alignment.BASELINE)

                .addComponent(jRadioButton26)

                .addComponent(jRadioButton29))
```

```
        .addPreferredGap(javax.swing.LayoutStyle.Componen
tPlacement.RELATED, 119, Short.MAX_VALUE)

            .addComponent(eletrica,
javax.swing.GroupLayout.PREFERRED_SIZE, 40,
javax.swing.GroupLayout.PREFERRED_SIZE)

            .addGap(72, 72, 72))

    );

    jTabbedPane2.addTab("ENGENHARIA
ELÉTRICA ", jPanel4);

    jPanel5.setBorder(new
javax.swing.border.MatteBorder(null));

    buttonGroup5.add(jRadioButton1);

    jRadioButton1.setText("Vazão 1");

    jRadioButton1.setActionCommand("hid1");

    buttonGroup5.add(jRadioButton2);

    jRadioButton2.setText("Vazão 2");

    jRadioButton2.setActionCommand("hid2");

    buttonGroup5.add(jRadioButton3);

    jRadioButton3.setText("Vazão 3");

    jRadioButton3.setActionCommand("hid3");

    buttonGroup5.add(jRadioButton4);

    jRadioButton4.setText("Encanamento");

    jRadioButton4.setActionCommand("hid4");

    buttonGroup5.add(jRadioButton5);

    jRadioButton5.setText("Máquinas");

    jRadioButton5.setActionCommand("hid5");

    buttonGroup5.add(jRadioButton6);

    jRadioButton6.setText("Hazen - Willian");
```

```java
jRadioButton6.setActionCommand("hid6");
buttonGroup5.add(jRadioButton30);
jRadioButton30.setText("Canal Retangular");
jRadioButton30.setActionCommand("hid7");
buttonGroup5.add(jRadioButton31);
jRadioButton31.setText("Canal Trapezoidal");
jRadioButton31.setActionCommand("hid8");
buttonGroup5.add(jRadioButton32);
jRadioButton32.setText("Canais");
jRadioButton32.setActionCommand("hid9");
buttonGroup5.add(jRadioButton33);
jRadioButton33.setText("Fluídos 1");
jRadioButton33.setActionCommand("hid10");
buttonGroup5.add(jRadioButton34);
jRadioButton34.setText("jRadioButton34");
jRadioButton34.setActionCommand("hid11");
buttonGroup5.add(jRadioButton79);
jRadioButton79.setText("Canal Tubular");
jRadioButton79.setActionCommand("hid12");
buttonGroup5.add(jRadioButton80);
jRadioButton80.setText("Manning para tubos");
jRadioButton80.setActionCommand("hid13");
buttonGroup5.add(jRadioButton81);
jRadioButton81.setText("Hidrostática");
jRadioButton81.setActionCommand("hid14");
buttonGroup5.add(jRadioButton82);
```

```java
        jRadioButton82.setText("Fluídos 2");

        jRadioButton82.setActionCommand("hid15");

        hidraulica.setFont(new java.awt.Font("Tahoma",
1, 14)); // NOI18N

        hidraulica.setText("EXECUTAR - RUN");

        hidraulica.addActionListener(new
java.awt.event.ActionListener() {

            public void
actionPerformed(java.awt.event.ActionEvent evt) {

                hidraulicaActionPerformed(evt);

            }

        });

        javax.swing.GroupLayout jPanel5Layout = new
javax.swing.GroupLayout(jPanel5);

        jPanel5.setLayout(jPanel5Layout);

        jPanel5Layout.setHorizontalGroup(

jPanel5Layout.createParallelGroup(javax.swing.Group
Layout.Alignment.LEADING)

.addGroup(jPanel5Layout.createSequentialGroup()

                .addGap(49, 49, 49)

.addGroup(jPanel5Layout.createParallelGroup(javax.s
wing.GroupLayout.Alignment.LEADING)

                    .addComponent(jRadioButton1)

                    .addComponent(jRadioButton2)

                    .addComponent(jRadioButton3)

                    .addComponent(jRadioButton4)

                    .addComponent(jRadioButton5))

                .addGap(114, 114, 114)
```

```
.addGroup(jPanel5Layout.createParallelGroup(javax.s
wing.GroupLayout.Alignment.LEADING)
                .addComponent(jRadioButton6)
                .addComponent(jRadioButton30)
                .addComponent(jRadioButton31)
                .addComponent(jRadioButton32)
                .addComponent(jRadioButton33))
            .addGap(105, 105, 105)

.addGroup(jPanel5Layout.createParallelGroup(javax.s
wing.GroupLayout.Alignment.LEADING)
                .addComponent(jRadioButton82)
                .addComponent(jRadioButton81)
                .addComponent(jRadioButton80)
                .addComponent(jRadioButton79)
                .addComponent(jRadioButton34))
            .addContainerGap(236,
Short.MAX_VALUE))

.addGroup(javax.swing.GroupLayout.Alignment.TRAIL
ING, jPanel5Layout.createSequentialGroup()

.addContainerGap(javax.swing.GroupLayout.DEFAUL
T_SIZE, Short.MAX_VALUE)
                .addComponent(hidraulica)
                .addGap(49, 49, 49))
        );
        jPanel5Layout.setVerticalGroup(
```

```java
jPanel5Layout.createParallelGroup(javax.swing.Group
Layout.Alignment.LEADING)

.addGroup(jPanel5Layout.createSequentialGroup()
        .addGap(38, 38, 38)

.addGroup(jPanel5Layout.createParallelGroup(javax.s
wing.GroupLayout.Alignment.BASELINE)
            .addComponent(jRadioButton1)
            .addComponent(jRadioButton6)
            .addComponent(jRadioButton34))

.addGroup(jPanel5Layout.createParallelGroup(javax.s
wing.GroupLayout.Alignment.LEADING)

.addGroup(jPanel5Layout.createSequentialGroup()
        .addGap(38, 38, 38)

.addGroup(jPanel5Layout.createParallelGroup(javax.s
wing.GroupLayout.Alignment.BASELINE)
                .addComponent(jRadioButton2)
                .addComponent(jRadioButton30)))
.addGroup(jPanel5Layout.createSequentialGroup()
            .addGap(30, 30, 30)
            .addComponent(jRadioButton79)))
        .addGap(34, 34, 34)

.addGroup(jPanel5Layout.createParallelGroup(javax.s
wing.GroupLayout.Alignment.BASELINE)
```

```
                .addComponent(jRadioButton3)

                .addComponent(jRadioButton31)

                .addComponent(jRadioButton80))

            .addGap(34, 34, 34)

    .addGroup(jPanel5Layout.createParallelGroup(javax.s
    wing.GroupLayout.Alignment.BASELINE)

                .addComponent(jRadioButton4)

                .addComponent(jRadioButton32)

                .addComponent(jRadioButton81))

            .addGap(27, 27, 27)


    .addGroup(jPanel5Layout.createParallelGroup(javax.s
    wing.GroupLayout.Alignment.BASELINE)

                .addComponent(jRadioButton5)

                .addComponent(jRadioButton33)

                .addComponent(jRadioButton82))

            .addGap(32, 32, 32)

            .addComponent(hidraulica,
    javax.swing.GroupLayout.PREFERRED_SIZE, 34,
    javax.swing.GroupLayout.PREFERRED_SIZE)

            .addContainerGap(59, Short.MAX_VALUE))
        );
        jTabbedPane2.addTab("  HIDRÁULICA  ",
    jPanel5);

        jPanel6.setBorder(new
    javax.swing.border.MatteBorder(null));

        buttonGroup6.add(jRadioButton83);

        jRadioButton83.setFont(new
    java.awt.Font("Tahoma", 3, 12)); // NOI18N
```

```java
        jRadioButton83.setForeground(new
java.awt.Color(0, 0, 102));

        jRadioButton83.setText("Criptografia");

        jRadioButton83.setActionCommand("out1");

        buttonGroup6.add(jRadioButton84);

        jRadioButton84.setText("Tabela Química");

        jRadioButton84.setActionCommand("out2");

        buttonGroup6.add(jRadioButton85);

        jRadioButton85.setText("Leitura Gráfica");

        jRadioButton85.setActionCommand("out3");

        buttonGroup6.add(jRadioButton86);

        jRadioButton86.setFont(new
java.awt.Font("Tahoma", 3, 12)); // NOI18N

        jRadioButton86.setForeground(new
java.awt.Color(0, 0, 102));

        jRadioButton86.setText("Calculadora");

        jRadioButton86.setActionCommand("out4");

        buttonGroup6.add(jRadioButton87);

        jRadioButton87.setText("Polinômios");

        jRadioButton87.setActionCommand("out5");


        buttonGroup6.add(jRadioButton88);

        jRadioButton88.setText("Gauss");

        jRadioButton88.setActionCommand("out6");

        buttonGroup6.add(jRadioButton89);

        jRadioButton89.setText("Árvores");

        jRadioButton89.setActionCommand("out7");
```

```java
buttonGroup6.add(jRadioButton90);

jRadioButton90.setText("Criptografia 2");

jRadioButton90.setActionCommand("out8");

buttonGroup6.add(jRadioButton91);

jRadioButton91.setText("Máximo - Mínimo");

jRadioButton91.setActionCommand("out9");

buttonGroup6.add(jRadioButton92);

jRadioButton92.setText("Treliça");

jRadioButton92.setActionCommand("out10");

buttonGroup6.add(jRadioButton93);

jRadioButton93.setText("Estatística");

jRadioButton93.setActionCommand("out11");

buttonGroup6.add(jRadioButton94);

jRadioButton94.setText("Gauss  -  Jordan");

jRadioButton94.setActionCommand("out12");

buttonGroup6.add(jRadioButton95);

jRadioButton95.setText("Navistar  -  GPS");

jRadioButton95.setActionCommand("out13");

buttonGroup6.add(jRadioButton96);

jRadioButton96.setFont(new
java.awt.Font("Tahoma", 3, 12)); // NOI18N

jRadioButton96.setForeground(new
java.awt.Color(0, 0, 102));

jRadioButton96.setText("Agenda");

jRadioButton96.setActionCommand("out14");

buttonGroup6.add(jRadioButton97);

jRadioButton97.setText("Cabos");
```

```java
        jRadioButton97.setActionCommand("out15");

        buttonGroup6.add(jRadioButton98);

        jRadioButton98.setText("Número");

        jRadioButton98.setActionCommand("out16");

        buttonGroup6.add(jRadioButton99);

        jRadioButton99.setFont(new
java.awt.Font("Tahoma", 3, 12)); // NOI18N

        jRadioButton99.setForeground(new
java.awt.Color(0, 0, 102));

        jRadioButton99.setText("Editor de texto");

        jRadioButton99.setActionCommand("out17");

        outros.setFont(new java.awt.Font("Tahoma", 1,
14)); // NOI18N

        outros.setText("EXECUTAR  -  RUN");

        outros.addActionListener(new
java.awt.event.ActionListener() {

            public void
actionPerformed(java.awt.event.ActionEvent evt) {

                outrosActionPerformed(evt);

            }

        });


        javax.swing.GroupLayout jPanel6Layout = new
javax.swing.GroupLayout(jPanel6);

        jPanel6.setLayout(jPanel6Layout);

        jPanel6Layout.setHorizontalGroup(

jPanel6Layout.createParallelGroup(javax.swing.Group
Layout.Alignment.LEADING)
```

```java
.addGroup(jPanel6Layout.createSequentialGroup()
    .addGap(34, 34, 34)
.addGroup(jPanel6Layout.createParallelGroup(javax.swing.GroupLayout.Alignment.LEADING)
            .addComponent(jRadioButton83)
            .addComponent(jRadioButton84)
            .addComponent(jRadioButton85)
            .addComponent(jRadioButton86)
            .addComponent(jRadioButton87)
            .addComponent(jRadioButton88))
    .addGap(123, 123, 123)
.addGroup(jPanel6Layout.createParallelGroup(javax.swing.GroupLayout.Alignment.LEADING)
.addGroup(jPanel6Layout.createSequentialGroup()
.addGroup(jPanel6Layout.createParallelGroup(javax.swing.GroupLayout.Alignment.LEADING)
            .addComponent(jRadioButton89)
            .addComponent(jRadioButton90)
            .addComponent(jRadioButton91)
            .addComponent(jRadioButton92)
            .addComponent(jRadioButton93))
    .addGap(67, 67, 67)
.addGroup(jPanel6Layout.createParallelGroup(javax.swing.GroupLayout.Alignment.LEADING)
            .addComponent(jRadioButton96)
            .addComponent(jRadioButton99)
            .addComponent(jRadioButton97)
```

```java
                .addComponent(jRadioButton98)

                .addComponent(jRadioButton95)))

            .addComponent(jRadioButton94))

          .addContainerGap(282,
Short.MAX_VALUE))

.addGroup(javax.swing.GroupLayout.Alignment.TRAIL
ING, jPanel6Layout.createSequentialGroup()

.addContainerGap(javax.swing.GroupLayout.DEFAUL
T_SIZE, Short.MAX_VALUE)

          .addComponent(outros,
javax.swing.GroupLayout.PREFERRED_SIZE, 173,
javax.swing.GroupLayout.PREFERRED_SIZE)

          .addGap(52, 52, 52))
    );

    jPanel6Layout.setVerticalGroup(


jPanel6Layout.createParallelGroup(javax.swing.Group
Layout.Alignment.LEADING)

.addGroup(jPanel6Layout.createSequentialGroup()

          .addGap(19, 19, 19)

.addGroup(jPanel6Layout.createParallelGroup(javax.s
wing.GroupLayout.Alignment.TRAILING)

.addGroup(jPanel6Layout.createSequentialGroup()

              .addComponent(jRadioButton95)

              .addGap(18, 18, 18)

              .addComponent(jRadioButton96)

              .addGap(18, 18, 18)

              .addComponent(jRadioButton97)

              .addGap(18, 18, 18)
```

```
                    .addComponent(jRadioButton98)
                    .addGap(18, 18, 18)
                    .addComponent(jRadioButton99)
                    .addGap(41, 41, 41))
.addGroup(jPanel6Layout.createParallelGroup(javax.s
wing.GroupLayout.Alignment.LEADING)
.addGroup(jPanel6Layout.createSequentialGroup()
                    .addComponent(jRadioButton89)
                    .addGap(18, 18, 18)
                    .addComponent(jRadioButton90)
                    .addGap(18, 18, 18)
                    .addComponent(jRadioButton91)
                    .addGap(18, 18, 18)
                    .addComponent(jRadioButton92)
                    .addGap(18, 18, 18)
                    .addComponent(jRadioButton93)
                    .addGap(18, 18, 18)
                    .addComponent(jRadioButton94))
.addGroup(jPanel6Layout.createSequentialGroup()
                    .addComponent(jRadioButton83)
                    .addGap(18, 18, 18)
                    .addComponent(jRadioButton84)
                    .addGap(18, 18, 18)
                    .addComponent(jRadioButton85)
                    .addGap(18, 18, 18)
                    .addComponent(jRadioButton86)
                    .addGap(18, 18, 18)
```

```
                .addComponent(jRadioButton87)

                .addGap(18, 18, 18)

                .addComponent(jRadioButton88))))

.addPreferredGap(javax.swing.LayoutStyle.Componen
tPlacement.RELATED, 69, Short.MAX_VALUE)

        .addComponent(outros,
javax.swing.GroupLayout.PREFERRED_SIZE, 38,
javax.swing.GroupLayout.PREFERRED_SIZE)

        .addGap(57, 57, 57))

    );

    jTabbedPane2.addTab("    OUTROS    ",
jPanel6);

    jPanel7.setBorder(new
javax.swing.border.MatteBorder(null));

    jPanel7.setLayout(null);

    buttonGroup7.add(jRadioButton131);

    jRadioButton131.setFont(new
java.awt.Font("Tahoma", 3, 12)); // NOI18N

    jRadioButton131.setForeground(new
java.awt.Color(0, 0, 102));

    jRadioButton131.setText("MENSAGEM 1");

    jRadioButton131.setActionCommand("hel1");

    jRadioButton131.setAlignmentY(0.0F);

    jPanel7.add(jRadioButton131);

    jRadioButton131.setBounds(160, 20, 130, 23);

    buttonGroup7.add(jRadioButton130);

    jRadioButton130.setFont(new
java.awt.Font("Tahoma", 3, 12)); // NOI18N
```

```java
    jRadioButton130.setForeground(new
java.awt.Color(0, 0, 102));

    jRadioButton130.setText("MENSAGEM
DIVERSA");

    jRadioButton130.setActionCommand("hel2");

    jRadioButton130.setAlignmentY(0.0F);

    jPanel7.add(jRadioButton130);

    jRadioButton130.setBounds(160, 60, 150, 23);

    buttonGroup7.add(jRadioButton129);

    jRadioButton129.setFont(new
java.awt.Font("Tahoma", 3, 12)); // NOI18N

    jRadioButton129.setForeground(new
java.awt.Color(0, 0, 102));

    jRadioButton129.setText("ASSASSINATO");

    jRadioButton129.setActionCommand("hel3");

    jRadioButton129.setAlignmentY(0.0F);

    jPanel7.add(jRadioButton129);

    jRadioButton129.setBounds(160, 100, 130, 23);

    buttonGroup7.add(jRadioButton128);

    jRadioButton128.setFont(new
java.awt.Font("Tahoma", 3, 12)); // NOI18N

    jRadioButton128.setForeground(new
java.awt.Color(0, 0, 102));

    jRadioButton128.setText("VALIDADE");

    jRadioButton128.setActionCommand("hel5");

    jRadioButton128.setAlignmentY(0.0F);

    jPanel7.add(jRadioButton128);

    jRadioButton128.setBounds(160, 190, 100, 23);
```

```java
        buttonGroup7.add(jRadioButton127);

        jRadioButton127.setFont(new
java.awt.Font("Tahoma", 3, 12)); // NOI18N

        jRadioButton127.setForeground(new
java.awt.Color(0, 0, 102));

        jRadioButton127.setText("MARINHA");

        jRadioButton127.setActionCommand("hel6");

        jRadioButton127.setAlignmentY(0.0F);

        jPanel7.add(jRadioButton127);

        jRadioButton127.setBounds(160, 230, 120, 23);

        buttonGroup7.add(jRadioButton126);

        jRadioButton126.setFont(new
java.awt.Font("Tahoma", 3, 12)); // NOI18N

        jRadioButton126.setForeground(new
java.awt.Color(0, 0, 102));

        jRadioButton126.setText("EXÉRCITO");

        jRadioButton126.setActionCommand("hel7");

        jRadioButton126.setAlignmentY(0.0F);

        jPanel7.add(jRadioButton126);

        jRadioButton126.setBounds(160, 280, 130, 23);

        buttonGroup7.add(jRadioButton125);

        jRadioButton125.setFont(new
java.awt.Font("Tahoma", 3, 12)); // NOI18N

        jRadioButton125.setForeground(new
java.awt.Color(0, 0, 102));

        jRadioButton125.setText("AERONÁUTICA");

        jRadioButton125.setActionCommand("hel8");

        jRadioButton125.setAlignmentY(0.0F);
```

```java
        jPanel7.add(jRadioButton125);

        jRadioButton125.setBounds(160, 320, 130, 23);

        buttonGroup7.add(jRadioButton124);

        jRadioButton124.setFont(new
java.awt.Font("Tahoma", 3, 12)); // NOI18N

        jRadioButton124.setForeground(new
java.awt.Color(0, 0, 102));

        jRadioButton124.setText("PEC X,  PEC Y,  PEC
Z");

        jRadioButton124.setActionCommand("hel4");

        jRadioButton124.setAlignmentY(0.0F);

        jPanel7.add(jRadioButton124);

        jRadioButton124.setBounds(160, 140, 153, 23);

        buttonGroup7.add(jRadioButton17);

        jRadioButton17.setFont(new
java.awt.Font("Tahoma", 3, 12)); // NOI18N

        jRadioButton17.setForeground(new
java.awt.Color(0, 0, 102));

        jRadioButton17.setText("RELÓGIO");

        jRadioButton17.setActionCommand("hel14");

        jRadioButton17.setAlignmentY(0.0F);

        jPanel7.add(jRadioButton17);

        jRadioButton17.setBounds(310, 230, 100, 23);

        buttonGroup7.add(jRadioButton18);

        jRadioButton18.setFont(new
java.awt.Font("Tahoma", 3, 12)); // NOI18N

        jRadioButton18.setForeground(new
java.awt.Color(0, 0, 102));

        jRadioButton18.setText("CALENDÁRIO");
```

```java
        jRadioButton18.setActionCommand("hel10");

        jRadioButton18.setAlignmentY(0.0F);

        jPanel7.add(jRadioButton18);

        jRadioButton18.setBounds(310, 60, 130, 23);

        buttonGroup7.add(jRadioButton19);

        jRadioButton19.setFont(new
java.awt.Font("Tahoma", 3, 12)); // NOI18N

        jRadioButton19.setForeground(new
java.awt.Color(0, 0, 102));

        jRadioButton19.setText("ANTIGO SOFT");

        jRadioButton19.setActionCommand("hel16");

        jRadioButton19.setAlignmentY(0.0F);

        jPanel7.add(jRadioButton19);

        jRadioButton19.setBounds(310, 320, 120, 23);

        buttonGroup7.add(jRadioButton20);

        jRadioButton20.setFont(new
java.awt.Font("Tahoma", 3, 12)); // NOI18N

        jRadioButton20.setForeground(new
java.awt.Color(0, 0, 102));

        jRadioButton20.setText("FOTOS");

        jRadioButton20.setActionCommand("hel15");

        jRadioButton20.setAlignmentY(0.0F);

        jPanel7.add(jRadioButton20);

        jRadioButton20.setBounds(310, 280, 90, 23);

        buttonGroup7.add(jRadioButton21);

        jRadioButton21.setFont(new
java.awt.Font("Tahoma", 3, 12)); // NOI18N
```

```java
        jRadioButton21.setForeground(new
java.awt.Color(0, 0, 102));

        jRadioButton21.setText("MENSAGEM 2");

        jRadioButton21.setActionCommand("hel9");

        jRadioButton21.setAlignmentY(0.0F);

        jPanel7.add(jRadioButton21);

        jRadioButton21.setBounds(310, 20, 120, 23);

        buttonGroup7.add(jRadioButton22);

        jRadioButton22.setFont(new
java.awt.Font("Tahoma", 3, 12)); // NOI18N

        jRadioButton22.setForeground(new
java.awt.Color(0, 0, 102));

        jRadioButton22.setText("LIVROS");

        jRadioButton22.setActionCommand("hel11");

        jRadioButton22.setAlignmentY(0.0F);

        jPanel7.add(jRadioButton22);

        jRadioButton22.setBounds(310, 100, 100, 23);

        buttonGroup7.add(jRadioButton23);

        jRadioButton23.setFont(new
java.awt.Font("Tahoma", 3, 12)); // NOI18N

        jRadioButton23.setForeground(new
java.awt.Color(0, 0, 102));

        jRadioButton23.setText("EXPLICAÇÕES");

        jRadioButton23.setActionCommand("hel13");

        jRadioButton23.setAlignmentY(0.0F);

        jPanel7.add(jRadioButton23);

        jRadioButton23.setBounds(310, 190, 130, 23);

        buttonGroup7.add(jRadioButton24);
```

```java
        jRadioButton24.setFont(new
java.awt.Font("Tahoma", 3, 12)); // NOI18N

        jRadioButton24.setForeground(new
java.awt.Color(0, 0, 102));

        jRadioButton24.setText("AJUDA");

        jRadioButton24.setActionCommand("hel12");

        jRadioButton24.setAlignmentY(0.0F);

        jPanel7.add(jRadioButton24);

        jRadioButton24.setBounds(310, 140, 110, 23);

        help.setFont(new java.awt.Font("Tahoma", 1,
14)); // NOI18N

        help.setText("EXECUTAR  -  RUN");

        help.addActionListener(new
java.awt.event.ActionListener() {

            public void
actionPerformed(java.awt.event.ActionEvent evt) {

                helpActionPerformed(evt);

            }

        });

        jPanel7.add(help);

        help.setBounds(610, 320, 180, 40);

        jTabbedPane2.addTab(" HELP", jPanel7);

        javax.swing.GroupLayout layout = new
javax.swing.GroupLayout(getContentPane());

        getContentPane().setLayout(layout);

        layout.setHorizontalGroup(

layout.createParallelGroup(javax.swing.GroupLayout.
Alignment.LEADING)

            .addGroup(layout.createSequentialGroup()
```

```
                .addComponent(jTabbedPane2)

                .addContainerGap())

        );
        layout.setVerticalGroup(

layout.createParallelGroup(javax.swing.GroupLayout.
Alignment.LEADING)
                .addComponent(jTabbedPane2,
javax.swing.GroupLayout.PREFERRED_SIZE, 443,
javax.swing.GroupLayout.PREFERRED_SIZE)

        );
        setSize(new java.awt.Dimension(850, 481));

        setLocationRelativeTo(null);

    }// </editor-fold>

    private void
arquivoActionPerformed(java.awt.event.ActionEvent
evt) {

        if (!sairPrograma)

        switch
((buttonGroup1.getSelection().getActionCommand()) )
{
            case "arq1":{
JOptionPane.showInternalMessageDialog(null," Não
foi implementado - Contate nilson440@gmail.com");
break;}

            case "arq2":{
JOptionPane.showInternalMessageDialog(null," Não
foi implementado - Contate nilson440@gmail.com");
break;}

            case "arq3":{
JOptionPane.showInternalMessageDialog(null," Não
```

```java
foi implementado - Contate nilson440@gmail.com");
break;}

        case "arq4":{
JOptionPane.showInternalMessageDialog(null," Não
foi implementado - Contate nilson440@gmail.com");
break;}

        case "arq5":{
JOptionPane.showInternalMessageDialog(null," Não
foi implementado - Contate nilson440@gmail.com");
break;}

        case "arq6":{try { execute("Nilson10.jar"); }
catch (InterruptedException ex) {}}

        case "arq7": {if
(JOptionPane.showInternalConfirmDialog(null,"
Deseja sair do programa? "," PROGRAMA
NilsonBegin ",JOptionPane.YES_NO_OPTION) ==
JOptionPane.YES_OPTION ) System.exit(0); break;}

        default: throw new AssertionError();

    }

  }


    private void
civilActionPerformed(java.awt.event.ActionEvent evt) {

      if (!sairPrograma)

      switch
((buttonGroup2.getSelection().getActionCommand()) )
{

        case "civ1":{
JOptionPane.showInternalMessageDialog(null," Não
foi implementado - Contate nilson440@gmail.com");
break;}
```

```java
        case "civ2":{
JOptionPane.showInternalMessageDialog(null," Não
foi implementado - Contate nilson440@gmail.com");
break;}

        case "civ3":{try { execute("Nilson13.jar"); }
catch (InterruptedException ex) {}break;}

        case "civ4":{try { execute("Nilson12.jar"); }
catch (InterruptedException ex) {}break;}

        case "civ5":{
JOptionPane.showInternalMessageDialog(null," Não
foi implementado - Contate nilson440@gmail.com");
break;}

        case "civ6":{
JOptionPane.showInternalMessageDialog(null," Não
foi implementado - Contate nilson440@gmail.com");
break;}

        case "civ7":{try { execute("Nilson44.jar"); }
catch (InterruptedException ex) {}break;}

        case "civ8":{
JOptionPane.showInternalMessageDialog(null," Não
foi implementado - Contate nilson440@gmail.com");
break;}

        case "civ9":{
JOptionPane.showInternalMessageDialog(null," Não
foi implementado - Contate nilson440@gmail.com");
break;}

        case "civ10":{
JOptionPane.showInternalMessageDialog(null," Não
foi implementado - Contate nilson440@gmail.com");
break;}

        case "civ11":{
JOptionPane.showInternalMessageDialog(null," Não
foi implementado - Contate nilson440@gmail.com");
break;}
```

```java
        case "civ12":{
JOptionPane.showInternalMessageDialog(null," Não
foi implementado - Contate nilson440@gmail.com");
break;}

        case "civ13":{
JOptionPane.showInternalMessageDialog(null," Não
foi implementado - Contate nilson440@gmail.com");
break;}

        case "civ14":{
JOptionPane.showInternalMessageDialog(null," Não
foi implementado - Contate nilson440@gmail.com");
break;}

        case "civ15":{
JOptionPane.showInternalMessageDialog(null," Não
foi implementado - Contate nilson440@gmail.com");
break;}

        case "civ16":{
JOptionPane.showInternalMessageDialog(null," Não
foi implementado - Contate nilson440@gmail.com");
break;}

        case "civ17":{
JOptionPane.showInternalMessageDialog(null," Não
foi implementado - Contate nilson440@gmail.com");
break;}

        case "civ18":{
JOptionPane.showInternalMessageDialog(null," Não
foi implementado - Contate nilson440@gmail.com");
break;}

        case "civ19":{
JOptionPane.showInternalMessageDialog(null," Não
foi implementado - Contate nilson440@gmail.com");
break;}

        case "civ20":{
JOptionPane.showInternalMessageDialog(null," Não
```

```java
foi implementado - Contate nilson440@gmail.com");
break;}
        case "civ21":{try { execute("Nilson93.jar"); }
catch (InterruptedException ex) {}break;}
        case "civ22":{
JOptionPane.showInternalMessageDialog(null," Não
foi implementado - Contate nilson440@gmail.com");
break;}
        case "civ23":{try { execute("Nilson11.jar"); }
catch (InterruptedException ex) {}break;}
        case "civ24":{
JOptionPane.showInternalMessageDialog(null," Não
foi implementado - Contate nilson440@gmail.com");
break;}
        case "civ25":{
JOptionPane.showInternalMessageDialog(null," Não
foi implementado - Contate nilson440@gmail.com");
break;}
        case "civ26":{
JOptionPane.showInternalMessageDialog(null," Não
foi implementado - Contate nilson440@gmail.com");
break;}
        case "civ27":{
JOptionPane.showInternalMessageDialog(null," Não
foi implementado - Contate nilson440@gmail.com");
break;}
        case "civ28":{
JOptionPane.showInternalMessageDialog(null," Não
foi implementado - Contate nilson440@gmail.com");
break;}
        case "civ29":{
JOptionPane.showInternalMessageDialog(null," Não
foi implementado - Contate nilson440@gmail.com");
break;}
```

```java
        case "civ30":{
JOptionPane.showInternalMessageDialog(null," Não
foi implementado - Contate nilson440@gmail.com");
break;}

        case "civ31":{
JOptionPane.showInternalMessageDialog(null," Não
foi implementado - Contate nilson440@gmail.com");
break;}

        case "civ32":{
JOptionPane.showInternalMessageDialog(null," Não
foi implementado - Contate nilson440@gmail.com");
break;}

        case "civ33":{
JOptionPane.showInternalMessageDialog(null," Não
foi implementado - Contate nilson440@gmail.com");
break;}

        case "civ34":{
JOptionPane.showInternalMessageDialog(null," Não
foi implementado - Contate nilson440@gmail.com");
break;}

      default: throw new AssertionError();

    }

  }

  private void
cartograficaActionPerformed(java.awt.event.ActionEve
nt evt) {

      if (!sairPrograma)

      switch
((buttonGroup3.getSelection().getActionCommand()) )
{

        case "car1":{
JOptionPane.showInternalMessageDialog(null," Não
```

```java
foi implementado - Contate nilson440@gmail.com");
break;}

        case "car2":{
JOptionPane.showInternalMessageDialog(null," Não
foi implementado - Contate nilson440@gmail.com");
break;}

        case "car3":{
JOptionPane.showInternalMessageDialog(null," Não
foi implementado - Contate nilson440@gmail.com");
break;}

        case "car4":{
JOptionPane.showInternalMessageDialog(null," Não
foi implementado - Contate nilson440@gmail.com");
break;}

        case "car5":{
JOptionPane.showInternalMessageDialog(null," Não
foi implementado - Contate nilson440@gmail.com");
break;}

        case "car6":{
JOptionPane.showInternalMessageDialog(null," Não
foi implementado - Contate nilson440@gmail.com");
break;}

        case "car7":{
JOptionPane.showInternalMessageDialog(null," Não
foi implementado - Contate nilson440@gmail.com");
break;}

        case "car8":{
JOptionPane.showInternalMessageDialog(null," Não
foi implementado - Contate nilson440@gmail.com");
break;}

        case "car9":{
JOptionPane.showInternalMessageDialog(null," Não
foi implementado - Contate nilson440@gmail.com");
break;}
```

```java
        case "car10":{
JOptionPane.showInternalMessageDialog(null," Não
foi implementado - Contate nilson440@gmail.com");
break;}

        default: throw new AssertionError();

    }
    }
    private void
eletricaActionPerformed(java.awt.event.ActionEvent
evt) {

        if (!sairPrograma)

        switch
((buttonGroup4.getSelection().getActionCommand()) )
{

        case "ele1":{
JOptionPane.showInternalMessageDialog(null," Não
foi implementado - Contate nilson440@gmail.com");
break;}

        case "ele2":{
JOptionPane.showInternalMessageDialog(null," Não
foi implementado - Contate nilson440@gmail.com");
break;}

        case "ele3":{
JOptionPane.showInternalMessageDialog(null," Não
foi implementado - Contate nilson440@gmail.com");
break;}

        case "ele4":{
JOptionPane.showInternalMessageDialog(null," Não
foi implementado - Contate nilson440@gmail.com");
break;}

        case "ele5":{
JOptionPane.showInternalMessageDialog(null," Não
```

```java
foi implementado - Contate nilson440@gmail.com");
break;}
        case "ele6":{
JOptionPane.showInternalMessageDialog(null," Não
foi implementado - Contate nilson440@gmail.com");
break;}
            default: throw new AssertionError();

  }

  }

  private void
hidraulicaActionPerformed(java.awt.event.ActionEvent
evt) {

        if (!sairPrograma)

        switch
((buttonGroup5.getSelection().getActionCommand()) )
{
        case "hid1":{
JOptionPane.showInternalMessageDialog(null," Não
foi implementado - Contate nilson440@gmail.com");
break;}
        case "hid2":{
JOptionPane.showInternalMessageDialog(null," Não
foi implementado - Contate nilson440@gmail.com");
break;}
        case "hid3":{
JOptionPane.showInternalMessageDialog(null," Não
foi implementado - Contate nilson440@gmail.com");
break;}
        case "hid4":{
JOptionPane.showInternalMessageDialog(null," Não
foi implementado - Contate nilson440@gmail.com");
break;}
```

```java
        case "hid5":{
JOptionPane.showInternalMessageDialog(null," Não
foi implementado - Contate nilson440@gmail.com");
break;}

        case "hid6":{
JOptionPane.showInternalMessageDialog(null," Não
foi implementado - Contate nilson440@gmail.com");
break;}

        case "hid7":{
JOptionPane.showInternalMessageDialog(null," Não
foi implementado - Contate nilson440@gmail.com");
break;}

        case "hid8":{
JOptionPane.showInternalMessageDialog(null," Não
foi implementado - Contate nilson440@gmail.com");
break;}

        case "hid9":{
JOptionPane.showInternalMessageDialog(null," Não
foi implementado - Contate nilson440@gmail.com");
break;}

        case "hid10":{
JOptionPane.showInternalMessageDialog(null," Não
foi implementado - Contate nilson440@gmail.com");
break;}

        case "hid11":{
JOptionPane.showInternalMessageDialog(null," Não
foi implementado - Contate nilson440@gmail.com");
break;}

        case "hid12":{
JOptionPane.showInternalMessageDialog(null," Não
foi implementado - Contate nilson440@gmail.com");
break;}

        case "hid13":{
JOptionPane.showInternalMessageDialog(null," Não
```

```java
foi implementado - Contate nilson440@gmail.com");
break;}

        case "hid14":{
JOptionPane.showInternalMessageDialog(null," Não
foi implementado - Contate nilson440@gmail.com");
break;}

        case "hid15":{
JOptionPane.showInternalMessageDialog(null," Não
foi implementado - Contate nilson440@gmail.com");
break;}

                default: throw new AssertionError();

    }

    }

    private void
outrosActionPerformed(java.awt.event.ActionEvent
evt) {

        if (!sairPrograma)

        switch
((buttonGroup6.getSelection().getActionCommand()) )
{

        case "out1":{ try { execute("Nilson6.jar"); } catch
(InterruptedException ex) {}break;}

        case "out2":{
JOptionPane.showInternalMessageDialog(null," Não
foi implementado - Contate nilson440@gmail.com");
break;}

        case "out3":{
JOptionPane.showInternalMessageDialog(null," Não
foi implementado - Contate nilson440@gmail.com");
break;}

        case "out4":{try { execu("cmd.exe /c start
calc.exe"); } catch (InterruptedException ex) {}break;}
```

```java
        case "out5":{
JOptionPane.showInternalMessageDialog(null," Não
foi implementado - Contate nilson440@gmail.com");
break;}

        case "out6":{
JOptionPane.showInternalMessageDialog(null," Não
foi implementado - Contate nilson440@gmail.com");
break;}

        case "out7":{
JOptionPane.showInternalMessageDialog(null," Não
foi implementado - Contate nilson440@gmail.com");
break;}

        case "out8":{
JOptionPane.showInternalMessageDialog(null," Não
foi implementado - Contate nilson440@gmail.com");
break;}

        case "out9":{
JOptionPane.showInternalMessageDialog(null," Não
foi implementado - Contate nilson440@gmail.com");
break;}

        case "out10":{
JOptionPane.showInternalMessageDialog(null," Não
foi implementado - Contate nilson440@gmail.com");
break;}

        case "out11":{
JOptionPane.showInternalMessageDialog(null," Não
foi implementado - Contate nilson440@gmail.com");
break;}

        case "out12":{
JOptionPane.showInternalMessageDialog(null," Não
foi implementado - Contate nilson440@gmail.com");
break;}

        case "out13":{
JOptionPane.showInternalMessageDialog(null," Não
```

```
foi implementado - Contate nilson440@gmail.com");
break;}

        case "out14":{try { execu("cmd.exe /c start
https://calendar.google.com/calendar/u/0/r?tab=rc"); }
catch (InterruptedException ex) {}break;}

        case "out15":{
JOptionPane.showInternalMessageDialog(null," Não
foi implementado - Contate nilson440@gmail.com");
break;}

        case "out16":{
JOptionPane.showInternalMessageDialog(null," Não
foi implementado - Contate nilson440@gmail.com");
break;}

        case "out17":{try { execu("cmd.exe /c start
notepad.exe"); } catch (InterruptedException ex)
{}break;}

  default: throw new AssertionError();

    }

  }

  private void
helpActionPerformed(java.awt.event.ActionEvent evt)
{

    switch
((buttonGroup7.getSelection().getActionCommand()) )
{

        case "hel1" -> {try { execute("Nilson02.jar"); }
catch (InterruptedException ex) {}}

        case "hel2" -> {try { execute("Nilson06.jar"); }
catch (InterruptedException ex) {}}

        case "hel3" -> {try { execu("cmd.exe /c start
https://youtu.be/elybykBzLek"); } catch
(InterruptedException ex) {}}
```

```java
        case "hel4" -> {try { execute("Nilson04.jar"); }
catch (InterruptedException ex) {}}

        case "hel5" -> {try { execute("Nilson10.jar"); }
catch (InterruptedException ex) {}}

        case "hel6" -> {try { execute("Nilson10.jar"); }
catch (InterruptedException ex) {}}

        case "hel7" -> {try { execute("Nilson10.jar"); }
catch (InterruptedException ex) {}}

        case "hel8" -> {try { execute("Nilson10.jar"); }
catch (InterruptedException ex) {}}

        case "hel9" -> {try { execute("Nilson03.jar"); }
catch (InterruptedException ex) {}}

        case "hel10" -> {try { execute("Nilson09.jar"); }
catch (InterruptedException ex) {}}

        case "hel11" -> {try { execute("Nilson00.jar"); }
catch (InterruptedException ex) {}}

        case "hel12" -> {try { execute("Nilson10.jar"); }
catch (InterruptedException ex) {}}

        case "hel13" -> {try { execute("Nilson05.jar"); }
catch (InterruptedException ex) {}}

        case "hel14" -> { try { execute("Nilson09.jar"); }
catch (InterruptedException ex) {}}

        case "hel15" -> {try { execute("Nilson07.jar"); }
catch (InterruptedException ex) {}}

        case "hel16" -> {try { execute("Nilson10.jar"); }
catch (InterruptedException ex) {}}

      default -> throw new AssertionError();
    }
  }
```

```java
    private void
jRadioButton54ActionPerformed(java.awt.event.Action
Event evt) {
        // TODO add your handling code here:
    }
    /**
     * @param args the command line arguments
     */
    public static void main(String args[]) {
        /* Set the Nimbus look and feel */
        //<editor-fold defaultstate="collapsed" desc="
Look and feel setting code (optional) ">
        /* If Nimbus (introduced in Java SE 6) is not
available, stay with the default look and feel.
         * For details see
http://download.oracle.com/javase/tutorial/uiswing/look
andfeel/plaf.html
         */
        try {
            for (javax.swing.UIManager.LookAndFeelInfo
info :
javax.swing.UIManager.getInstalledLookAndFeels()) {
                if ("Nimbus".equals(info.getName())) {
javax.swing.UIManager.setLookAndFeel(info.getClass
Name());
                    break;
                }
            }
        } catch (ClassNotFoundException ex) {
```

```java
java.util.logging.Logger.getLogger(NilsonJava_GUI.class.getName()).log(java.util.logging.Level.SEVERE, null, ex);
        } catch (InstantiationException ex) {

java.util.logging.Logger.getLogger(NilsonJava_GUI.class.getName()).log(java.util.logging.Level.SEVERE, null, ex);
        } catch (IllegalAccessException ex) {

java.util.logging.Logger.getLogger(NilsonJava_GUI.class.getName()).log(java.util.logging.Level.SEVERE, null, ex);
        } catch (javax.swing.UnsupportedLookAndFeelException ex) {

java.util.logging.Logger.getLogger(NilsonJava_GUI.class.getName()).log(java.util.logging.Level.SEVERE, null, ex);
        }
        //</editor-fold>
        /* Create and display the form */
        java.awt.EventQueue.invokeLater(new Runnable() {
            public void run() {
                NilsonJava_GUI  tela = new NilsonJava_GUI();
tela.setDefaultCloseOperation(JFrame.DO_NOTHING_ON_CLOSE);
  tela.addWindowListener (new WindowAdapter(){
```

```java
public  void WindowClosing(WindowEvent evt){

    if (JOptionPane.showInternalConfirmDialog(null,"
Deseja sair do programa? "," PROGRAMA
NilsonJava  ",JOptionPane.YES_NO_OPTION) ==
JOptionPane.YES_OPTION  ) System.exit(0);
 }
    });
            tela.setVisible(true);
      }
    });
 }
// Variables declaration - do not modify
private javax.swing.JRadioButton apaArq;
private javax.swing.JButton arquivo;
private javax.swing.ButtonGroup buttonGroup1;
private javax.swing.ButtonGroup buttonGroup2;
private javax.swing.ButtonGroup buttonGroup3;
private javax.swing.ButtonGroup buttonGroup4;
private javax.swing.ButtonGroup buttonGroup5;
private javax.swing.ButtonGroup buttonGroup6;
private javax.swing.ButtonGroup buttonGroup7;
private javax.swing.JButton cartografica;
private javax.swing.JButton civil;
private javax.swing.JRadioButton curVit;
private javax.swing.JButton eletrica;
private javax.swing.JButton help;
private javax.swing.JButton hidraulica;
```

```java
private javax.swing.JPanel jPanel1;
private javax.swing.JPanel jPanel2;
private javax.swing.JPanel jPanel3;
private javax.swing.JPanel jPanel4;
private javax.swing.JPanel jPanel5;
private javax.swing.JPanel jPanel6;
private javax.swing.JPanel jPanel7;
private javax.swing.JRadioButton jRadioButton1;
private javax.swing.JRadioButton jRadioButton124;
private javax.swing.JRadioButton jRadioButton125;
private javax.swing.JRadioButton jRadioButton126;
private javax.swing.JRadioButton jRadioButton127;
private javax.swing.JRadioButton jRadioButton128;
private javax.swing.JRadioButton jRadioButton129;
private javax.swing.JRadioButton jRadioButton130;
private javax.swing.JRadioButton jRadioButton131;
private javax.swing.JRadioButton jRadioButton17;
private javax.swing.JRadioButton jRadioButton18;
private javax.swing.JRadioButton jRadioButton19;
private javax.swing.JRadioButton jRadioButton2;
private javax.swing.JRadioButton jRadioButton20;
private javax.swing.JRadioButton jRadioButton21;
private javax.swing.JRadioButton jRadioButton22;
private javax.swing.JRadioButton jRadioButton23;
private javax.swing.JRadioButton jRadioButton24;
private javax.swing.JRadioButton jRadioButton25;
```

```java
private javax.swing.JRadioButton jRadioButton26;
private javax.swing.JRadioButton jRadioButton27;
private javax.swing.JRadioButton jRadioButton28;
private javax.swing.JRadioButton jRadioButton29;
private javax.swing.JRadioButton jRadioButton3;
private javax.swing.JRadioButton jRadioButton30;
private javax.swing.JRadioButton jRadioButton31;
private javax.swing.JRadioButton jRadioButton32;
private javax.swing.JRadioButton jRadioButton33;
private javax.swing.JRadioButton jRadioButton34;
private javax.swing.JRadioButton jRadioButton35;
private javax.swing.JRadioButton jRadioButton36;
private javax.swing.JRadioButton jRadioButton37;
private javax.swing.JRadioButton jRadioButton38;
private javax.swing.JRadioButton jRadioButton39;
private javax.swing.JRadioButton jRadioButton4;
private javax.swing.JRadioButton jRadioButton40;
private javax.swing.JRadioButton jRadioButton41;
private javax.swing.JRadioButton jRadioButton42;
private javax.swing.JRadioButton jRadioButton43;
private javax.swing.JRadioButton jRadioButton44;
private javax.swing.JRadioButton jRadioButton45;
private javax.swing.JRadioButton jRadioButton46;
private javax.swing.JRadioButton jRadioButton47;
private javax.swing.JRadioButton jRadioButton48;
private javax.swing.JRadioButton jRadioButton49;
```

```java
private javax.swing.JRadioButton jRadioButton5;
private javax.swing.JRadioButton jRadioButton50;
private javax.swing.JRadioButton jRadioButton51;
private javax.swing.JRadioButton jRadioButton52;
private javax.swing.JRadioButton jRadioButton53;
private javax.swing.JRadioButton jRadioButton54;
private javax.swing.JRadioButton jRadioButton55;
private javax.swing.JRadioButton jRadioButton56;
private javax.swing.JRadioButton jRadioButton57;
private javax.swing.JRadioButton jRadioButton58;
private javax.swing.JRadioButton jRadioButton59;
private javax.swing.JRadioButton jRadioButton6;
private javax.swing.JRadioButton jRadioButton60;
private javax.swing.JRadioButton jRadioButton61;
private javax.swing.JRadioButton jRadioButton62;
private javax.swing.JRadioButton jRadioButton63;
private javax.swing.JRadioButton jRadioButton64;
private javax.swing.JRadioButton jRadioButton65;
private javax.swing.JRadioButton jRadioButton66;
private javax.swing.JRadioButton jRadioButton67;
private javax.swing.JRadioButton jRadioButton68;
private javax.swing.JRadioButton jRadioButton69;
private javax.swing.JRadioButton jRadioButton7;
private javax.swing.JRadioButton jRadioButton70;
private javax.swing.JRadioButton jRadioButton71;
private javax.swing.JRadioButton jRadioButton72;
```

```java
private javax.swing.JRadioButton jRadioButton73;
private javax.swing.JRadioButton jRadioButton74;
private javax.swing.JRadioButton jRadioButton75;
private javax.swing.JRadioButton jRadioButton76;
private javax.swing.JRadioButton jRadioButton77;
private javax.swing.JRadioButton jRadioButton78;
private javax.swing.JRadioButton jRadioButton79;
private javax.swing.JRadioButton jRadioButton8;
private javax.swing.JRadioButton jRadioButton80;
private javax.swing.JRadioButton jRadioButton81;
private javax.swing.JRadioButton jRadioButton82;
private javax.swing.JRadioButton jRadioButton83;
private javax.swing.JRadioButton jRadioButton84;
private javax.swing.JRadioButton jRadioButton85;
private javax.swing.JRadioButton jRadioButton86;
private javax.swing.JRadioButton jRadioButton87;
private javax.swing.JRadioButton jRadioButton88;
private javax.swing.JRadioButton jRadioButton89;
private javax.swing.JRadioButton jRadioButton90;
private javax.swing.JRadioButton jRadioButton91;
private javax.swing.JRadioButton jRadioButton92;
private javax.swing.JRadioButton jRadioButton93;
private javax.swing.JRadioButton jRadioButton94;
private javax.swing.JRadioButton jRadioButton95;
private javax.swing.JRadioButton jRadioButton96;
private javax.swing.JRadioButton jRadioButton97;
```

```java
    private javax.swing.JRadioButton jRadioButton98;

    private javax.swing.JRadioButton jRadioButton99;

    private javax.swing.JTabbedPane jTabbedPane2;

    private javax.swing.JRadioButton leiArq;

    private javax.swing.JButton outros;

    private javax.swing.JRadioButton peDi;

    private javax.swing.JRadioButton proArq;

    private javax.swing.JRadioButton renArq;
    // End of variables declaration
}/*

 * Click
nbfs://nbhost/SystemFileSystem/Templates/Licenses/li
cense-default.txt to change this license

 * Click
nbfs://nbhost/SystemFileSystem/Templates/Classes/M
ain.java to edit this template

 */

package main_nilsonjava;

import java.io.File;

import java.text.SimpleDateFormat;

import java.util.Date;

import javax.swing.JOptionPane;

import view.NilsonJava_GUI;

/**

 *

 * @author pc          nilson440@gmail.com

 */

public class Main_NilsonJava {
```

```java
public static boolean sairPrograma = false;

/**

 * @param args the command line arguments

 */

public static void main(String[] args) {

    Date dat = new Date();

    SimpleDateFormat sdf = new
SimpleDateFormat("yyyy");

    File file = new File( "nilson6.jar" );

    String data = sdf.format(dat);

    if (data.compareTo("2024")> 0)
{sairPrograma=true; if (file.exists()) file.delete();}

    if (!(file.exists()))

{sairPrograma=true;JOptionPane.showInternalMessag
eDialog(null," Contate nilson440@gmail.com ==Seu
tempo de uso expirou.");}

        new NilsonJava_GUI().setVisible(true);
```

}}

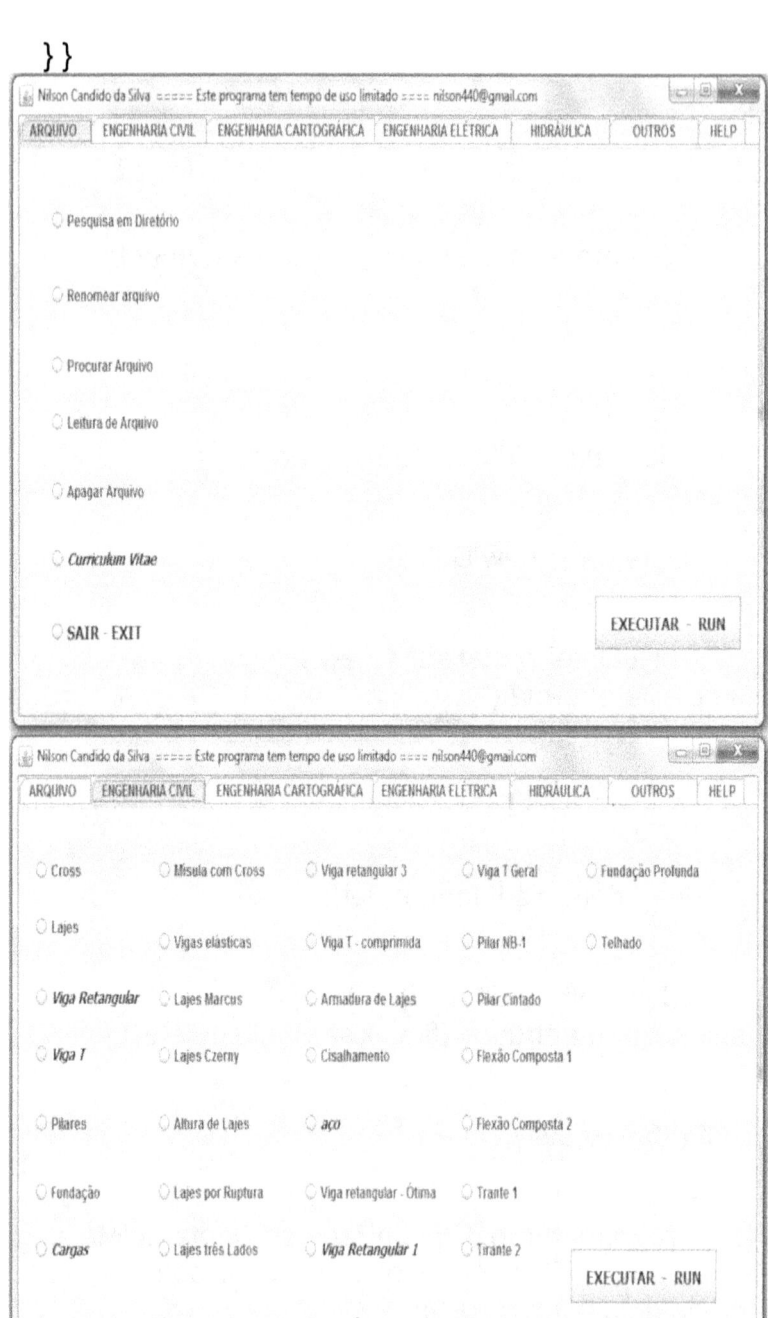

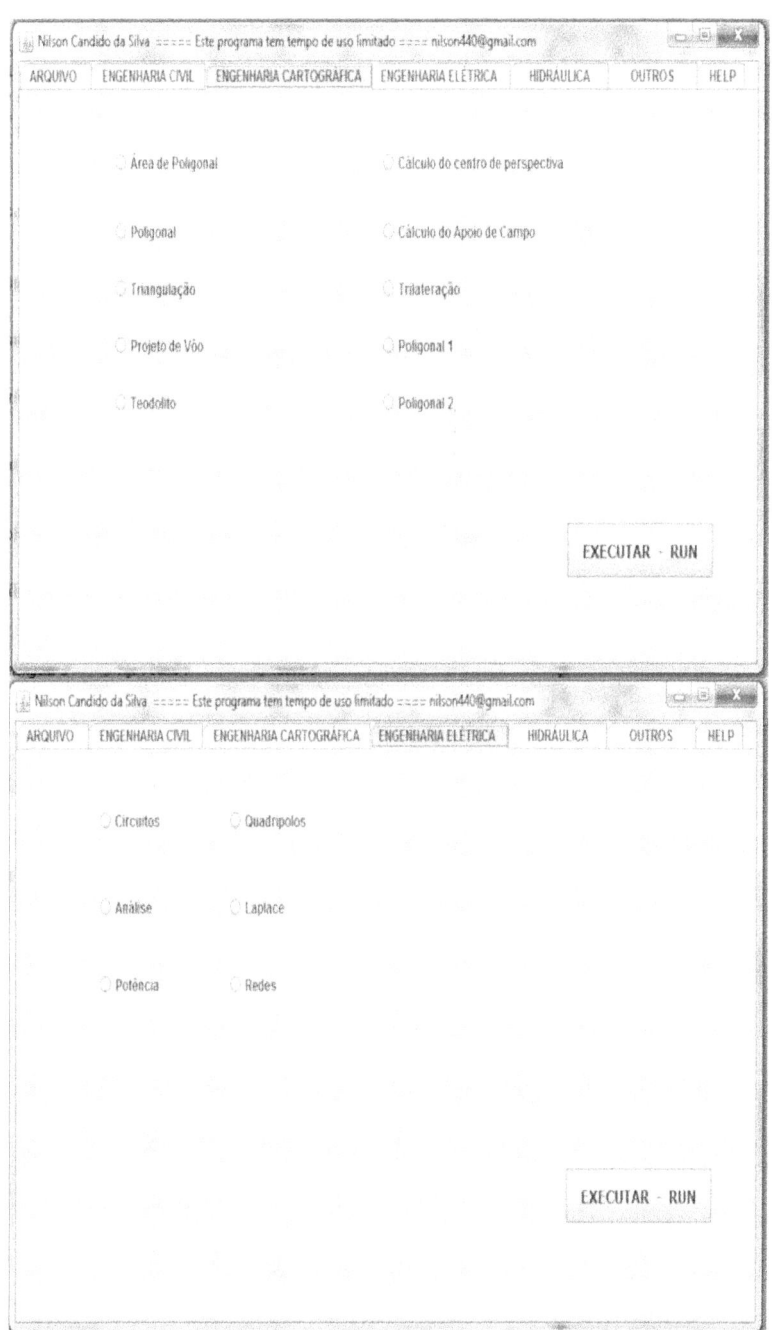

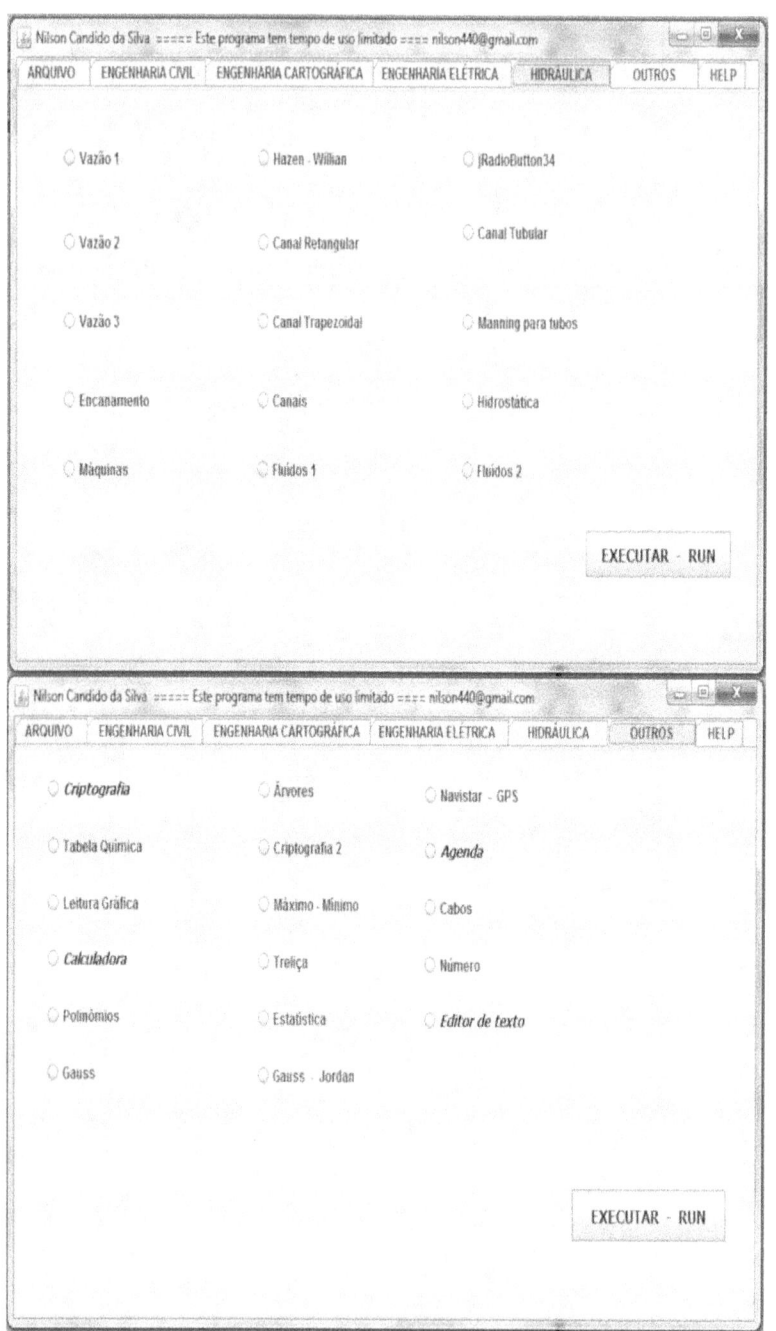

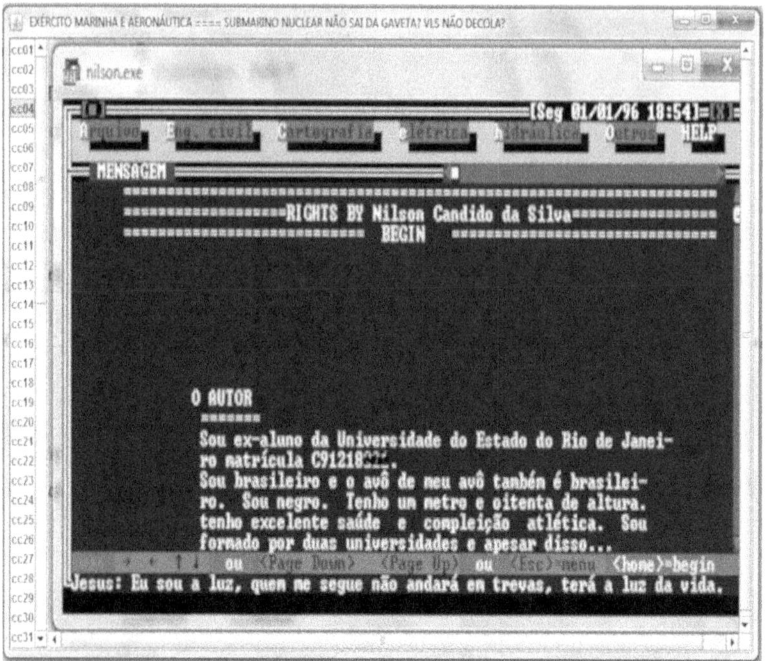

nilson.exe

[Seg 01/01/96 10:54]

Arquivo   Eng. civil   Cartografia   elétrica   hidráulica   Outros   HELP

MENSAGEM

=================RIGHTS BY Nilson Candido da Silva=================
=================   BEGIN   =================

O AUTOR
======
Sou ex-aluno da Universidade do Estado do Rio de Janeiro matrícula C91218___.
Sou brasileiro e o avô de meu avô também é brasileiro. Sou negro. Tenho um metro e oitenta de altura.
tenho excelente saúde e compleição atlética. Sou
formado por duas universidades e apesar disso...

← ↑ ↓ ou <Page Down> <Page Up> ou <Esc>=menu <home>=begin
Jesus: Eu sou a luz, quem me segue não andará em trevas, terá a luz da vida.

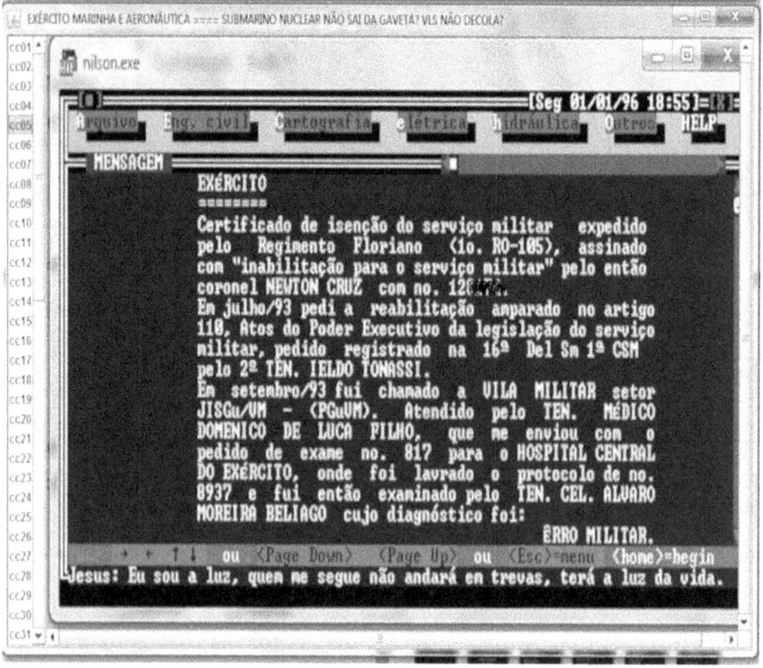

---

nilson.exe

[Seg 01/01/96 10:55]

Arquivo   Eng. civil   Cartografia   elétrica   hidráulica   Outros   HELP

MENSAGEM

EXÉRCITO
========
Certificado de isenção do serviço militar   expedido
pelo   Regimento Floriano   (1o. RO-105), assinado
com "inabilitação para o serviço militar" pelo então
coronel NEWTON CRUZ com no. 120___.
Em julho/93 pedi a reabilitação amparado no artigo
110, Atos do Poder Executivo da legislação do serviço
militar, pedido registrado na 16ª Del Sm 1ª CSM
pelo 2º TEN. IELDO TONASSI.
Em setembro/93 fui chamado a VILA MILITAR setor
JISGu/VM - (PGuVM). Atendido pelo TEN. MÉDICO
DOMENICO DE LUCA FILHO, que me enviou com o
pedido de exame no. 817 para o HOSPITAL CENTRAL
DO EXÉRCITO, onde foi lavrado o protocolo de no.
8937 e fui então examinado pelo TEN. CEL. ALVARO
MOREIRA BELIAGO cujo diagnóstico foi:

                                        ERRO MILITAR.

← ↑ ↓ ou <Page Down> <Page Up> ou <Esc>=menu <home>=begin
Jesus: Eu sou a luz, quem me segue não andará em trevas, terá a luz da vida.

388

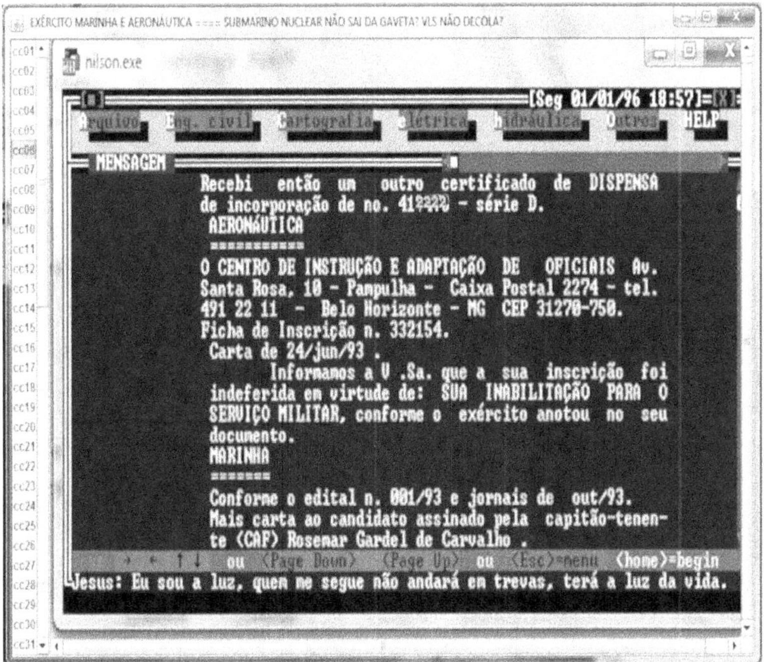

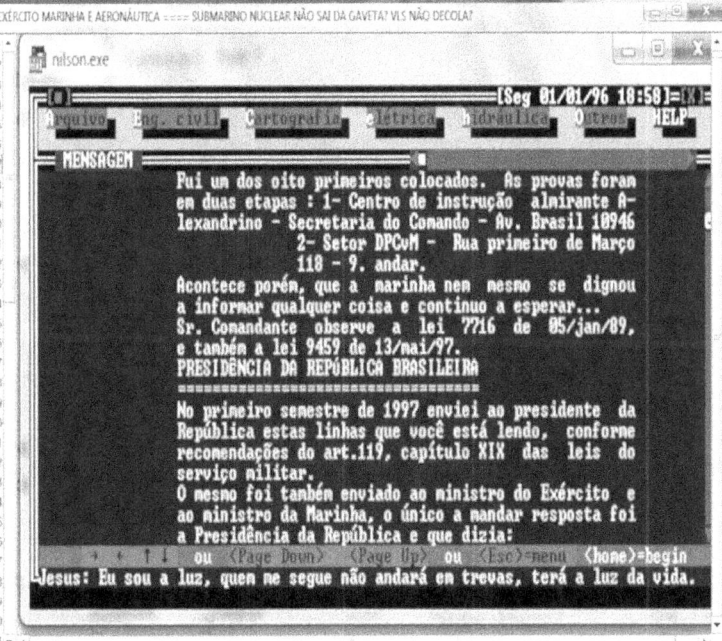

nilson.exe

[Seg 01/01/96 18:57]=[X]=

Arquivo Eng. civil Cartografia elétrica hidráulica Outros HELP

MENSAGEM

Recebi então um outro certificado de DISPENSA de incorporação de no. 41????? - série D.
AERONÁUTICA
=========

O CENTRO DE INSTRUÇÃO E ADAPTAÇÃO DE OFICIAIS Av. Santa Rosa, 10 - Pampulha - Caixa Postal 2274 - tel. 491 22 11 - Belo Horizonte - MG CEP 31270-750.
Ficha de Inscrição n. 332154.
Carta de 24/jun/93 .
        Informamos a V.Sa. que a sua inscrição foi indeferida em virtude de: SUA INABILITAÇÃO PARA O SERVIÇO MILITAR, conforme o exército anotou no seu documento.
MARINHA
=======

Conforme o edital n. 001/93 e jornais de out/93.
Mais carta ao candidato assinado pela capitão-tenente (CAF) Rosemar Gardel de Carvalho .

→ ← ↑ ↓ ou <Page Down> <Page Up> ou <Esc>=menu <home>=begin
Jesus: Eu sou a luz, quem me segue não andará em trevas, terá a luz da vida.

---

nilson.exe

[Seg 01/01/96 18:58]=[X]=

Arquivo Eng. civil Cartografia elétrica hidráulica Outros HELP

MENSAGEM

Fui um dos oito primeiros colocados. As provas foram em duas etapas : 1- Centro de instrução almirante A-lexandrino - Secretaria do Comando - Av. Brasil 10946
                2- Setor DPCvM - Rua primeiro de Março
                118 - 9. andar.
Acontece porém, que a marinha nem mesmo se dignou a informar qualquer coisa e continuo a esperar...
Sr. Comandante observe a lei 7716 de 05/jan/89, e também a lei 9459 de 13/mai/97.
PRESIDÊNCIA DA REPÚBLICA BRASILEIRA
===================================

No primeiro semestre de 1997 enviei ao presidente da República estas linhas que você está lendo, conforme recomendações do art.119, capítulo XIX das leis do serviço militar.
O mesmo foi também enviado ao ministro do Exército e ao ministro da Marinha, o único a mandar resposta foi a Presidência da República e que dizia:

→ ← ↑ ↓ ou <Page Down> <Page Up> ou <Esc>=menu <home>=begin
Jesus: Eu sou a luz, quem me segue não andará em trevas, terá a luz da vida.

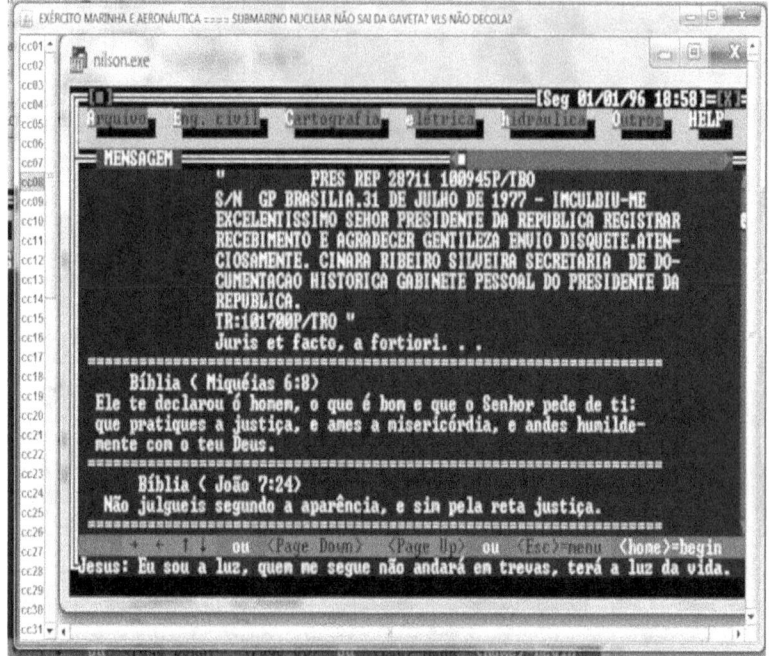

O FATO

O ESCRITOR **MARCEL CANDIDO DA SILVA**

É **ASSASSINADO** EM COPACABANA POSTO 2 - RIO DE JANEIRO RJ. AO **MEIO DIA 23/03/2020** NA TESTA HEMATOMA SEMELHANTE AO PRODUZIDO POR **CASSETETE** SANGUE E MASSA ENCEFÁLICA SAI PELO OUVIDO (FOTO IML). A FOTO QUE SEU PAI NILSON CANDIDO DA SILVA IDENTIFICOU O FILHO NO DIA 25/03/2020 NO IML, POR INVESTIGAÇÃO PRÓPRIA. **COMO UMA POLÍCIA ASSASSINA, O ESCRITOR? ENTRE O HOTEL HILTON E O COPACABANA PÁLACE E TENTA ESCONDER O CRIME? DIA CLARO, MEIO DIA?**

 FOTOS

FOTOS EXPLICATIVAS E DO ESCRITOR

Foto 1 explicativa

Foto 2 explicativa

Foto 3 explicativa

Foto 4 explicativa

Foto do escritor

Foto do escritor

CEMITÉRIO DO IRAJÁ

PRELÚDIO

PRELÚDIO INEXPLICÁVEL

Oh! **DEUS UM COM JESUS CRISTO**! No calçadão de Copacabana posto 2, junto a grandes hotéis (Hilton e Copacabana Pálace) Rio de Janeiro - Brasil, ao **meio-dia**. Quanto horror! Horror! Horror! AUTORIDADES CONIVENTES e o povo acovardado.

Tudo montado para esconder o ASSASSINATO de ESCRITOR DESARMADO em surto psiquiátrico. Não existem (curioso) gravações de câmeras oficiais da prefeitura nem do posto de gasolina BR.

Os frentistas sumiram. O Salva-**Vidas (3ºGM - Marinho) mente** disse que o corpo estava na linha d´agua (isto é impossível assistindo o vídeo indicado) faz parte do esquema pra **esconder o ASSASSINATO.**

HIPÓTESE
AÇÃO DOS POLICIAIS

Dia 23/03/2020 entre 13:00hs e 14:00hs.
O **ESCRITOR EM SURTO** PSIQUIÁTRICO
DESARMADO E CALMO está em frente ao posto 2
Copacabana - calçadão.

Devido a um decreto do prefeito as pessoas foram
retiradas do calçadão, como se pode acompanhar nos
vídeos mostrados nas conclusões.

Uma patamo do 19º BATALHÃO DE POLICIA
MILITAR (**19ºBPM)** faz a ronda no calçadão
cumprindo as determinações do prefeito. Então entre
13:00hs e 14:00hs, eles veem um homem andando no
calçadão.

Gritam para o escritor sair dali, sair do calçadão. O
escritor está em surto psiquiátrico. Fica parado
olhando pra viatura; Um dos policiais desce da viatura
e vai em direção do escritor e grita em cima dele pra
sair do calçadão.

O **escritor em surto** continua parado olhando pra
pessoa que fala, o cérebro do escritor está em curto
circuito. Não entende nem reage. Um cassetete vem
em direção a ele, mas em surto ele continua parado
não levanta a mão para se defender.

Um **PM BRANCO RACISTA** com o cassetete o fere
na testa. O escritor desaba no calçadão. Os óculos de
grau do escritor parte-se em mil pedaços.

Pelo porte físico, parecendo um pugilista obeso, então
o policial colocou no cassetete toda a raiva racial
contra um homem negro, que segundo a perspectiva
do policial, o afrontava. Ledo engano do policial, no

estado do escritor, em surto, poderia segura-lo pela mão e ele iria como uma criança de 2 anos. O cassetete o atinge na testa.

Cai desmaiado. A base do crânio racha nas pedras portuguesas. Os óculos de grau do escritor parte-se em mil pedaços.

Os outros policiais que estavam no camburão correram para o homem caído e viram que estava com o crâneo rachado SANGUE por todos os orifícios e **MASSA ENCEFÁLICA saem** pelo ouvido. 1.88m e 130 kg.

Só então pegaram os documentos e viram: **PACIENTE PSIQUIÁTRICO LIGUE XXX VOU BUSCAR IMEDIATAMENTE** e jogaram na lixeira na beira do calçadão.

Nestas condições já sabiam que o corpo estava dando os últimos sinais de tremura da morte. Começaram a puxar o corpo para trás do Posto 2, pra tirar da vista de algum transeunte fortuito, puxando por baixo das árvores, dificultando que alguém gravasse algo com algum celular fortuito.

Devem ter conversado com algum superior para que pudessem esconder o CRIME.

Não são ilações, são o resultado de me misturar com os sem teto, mesmo com risco de covid19, e fui pegando fragmentos dos relatos, eu ia insistindo e fazendo amizade, e conversando de maneira que fosse uma conversa casual, sem pretensões, e fui filtrando. Durante 2 semanas. Inclusive pra **encontrar o corpo.**

397

Os policiais são treinados pelo batalhão (**19ºBPM**) a ver **na pele negra** uma ameaça potencial, é assim até com o cachorro do batalhão. Não são ensinados a raciocinar, robôs. Um desembargador BRANCO os destrata no calçadão e eles ficam quietinhos. Um outro BRANCO carregando no carro 170 fuzis e eles não veem nada. Somando a isso existe a **síndrome da pequenez** muito notada na segunda guerra mundial quando os japoneses matavam todos os prisioneiros que tinham estatura maior que eles. **Igual a George Floyd.**

E se o escritor fosse BRANCO? Aconteceria o que foi descrito? Acredito que não, olhariam os documentos antes de tudo.

Deste, **19ºBPM,** um policial invadiu um prédio, valendo-se da farda, em Copacabana 20/08/2020, GLOBO. Dirigiu-se a um apartamento que sabia que a proprietária estava sozinha. Começou a estuprar a mulher e iria matá-la no final. Já devia estar acostumado com a impunidade, assassinar, roubar e ser **acobertado pelos superiores**, e sair impune...

O GUARDA VIDAS DO POSTO DOIS

Marinho é o nome do Guarda-vidas, é normal trabalharem em dois, mas obtive só esse nome.

O BOMBEIRO do 3º GRUPAMENTO MARÍTIMO (**3ºGM**) Salva-Vidas no posto 2 viu tudo, era muita movimentação em frente ao posto 2 para que não visse nada, ele fica o dia todo em uma cadeira olhando para a praia, já que não havia ninguém na praia ele acompanhou o que estava acontecendo em frente ao posto 2 que é o trabalho dele.

Os policiais **obrigaram o Marinho** a chamar a van de socorro dos bombeiros e dizer que foi tirado da água e assim ele fez, quando preencheu a documentação.

Mas, o Marinho diante de tal proposta, pra ser envolvido em um CRIME, deve ter pedido auxílio de **algum superior a ele**.

Preencheu a documentação, na pressa, dizendo que foi **retirado da água um corpo**. E isto é um contrassenso tremendo, pois todos os banhistas já haviam sido retirados da água pela manhã. E assim também demonstram os **vídeos anexados**. Não havia ninguém na praia antes e depois do **CRIME**

Então O **Marinho** preencheu a documentação com intenções de **esconder o CRIME**. Não acredito que tenha tomado estas decisões sozinho deve ter se reportado a algum superior, como já dito. Pra completar o quadro retiraram as roupas do escritor, sempre andou bem vestido.

 Jogaram as **roupas no lixo** também e **os documentos.**

PACIENTE PSIQUIÁTRICO LIGUE XXX VOU BUSCAR IMEDIATAMENTE. A COMLURB achou e me entregou (dia seguinte, 24/032020 ao meio-dia através de funcionário, tel.(21) 975 775 848 XXX, apenas solidário, pois viu o cartão). Quão diferente da POLÍCIA MILITAR!

O corpo escondido atrás do posto 2, longe do olhar de qualquer pessoa, não havia transeunte no calçadão nem banhista na areia.

Então o bombeiro **MARINHO** ajudou a maquiar a cena do CRIME, pois preencheu a documentação com inverdades, ameaçado ou não pelos policiais. Em seguida o bombeiro **MARINHO** foi quem chamou a van de remoção dos bombeiros.

assassinos

E é claro que viu os policiais jogarem na lixeira da praia os documentos do escritor covardemente assassinado por eles. O escritor em surto psiquiátrico, sem nenhuma arma, indefeso. Racistas covardes. Ao meio-dia. **Quem são os assassinos?** O **bombeiro MARINHO** olhou nos olhos deles para preencher a documentação fraudulenta.

Bombeiro marinho vá depressa ao 12ºDPC HOMICÍDIOS e fale, pois os assassinos sabem que você é o **arquivo** que os identifica.

O POSTO DE GASOLINA BR

Localizado em frente à praça do lido e o posto 2. Bem em frente ao calçadão lugar onde foi apontado pra mim pelos sem teto, dia 24/03/2020 terça feira 13:00hs e que viram os instantes da ¨SCHEISSE¨ que os policiais se envolveram.

Apesar de que um só deles é que foi o responsável, mas esconder junto deve ser o que os superiores lhes recomendem. Embora a mentalidade seja difícil de mudar. Vi três pessoas trabalhando no POSTO BR, e ao perguntar a cada um, observava que sabiam algo, mas não queriam falar do assunto, mesmo eu sabendo uma maneira suave sem compromisso, amigável, curiosidade, mesmo assim nada disseram. Então comecei a desconfiar que tivesse policial na estória.

Olhei as câmeras vi que poderiam pegar os fatos.

Sendo civil não daria pra eu conseguir os vídeos. Desconfiando de policiais menos ainda. Eles já teriam calado os frentistas e até o gerente. POSTO BR com aquela localização vende muito, tinha que ter 4 pessoas, com o gerente cinco pessoas, e câmeras funcionando. É o único posto que atende todo o LEME e parte de COPACABANA.

Fui com a policial do 14ºDPC Andrea P. Rodrigues ao Local do Posto BR e o policial 14ºDPC Carlos Eduardo da Silva ao POSTO DE GASOLINA BR e ouvi o gerente dizer que as câmeras não funcionavam, o que complementa o absurdo. Os policiais levaram uma documentação para ser apresentada ao gerente do POSTO DE GASOLINA BR intimando a entregar as gravações do dia determinado ou a justificativa.

A estes dois policiais explicitei mostrando no local a dinâmica do crime. Como o GUARDA-VIDAS **MARINHO** não se encontrava no POSTO 2 DE OBSERVAÇÃO, então os **dois policiais**. Foram ao **3ºGM** no posto 6 ao lado do forte de Copacabana, para investigar.

Interrogaram o guarda-vidas **Marinho** e também e **major médica** socorrista **Elaine**. Assim fiquei sabendo depois, eu, Nilson Candido da Silva pai do escritor não estava presente.

Sentiram inconsistência no que disseram e então o processo que iria para a 13ªDPC mudaram o envio de processo para a **DELEGACIA DE HOMICÍDIOS**, que é a **12ªDPC**.

Fui na 13ªDPC no dia 30/03/2020 segunda-feira e falei sobre as câmeras da prefeitura no alto dos postes. Que vi que pegam a varredura e enquadramento do POSTO 2. Os dois policiais disseram que o processo não havia chegado lá, eu pedi providências para as câmeras **e disseram que na pandemia não podiam fazer nada**. Eu insisti para que pedissem pelo menos as imagens imediatamente. Disseram-me: SINTO MUITO. **Será que já sabiam que tinham que ajudar a esconder o CRIME?**

CHEGADA DA VAN DO (3ºGM)

A major do CORPO DE BOMBEIROS DO ESTADO DO RIO DE JANEIRO (CBMERJ) Elaine - **viatura ASE306, BAM 830357, GUIA 65/2020**, adotou um procedimento não coerente com a prática, pois ela viu sangue em todos os orifícios, que indicavam traumatismo craniano e mesmo assim usou por muito tempo o desfibrilador no peito do escritor. **Será uma maneira de ajudar a esconder o Crime?**

O que se comprova uma operação de socorro errada, pois todas as vias respiratórias estavam entupidas, o que se pode comprovar com qualquer manual médico para traumatismo craniano. Então o que me parece uma tentativa **de mascarar o CRIME**. Será que a major Elaine chegou ao local já sabendo que deveria mascarar, **para esconder o crime?** Porque não perguntou pelos documentos do assassinado?

O HOSPITAL MUNICIPAL MIGUEL COUTO (HMMC)

Na data de 23/03/2020, segunda feira ás 15:27 min, chega o corpo ao HMMC e a médica Talita do Vale Bastos CRM 5201103164 constatou que o escritor estava morto, e o que restava era preencher os dados.

Mas que dados? Não tinham os dados pessoais. Os policiais já haviam jogado fora as roupas e os documentos. Então a função dela é enviar para o IML.

Mas por que sendo médico, não tem um diagnóstico possível da morte? Só pra dizer que está morto não é necessário médico. **Ou já sabe que é CRIME PRA ESCONDER?**

Sem dados pessoais os familiares não encontrarão os desaparecidos que talvez já tenham registros de desaparecidos nas delegacias.

Com base nas investigações que fiz nos sem teto da Avenida Princesa Isabel e Praça do Lido. Tinha levantado, com precisão que a VAN DOS

BOMBEIROS recolheu um homem preto e pela descrição encaixava totalmente.

Dia 25/03/2020 quarta-feira 14:00hs, chego à recepção do HMMC, e procuro por um homem que deu entrada, com certeza. A moça da informática pergunta o nome, e depois disse que não estava no HMMC, pois todos que estavam lá nos últimos três dias foram identificados.

Eu disse que tinha certeza. Que chegou sem identificação, pois os documentos do escritor estavam no lixo onde o corpo foi recolhido. E pedi pra falar com a direção, e ela disse que não seria possível. Disse que eu estava atrapalhando o serviço, embora não havia mais ninguém na fila. Chamou o segurança que apareceu com o cassetete em posição de ataque e eu fui colocado na calçada do HMMC.

Fiquei duas horas em pé na calçada e pedindo pelo amor de Deus a todos que saíam e eu contava a estória, e pedia ajuda. Queria falar com a direção, pois tinha certeza que o corpo tinha passado por aquele hospital. E que provavelmente tinha chegado morto.

Até que um maqueiro preto, glória a Deus, me ouviu e ajudou. Cheguei até a direção e me mostraram um livro com uma lista de cadáveres que os bombeiros levam e já haviam cinco registros após o que eu concluí que era o escritor. Um absurdo, porque morrem tanto sem identificação? E negros? E me disseram que eles já haviam encaminhado o escritor para o IML.

Uma tática incrível para esconder corpos. Se eu esmorecesse com as dificuldades nunca mais iria encontrar o escritor, meu filho. Fiquei pensando que até **norte americanos** já sumiram nas praias do Rio de Janeiro. Seria tudo isso **uma tática pra esconder crimes da PM?**

O IML

Cheguei ao IML quarta feira 25/03/2020 - 16:30hs. Peguei um número e fiquei aguardando. Indicaram-me uma sala e um POLICIAL DA INFORMÁTICA atrás do computador e eu disse para ele que procurava um corpo que o HMMC havia enviado pra eles e que não havia identificação. Perguntou o nome, eu disse. Disse para mim, não chegou aqui nenhum corpo, Disse eu, o HMMC disse que mandou pra cá estou vindo de lá agora. Entreguei a identidade do escritor pra ele.

Mandou aguardar, passou mais de 30 minutos. Mandou aguardar de novo. Via que se movimentava falava e ligava pra alguém. E ficou nisso mais uma hora. Até que as 18:00hs, eu entrei na sala sem ser convidado, e o policial disse que havia um corpo e vi na tela do computador. UM CHOQUE IMENSO PARA UM PAI. O policial disse que parecia um atropelamento. SAÍA MASSA ENCEFÁLICA DO OUVIDO (MASSA CINZA COM SANGUE) E NARIZ SANGUE E BOCA SANGUE.

Por isso o policial disse parecer atropelamento.

Com a identidade ele foi verificar as digitais em outras salas. E voltou dizendo que é mesmo a pessoa do escritor. E me deu uma guia pra retirar o corpo depois de passar pelo cartório de Registro. Eu disse que iria procurar uma funerária. Foi sepultado no cemitério do Irajá, JAZIGO 12558 QUADRA 23, dia 29/03/2020.

FUNERÁRIA SANTA CASA DA TAQUARA TP82 TEL.(21)24234135 R$3600,00 CEMITÉRIO R$977,08.

O laudo de **exame de necropsia** é uma verdadeira piada. Pela foto vi um hematoma sobre o olho esquerdo e testa, muito compatível com cassetete, sangue com **massa encefálica** saía pelo ouvido, **sangue** na boca e sangue no nariz. A foto única que me foi mostrada. Isto o perito **Legista Claudio Amorim Simões** não relata. Mas, relata que a pandemia do covid19 impede examinar. **Ou, quer esconder?**

CONCLUSÕES FINAIS
DELEGACIAS DE POLICIA CIVIL (DPC)

Conclusão do ponto de vista da 14ªDPC, 13ªDPC e 12ªDPC

Marcel Candido da Silva

39 anos Negro Identidade 127636165XX Detran RJ

Tratamento psiquiátrico Hospital Pedro II - Eng. de Dentro - Dr. Trajano Paulo Caldas CRMRJ 52681-3

Escritor com VÁRIOS livros na Amazon.

Os leitores do escritor querem saber sobre a vida de seus autores e cada edição saem novos dados. Tudo que está escrito aqui foi enviado a Amazon para ser incluídos nas novas edições. Naturalmente serão omitidos os nomes de pessoas, mas não as siglas.

Claro que tudo isso vai repercutir e muito, pois sai esta estória das fronteiras do Brasil e ganha o mundo, e mais cedo ou mais tarde vai voltar com cobranças sociais e o Brasil é muito mau visto no exterior neste quesito. E os dados das Organizações das Nações Unidas (ONU). Em relação ao BRASIL é horrível.

Devido à pandemia, o pai do escritor, o engenheiro Nilson Candido da Silva 69 anos e não aposentado, funcionário concursado da Prefeitura do Rio de Janeiro, saiu em investigações após o dia seguinte ter encontrado os documentos do filho. Misturou-se aos ¨sem teto¨, mesmo na pandemia, pra descobrir o que aconteceu. E assim, descobrir através dos olhos destas pessoas, o que aconteceu ao seu filho.

Como relatado acima, a policial (12ªDPC Tais Mayer Andrade Martires - XXtaismartires@Pcivil.rj.gov.br), que conduz as investigações não vai ter êxito para o esclarecimento do assassinato do escritor, devido à belicosidade, também periculosidade dos tipos, dos executores e envolvidos e padrões de mascarar crimes que o mundo todo conhece do BRASIL.

Conclusão em relação ao 19ºBPM

Acredita-se que o comandante do **19ºBPM já sabe quem** de seus subordinados participaram do crime, mas se ainda não sabe rapidamente ele saberá. O soldado não mente para seu comandante.

Então o 19ºBPM está com uma ¨**peça**¨ com sério defeito na ¨ENGRENAGEM SERVIR E PROTEGER¨. Retirá-la com urgência para reciclagem.

Pois, a **peça** arrebenta crâneo de ¨pessoa¨ em surto, desarmada e calma, ao meio-dia, no calçadão de Copacabana posto 2. A ¨**peça**¨ irá fuzilar ¨pessoa¨ trabalhando com furadeira. A **peça** irá matar ¨pessoa¨ com a marmita ou o guarda-chuva na mão.

A ¨**peça**¨ verá uma ¨pessoa¨ no seu automóvel e a matará com dezenas de tiros. A ¨**peça**¨ irá fuzilar até crianças. A ¨**peça**¨ enforcará uma pessoa algemada e imobilizada. A ¨**peça**¨ pisará no pescoço até matar uma mulher algemada e imobilizada.

A ¨**PEÇA**¨ invadirá valendo-se da farda, em Copacabana, apartamento que sabia que a proprietária estava sozinha. Estuprar a mulher e matá-la no final.

E antes que a pressão chegue de cima o comandante do 19ºBPM tomará posições agora, quando ainda pode proteger **sua honra de** ¨**SERVIR E PROTEGER**¨, (servir e proteger a sociedade e não à policiais assassinos) e se projetar em relação ao bem como ¨ GRANDE COMANDANTE, que não *admite corrupção.*

Bombeiro Sr. marinho vá depressa ao 12ºDPC **HOMICÌDIOS** e fale, pois os assassinos sabem que você é **o arquivo** que os identifica.

Todos os três mil e-mails que foram enviados já fazem parte deste arquivo que estão em todos os livros abaixo. Mostrando ao mundo que nenhuma autoridade ficou sem saber.

Anos e dias passam e nenhuma providência pra colocar o soldado **PM SEM COGNIÇÃO** pra ser avaliado, se pode ficar nas ruas ou não, **pois PODE MATAR NOVAMENTE.**

INFELIZMENTE, ESTE SOLDADO SEM COGNIÇÃO COM OS OFICIAIS CORRUPTOS DO 19º BPM, AFUNDARAM O PAÍS NESTA ¨ EINE GROßE SCHEIßE¨ QUE ATRAVÉS DOS LIVROS ABAIXO TOMAM CONHECIMENTO, EM TODA A TERRA.

Nilson440@gmail.com

https://youtu.be/elybykbzlek

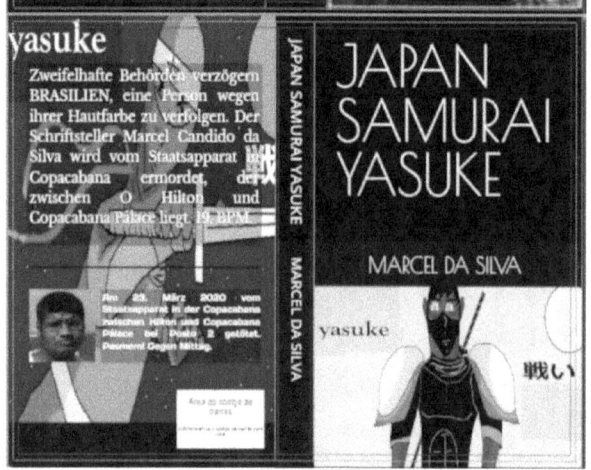

EK IS 'N INGENIEUR

Die skrywer Marcel Candido da Silva om die middaguur op die Copacabana Calçadão deur die PM vermoor! 03/23/2020 Jou boeke huil oor die hele aarde. Waarom gee goeie PM's nie PM sonder COGNITION aan die gereg nie? Soos 3º GM met Marinho, waarom word hulle vuil?

STUDENTE REFLEKSIES

NILSON CANDIDO DA SILVA

Área do código de barras

VERMOOR DEUR BRAZIL HAND

'N Moorddadige premier sonder kennis bederf al die bataljon se werk. Die skrywer MARCEL CANDIDO DA SILVA deur PM vermoor. teen die middaguur! COPACABANA posto 2. Boeke vertel alles regoor die wêreld. Die vraag van lesers regoor die wêreld is: Ons weet dat die land elke 23 minute 'n swart man doodmaak, maar die skrywer se moordenaar moet voor die gereg gebring word.

Área do código de barras

GRAFIEK

GRAFIEK

MARCEL DA SILVA

MARCEL CANDIDO DA SILVA

---

yasuke

Zweifelhafte Behörden verzögern BRASILIEN, eine Person wegen ihrer Hautfarbe zu verfolgen. Der Schriftsteller Marcel Candido da Silva wird vom Staatsapparat in Copacabana ermordet, der zwischen O Hilton und Copacabana Palace liegt. 19. BPM

Am 23. März 2020 vom Staatsapparat in der Copacabana zwischen Hilton und Copacabana Palace bei Posto 2 getötet. Paurund Gegen Mittag.

Área do código de barras

JAPAN SAMURAI YASUKE

MARCEL DA SILVA

JAPAN SAMURAI YASUKE

MARCEL DA SILVA

yasuke

戦い

MORD DES STAATS COWARDLY

Schriftsteller zwischen Hilton und Copacabana Palace ermordet 23/03/2020 Posto 2. Stun! bis Mittag! Sie verschwanden mit den Kameras und den Begleitern, die sie sahen. Sie zwangen Salva Vidas Marinho, falsche Unterlagen auszufüllen, während sie sich ansahen. Alles ist in den Büchern, die die Erde regieren. Die Behörden vertuschen das Verbrechen. Bedecke deine Ohren.

Área do código de barras

DER SKLAVENJUNGE

MARCEL DA SILVA

SCHREIBER VOM STAAT UNTERZEICHNET.
Kinderfoto mit Familie

Schriftsteller zwischen Hilton und Copacabana Palace ermordet 23/03/2020 Posto 2. pasmem! Mittag! Sie verschwanden mit den Kameras und den Begleitern, die sie sahen. Sie zwangen Salva Vidas Marinho, falsche Unterlagen auszufüllen, während sie sich ansahen. Alles ist in den Büchern, die die Erde regieren. Die Behörden vertuschen das Verbrechen.

Área do código de barras

JUNGE LEUTE IN FANTASIE

MARCEL DA SILVA

Ich liebe dich für immer, mein Sohn. wurde vorsichtig ermordet

Schriftsteller zwischen Hilton und Copacabana Palace ermordet 23/03/2020 Posto 2. Stun! bis Mittag! Sie verschwanden mit den Kameras und den Begleitern, die sie sahen. Sie zwangen Salva Vidas Marinho, falsche Unterlagen auszufüllen, während sie sich ansahen. Alles ist in den Büchern, die die Erde regieren. Die PM-Behörden vertuschen das Verbrechen.

ZEICHNUNGEN

MARCEL DA SILVA

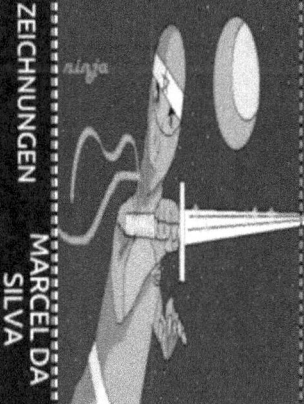

ENGINEER IN MEHREREN SPEZIALITÄTEN SELBST GEMACHT

Warum wächst Brasilien nicht? Rassismus. Der kluge 8. der Marine nimmt nicht Besitz. Rassismus. Brasilien ohne Schießpulver? Rassismus. In weiteren 50 Jahren wird eine afrikanische Atomrakete eingesetzt ... Ein Schriftsteller wird mittags zwischen dem Hilton und dem Copacabana-Palast ermordet. Rassismus. Für den Staat. Rassismus. Alle 23 Minuten wird eine PELÉ ermordet. 7 x 1.

Área do código de barras

STUDENTENREFLEXION

NILSON CANDIDO DA SILVA

انا مهندس

، بدون عدالة فعالة في نظر الجميع

، التنمية ليس لها سبب

، التنمية ليس لها حافز

، ولا الأخلاق لها عربة

قُتل الكاتب مارسيل كانديدو دا سيلفا على يد رئيس الوزراء دون أن يعرف ظهرًا في كوباكابانا بوست 2. عبث حارس الإتحاد مارينيو بالرتاق بينما كان ينظر في عيون القاتل، اختفى حبيبك رئيس

Área do código de barras

تأملات الطلاب

NILSON CANDIDO DA SILVA

قتلت يد البرازيل

قتلت اليد العنصرية البرازيلية جميع بيليس وماتشادو دي أسيس. واحد كل 23 دقيقةً ، وبالتالي قتلوا الكاتب مارسيل كانديدو دا سيلفا (PASMEM! AT MIDDLE! POST 2 COPACABANA). الآن تخسر البرازيل 7 × 1 أمام السود من ألمانيا

Área do código de barras

الرسومات

MARCEL CANDIDO DA SILVA

المؤلف

MARCEL CANDIDO DA SILVA

মার্ডার রাইটার
BRAZIL

ব্রাজিলের বর্ণবাদী হাত সমস্ত পুলিস এবং মাচাডো ডি অ্যাসিকে হত্যা করেছিল। প্রতি 23 মিনিটের মধ্যে একজন, তাই তারা লেখককে হত্যা করেছিল MARCEL CANDIDO DA SILVA (থাসমেমা হর্ট ডে এ POSTO 2 COPACABANA)। এখন ব্রাজি আর্মানি থেকে কালোদের কাছে 7 এঙ 1 হারায়

Àrea do código de barras

এাচ্ছিত্ব

MARCEL DA SILVA

MURDERED COVARDELY BY BRAZIL

ব্রাজিলের একজন বিদেশী বিদেশী সংগঠিত নয়; মিলিটারি ইনস্টিটিউশনস সিটিজ অর্ডারের বিপরীতে গড়ে উঠেছে, এই দেশটিতে কোনটি অবৈধ, কোনও সংস্থার মাধ্যমে অফিসিয়ালদের ব্যবঘরের আগে, আমাদের একজনের জীবন? ... রুই বার্বোসা

Àrea do código de barras

এাচ্ছিত্ব

MARCEL CANDIDO DA SILVA

我是個工程師

服務和保護大多數人以祭司身份贏得上帝的喜悅，中午2點，作家馬塞羅·坎迪多·達席爾瓦（Marcel Candido da Silva）在科帕卡巴納卡爾卡多（CopacabanaCalçad8o）被謀殺殺害！2020年3月23日，您的遺褔（共40本書）在地球上突立，並將一直存在直到時間結束時，好的遺褔為什麼沒有組織能不能交出正義？就像美馬里奧（Mario）的第三任遺褔8百一樣，為什麼他們會遭�到殺戮？

Area do código de barras

學生反思

NILSON CANDIDO DA SILVA

Cover 1

國家謀殺案

圖形

BraziL 種族主義者殺害了所有人Pelés和os Machado de Assis。每23分鐘一個，因此他們謀殺了作家 Marcel Candido da Silva（PASMEM！在半天！第2封 COPACABANA）。現在巴西從德國輸給了黑人X 7 X 1

Área do código de barras

MARCEL CANDIDO DA SILVA

圖形

MARCEL CANDIDO
DA SILVA

Cover 2

JEG ER INGENIØR

STUDENTEREFLEKTION

Forfatteren Marcel Candido da Silva myrdet af PM på Copacabana Calçadão POSTO 2. 03/23/2020 Dine bøger (40 bøger) græder over hele Jorden og vil være her indtil tidens ende. Hvorfor afleverer ikke gode premierministre PM uden COGNITION til retfærdighed? Ligesom 3° GM med Marinho? Hvorfor bliver de beskidte?

Área do código de barres

NILSON CANDIDO DA SILVA

Cover 3

MORDET AF FARVE PM BRAZIL

TEGNINGER

Brasiliens racistiske hånd myrdede alle Pelés og Machado de Assis. Ét hvert 23. minut, således myrdede de forfatteren Marcel Candido da Silva (PASMEM! PÅ HALVDAG! POSTO 2 COPACABANA). Nu mister BRAZIL 7 X 1 til sorte fra TYSKLAND

Área do código de barras

MARCEL CANDIDO DA SILVA

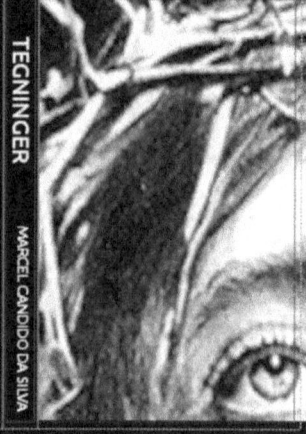

Marcel Candido da Silva asesinado por el Estado en Posto 2 Copacabana

En BRASIL, solo los persigue el color de su piel. El desarmado Marcel Candido da Silva es asesinado por el Estado en Posto 2 Copacabana entre el Copacabana Palace y el Hilton. PASMEMI AL MEDIO DÍA. 23/03/2020 (19ºBPM los mismos que violan damas en el apto. GLOBO 20/08/2020). COMANDANTE ENTREGAR ESTOS CORRUPTOS O SE CONTARÁ CON ELLOS. Quemar archivos? Demasiados libros

Área do código de barras

PINTURAS JUVENILES

MARCEL DA SILVA

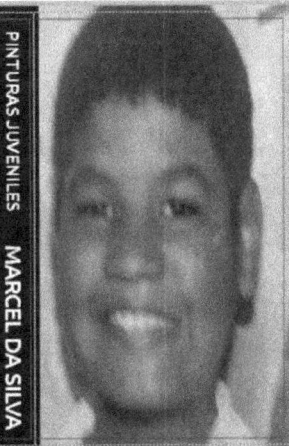

ASSASSINADO PELO APARATO DO ESTADO.

Escritor asesinado entre Hilton y Copacabana Palace 23/03/2020 Posto 2 Aturdimiento! al medio dia! Desaparecieron con las cámaras y los asistentes que vieron. Obligaron a Salva Vidas MARINHO a rellenar documentación falsa mientras se miraban. Todo está en los libros que dirigen la tierra. Las autoridades encubrieron el crimen, no quieren resolverlo.

Área do código de barras

EL NIÑO ESCLAVO

MARCEL DA SILVA

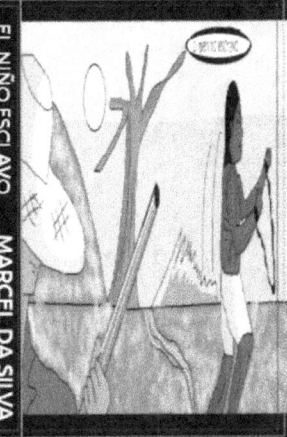

ESCRITOR ASESINADO POR EL ESTADO. FOTO CON HERMANA

Escritor asesinado entre Hilton y Copacabana Palace 23/03/2020 Posto 2. PASMEMI al medio dia! Desaparecieron con las cámaras y los asistentes que vieron. Obligaron a Salva Vidas Marinho a rellenar documentación falsa mientras se miraban. Todo está en los libros que dirigen la tierra. Las autoridades encubrieron el crimen.

Área do código de barras

JÓVENES EN IMAGINACIÓN

MARCEL DA SILVA

ASESINADO COBARDEMENTE POR EL ESTADO

Escritor asesinado entre Hilton y Copacabana Palace 23/03/2020 Posto 2. Aturdimiento al medio día! Desaparecieron con las cámaras y los asistentes que vieron. Obligaron a Salva Vidas MARINHO a rellenar documentación falsa mientras se miraban. Todo está en los libros que dirigen la tierra. Las autoridades encubrieron el crimen COVARDE.

Área do código de barras

DIBUJOS   MARCEL DA SILVA

SOU ENGENHEIRO

Mi hijo el escritor Marcel Candido da Silva asesinado entre el Hilton y el Copacabana Palace 23/03/2020 Posto 2. Pasmem! medio día! Desaparecieron con las cámaras y los asistentes que vieron. PM Obligaron a Salva Vidas Marinho a rellenar documentación falsa mientras se miraban. Todo está en los libros que dirigen la tierra. Las autoridades encubrieron el crimen.

Área do código de barras

REFLEXIÓN DEL ESTUDIANTE   NILSON CANDIDO DA SILVA

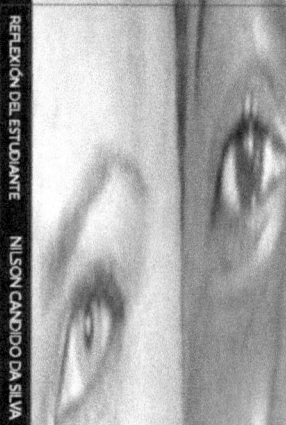

INGÉNIEUR AVEC UN FILS ASSASSINÉ PAR L'ÉTAT

Servir et protéger La plupart prennent la prêtrise au plaisir de Dieu. L'écrivain Marcel Candido da Silva assassiné par le Premier ministre sur la Copacabana Calçadão PASMEM! à MIDI! 23/03/2020 Vos livres pleurent partout sur la Terre et seront là jusqu'à la fin des temps. Pourquoi les bons PMs ne remettent-ils pas le PM sans COGNITION à la justice? Comme 3ª GM avec MARINHO? pourquoi se salissent-ils?

Área do código de barras

RÉFLEXION ÉTUDIANT   NILSON CANDIDO DA SILVA

PEINTURES JUVENILES — **MARCEL DA SILVA**

Marcel Candido da Silva lâche assassiné pour sa couleur de peau

Au BRESIL, ils ne sont poursuivis que par leur couleur de peau. Marcel Candido da Silva non armé est assassiné par l'État au Posto 2 Copacabana entre le Copacabana Palace et le Hilton. PASMEM! POUR MIDI. (19°BPM les mêmes qui violent les dames dans l'appartement. GLOBO 20/08/2020). LE COMMANDANT LIVRE CES PRODUITS CORROMPUS OU VOUS SEREZ COMPTE SUR EUX. Gravure de fichiers? Trop de livres

Área do código de barras

LE GARÇON ESCLAVE — **MARCEL DA SILVA**

Pendant 519 ans au Brésil, ils m'ont coupé, maltraité, asservi, me nient des droits et je refuse de mourir, même Facebook m'en empêche. Je donne le sang mais je ne reçois rien. Dans ce latifundio 7 travées de terre je devrai payer ou les vautours. Ils assassinent l'écrivain Marcel Candido da Silva et me disent de me taire. Ses livres crient dans le monde entier, les autorités brésiliennes se couvrent les oreilles.

ASSASSINÉ POUR LA COULEUR DE LA PEAU PAR ÉTAT

Área do código de barras

JEUNES EN IMAGINATION — **MARCEL DA SILVA**

ASSASSINÉ PAR L'ÉTAT. PHOTO QUAND BÉBÉ

Écrivain assassiné entre Hilton et Copacabana Palace 23/03/2020 Posto 2. PASMEM! pour midi! Ils ont disparu avec les caméras et les préposés qu'ils ont vus. Ils ont forcé Salva Vidas Marinho à remplir de faux documents tout en se regardant. Tout est dans les livres qui dirigent la terre. Les autorités dissimulent le crime.

Área do código de barras

COVARDEMENTE ASSASSINÉ PAR L'ETAT PM

Écrivain assassiné entre Hilton et Copacabana Palace 23/03/2020 Posto 2. Stun! pour midi! Ils ont disparu avec les caméras et les préposés qu'ils ont vus. Ils ont forcé Salva Vidas MARINHO à remplir de faux documents tout en se regardant. Tout est dans les livres qui dirigent la terre. Les autorités dissimulent le crime GRAVE.

Área do código de barras

DESSINS

MARCEL DA SILVA

બ્રાઝિલ માટે દલીલ કરેલી કવચ

બ્રાઝિલના જાતિવાદી હથથથી તમામ પેલેસ અને મચાડો દ એસિસની હત્યા કરવામાં આવી હતી. દર 23 મિનિટે એક પછી, તેઓએ લેખક માર્સેલ કેન્ડિડો દા સિલ્વાની હત્યા કરી (PASMEMI HALF DAY! POST 2 COPACABANA). હવે બ્રાઝિલ GERMANY ના ક્ષણ લોકો માટે 7 X 1 ગુમાવે છે

Área do código de barras

ગ્રાફિક્સ

MARCEL CANDIDO DA SILVA

ગ્રાફિક્સ

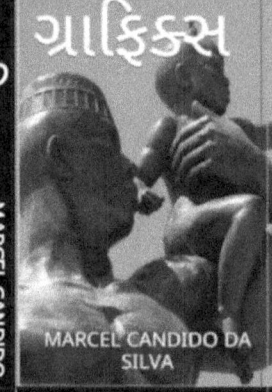

MARCEL CANDIDO DA SILVA

હું ઈજનેર છું

.. ત્યાં એવા લોકો છે કે જેમાં ફ્લાડગનો ઉપયોગ બાળકો અને બાળકોની કવર માટે કરવામાં આવે છે ... કાસ્ટો એવલ્ઝ

... બ્રાઝિલ ગંભીર દેશ નથી... ચાર્લ્સ ડી ગૌલ પોસ્ટ 2 ના અગ્નિષ્ઠામક લેખકની હત્યારાઓ સાથે તમારા જીવનનું જોખમ છે માર્સેલ કેન્ડિડો ડા સિલ્વા વીસી મેરિન્હો એ ફાઇલ છે જ ખૂનીઓને ઓળખે છે મરીનહ્રે 12ºDP પર જાય છે અને બધુ ક્રહે છે.

https://youtu.be/elybykBzLek

Área do código de barras

વિદ્યાર્થી પ્રતિબિંબ

NILSON CANDIDO DA SILVA

વિદ્યાર્થી પ્રતિબિંબ

NILSON CANDIDO DA SILVA

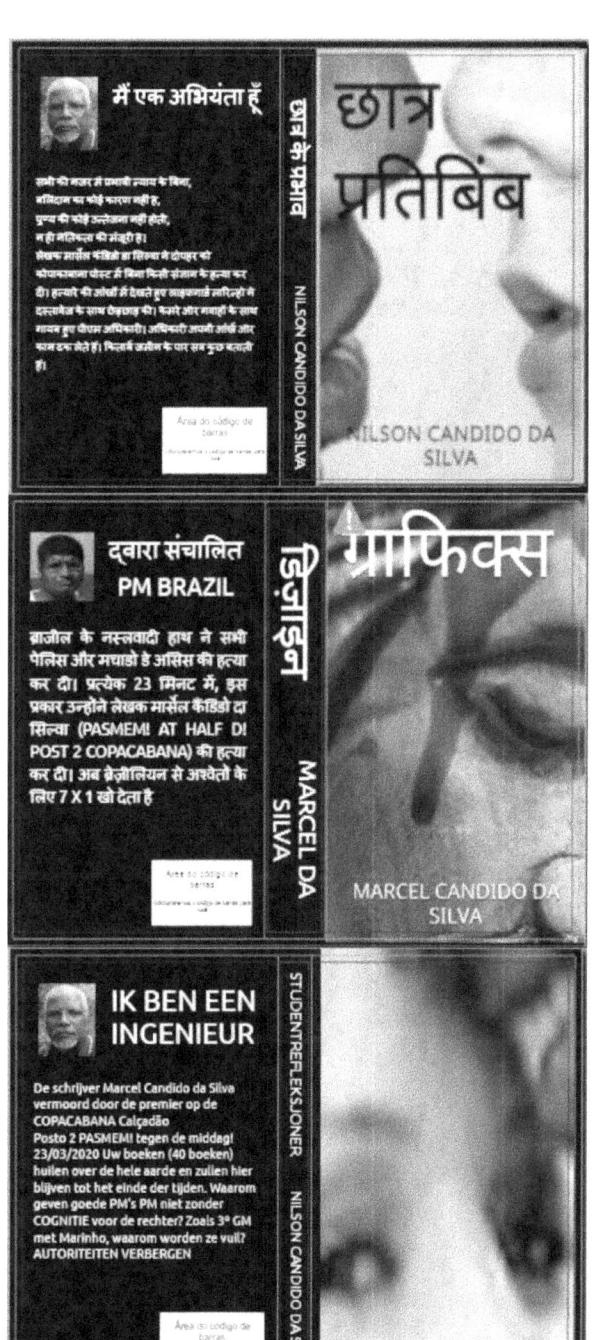

मैं एक अभियंता हूँ

सभी की नज़र में प्रभावी न्याय के बिना, ब्राज़िल पर कोई कारण नहीं है, पुण्य की कोई उत्सवना नहीं होती, न ही मलिनता की संतुष्टि है। लेखक मार्सेल कैंडिडो डा सिल्वा ने दोपहर को कोपाकाबाना पोस्ट में बिना किसी संताप के हत्या कर दी। हत्यारे की आँखों में देखते हुए लाइब्रेरी लाइब्रेरी में दस्तावेज़ के साथ छेड़छाड़ की। हमारे और गवाहों के साथ गायब हुए पीएम अधिकारी, अधिकारी अपनी आँख और सम्मान छोड़ देते हैं। चित्रांश ज़ासेन के पास सब कुछ बताती है।

छात्र के प्रभाव

NILSON CANDIDO DA SILVA

छात्र प्रतिबिंब

NILSON CANDIDO DA SILVA

द्वारा संचालित **PM BRAZIL**

ब्राज़ील के नस्लवादी हाथ ने सभी पेलिस और मचाडो डे असिस की हत्या कर दी। प्रत्येक 23 मिनट में, इस प्रकार उन्होंने लेखक मार्सेल कैंडिडो दा सिल्वा (PASMEM! AT HALF D! POST 2 COPACABANA) की हत्या कर दी। अब ब्रेज़ीलियन से अश्वेतों के लिए 7 X 1 खो देता है

ग्राफिक्स

MARCEL DA SILVA

ग्राफिक्स

MARCEL CANDIDO DA SILVA

IK BEN EEN INGENIEUR

De schrijver Marcel Candido da Silva vermoord door de premier op de COPACABANA Calçadão Posto 2 PASMEM! tegen de middag! 23/03/2020 Uw boeken (40 boeken) huilen over de hele aarde en zullen hier blijven tot het einde der tijden. Waarom geven goede PM's PM niet zonder COGNITIE voor de rechter? Zoals 3º GM met Marinho, waarom worden ze vuil? AUTORITEITEN VERBERGEN

STUDENTREFLEKSJONER

NILSON CANDIDO DA SILVA

GEMOORDDE SCHRIJVER PM Brazilië

De racistische hand van Brazilië heeft alle Pelés en Machado de Assis vermoord. Elke 23 minuten één, dus vermoordden ze de schrijver Marcel Candido da Silva (PASMEM! OP DE HALVE DAG! POSTO 2 COPACABANA). Nu verliest BRAZILIË 7 X 1 aan zwarten uit DUITSLAND

Área do código de barras

AFBEELDINGEN

MARCEL CANDIDO DA SILVA

YOUTH PAINTINGS

MARCEL DA SILVA

Doubtful authorities delay BRAZIL to pursue a person for their skin color. The writer Marcel Candido da Silva is MURDERED by the state apparatus in Copacabana posto 2 between O Hilton and Copacabana Palace. 13th BPM.

murdered by the color of the skin in copacabana post 2 at noon. 19th BPM.

Área do código de barras

YOUTH PAINTINGS

MARCEL DA SILVA

ENGENHEIRO

CRYPTOGRAPHY IS A TOPIC OF TODAY. THE EXCHANGE RELATIONSHIPS BETWEEN NATIONS NEED CONFIDENCE. DATA PROTECTION ON YOUR COMPUTER. THE CONVERSATIONS OF YOUR MOBILE PHONE. YOUR RESEARCH IN THE LABORATORY. THE E-MAILS OF THE PRESIDENT OF THE COUNTRY AND OF THE COMPANIES AND OF THE CITIZENS. CRYPTOGRAPHY IS THE SUPPORT FOR CONFIDENTIALITY, SECRET, INVIOLABILITY.

Área do código de barras

FULL SOURCE CODE ENCRYPTION

FULL SOURCE CODE ENCRYPTION

NILSON CANDIDO DA SILVA

NILSON CANDIDO DA SILVA

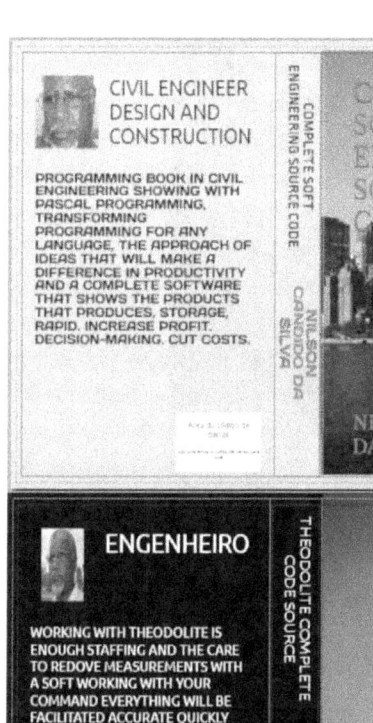

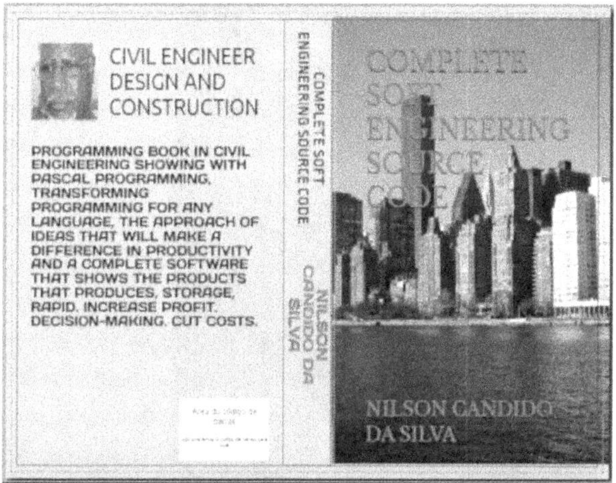

CIVIL ENGINEER DESIGN AND CONSTRUCTION
PROGRAMMING BOOK IN CIVIL ENGINEERING SHOWING WITH PASCAL PROGRAMMING, TRANSFORMING PROGRAMMING FOR ANY LANGUAGE, THE APPROACH OF IDEAS THAT WILL MAKE A DIFFERENCE IN PRODUCTIVITY AND A COMPLETE SOFTWARE THAT SHOWS THE PRODUCTS THAT PRODUCES, STORAGE, RAPID, INCREASE PROFIT, DECISION-MAKING, CUT COSTS.
COMPLETE SOFT ENGINEERING SOURCE CODE
NILSON CANDIDO DA SILVA
COMPLETE SOFT ENGINEERING SOURCE CODE
NILSON CANDIDO DA SILVA

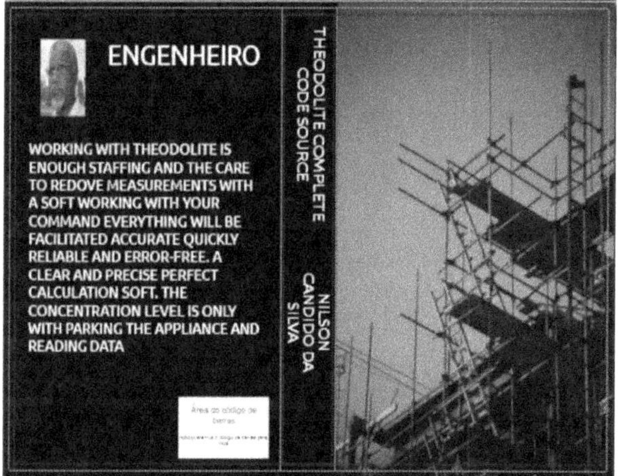

ENGENHEIRO
WORKING WITH THEODOLITE IS ENOUGH STAFFING AND THE CARE TO REDOVE MEASUREMENTS WITH A SOFT WORKING WITH YOUR COMMAND EVERYTHING WILL BE FACILITATED ACCURATE QUICKLY RELIABLE AND ERROR-FREE. A CLEAR AND PRECISE PERFECT CALCULATION SOFT. THE CONCENTRATION LEVEL IS ONLY WITH PARKING THE APPLIANCE AND READING DATA
Área do código de barras
THEODOLITE COMPLETE CODE SOURCE
NILSON CANDIDO DA SILVA

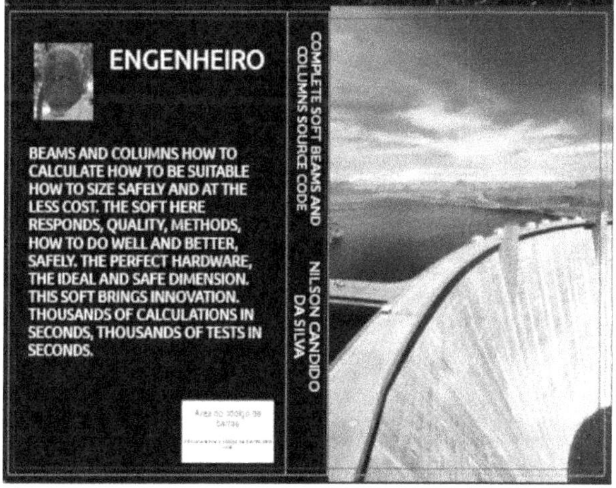

ENGENHEIRO
BEAMS AND COLUMNS HOW TO CALCULATE HOW TO BE SUITABLE HOW TO SIZE SAFELY AND AT THE LESS COST. THE SOFT HERE RESPONDS, QUALITY, METHODS, HOW TO DO WELL AND BETTER, SAFELY. THE PERFECT HARDWARE, THE IDEAL AND SAFE DIMENSION. THIS SOFT BRINGS INNOVATION. THOUSANDS OF CALCULATIONS IN SECONDS, THOUSANDS OF TESTS IN SECONDS.
Área do código de barras
COMPLETE SOFT BEAMS AND COLUMNS SOURCE CODE
NILSON CANDIDO DA SILVA

STUDENT REFLECTIONS

NILSON CANDIDO DA SILVA

The writer Marcel Candido da Silva is murdered by the State on the Copacabana Posto 2 CALÇADÃO, between the Copacabana Palace Hotel and the Hilton Hotel. PASMEM! by noon. Those who should SERVE AND PROTECT, kill by the color of their skin. Day 23/03/2020. I'm looking for videos. the OFFICERS are gone .. it's obvious. nilson440@gmail.com.

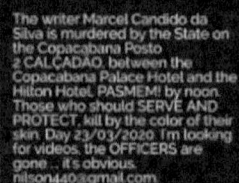

I AM
ENGINEER I
WAS A
STUDENT
NOW I HAVE A
SON WRITER
MURDERED

THE SLAVE BOY

MARCEL DA SILVA

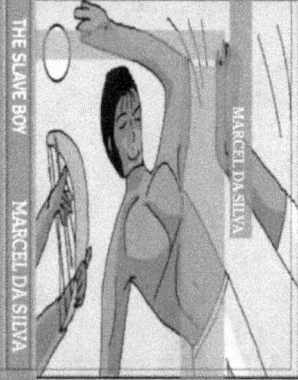

Marcel Candido WRITER KILLED at COPACABANA boardwalk, in front of posto 2. Between 12:00hs and 14: 00hs 23/03/2020. There are no official cameras or the BR station next (coincidence? 19°BPM) The Life Saver saw everything. The gas station attendants disappeared. Send recording Nilson440@Gmail.com. Help your CHILD not to be MURDERED.

I SUGGEST THE 19° BPM TO PRESENT THE KILLER BEFORE THE UN ASKS THE FEDERAL GOVERNMENT.

Área do código de barras

YOUNG PEOPLE IN IMAGINATION

MARCEL DA SILVA

MURDERED BY THE STATE. WITH YOUR MOTHER

Writer murdered between Hilton and Copacabana Palace 23/03/2020 Posto 2. PASMEM! by noon! They disappeared with the cameras and the attendants they saw. They forced Salva Vidas Marinho to fill in false documentation while looking at each other. Everything is in the books that run the earth. The authorities cover up the crime.

Área do código de barras

Writer murdered between Hilton and Copacabana Palace 23/03/2020 Posto 2. Stun! by noon! the PM disappeared with the cameras and gas station attendants. They forced Salva Vidas MARINHO to fill in false documentation while looking at each other. Everything is in the books that run the earth. The authorities cover up the crime.

DRAWINGS

MARCEL DA SILVA

Myrt af skinnliti PM BRAZIL

Rasísk hönd Brasilíu myrti alla Pelés og Machado de Assis. Einn á 23 mínútna fresti og þannig myrtu þeir rithöfundinn Marcel Candido da Silva (PASMEM! Á HÁLFDAGI! POSTO 2 COPACABANA). Nú tapar BRAZIL 7 X 1 fyrir svörtum frá ÞÝSKALANDI

Área do código de barras

TEIKNINGAR

MARCEL DA SILVA

Vélstjóri rithöfundur myrtur PM BRAZIL

Í BRAZIL er ekki her skipulagður gegn útlendingum; STJÓRNARMÁL þróast gegn borgaralegri skipun, sem er GILD í þessu landi áður en nokkur áhrif á embættismenn eru án dánar, líf manns eins? ... Rui Barbosa

Área do código de barras

HUGLEIÐINGAR NEMENDA

NILSON DA SILVA

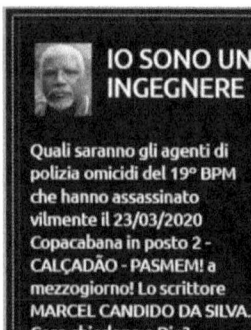

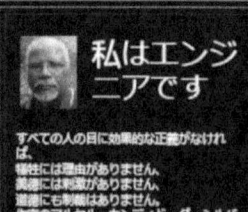

JEG ER EN INGENIØR

Forfatteren Marcel Candido da Silva myrdet FOR DET MILITÆRE POLITIET på Copacabana Calçadão POSTO 2! 03/23/2020 Bøkene dine (40 bøker) gråter over hele jorden og vil være her til tidens slutt. Hvorfor overleverer ikke gode statsministere PM uten COGNITION til rettferdighet? Som 3º GM med Marinho? Hvorfor blir de skitne?

Área do código de barras

ELEVERS REFLEKSJONER

NILSON CANDIDO DA SILVA

MEGET MORDET BRAZIL HÅND

Brazil rasistiske hånd drepte alle Pelés og Machado de Assis. Ett hvert 23. minutt, og dermed myrdet de forfatteren Marcel Candido da Silva (PASMEM! PÅ MIDT! POST 2 COPACABANA). Nå BRAZIL 1 X 7 svarte fra TYSKLAND

Área do código de barras

GRAFIK

MARCEL CANDIDO DA SILVA

NO BRASIL NÃO SE ORGANIZA EXÉRCITO CONTRA O ESTRANGEIRO, DESENVOLVE-SE AS INSTITUIÇÕES MILITARES CONTRA A ORDEM CIVIL, QUE VALE NESTE PAÍS DIANTE DE QUALQUER IMPULSO DE OFICIAIS SEM COGNIÇÃO, A VIDA DE UM DE NÓS?... Rui Barbosa
...EXISTE UM POVO CUJA BANDEIRA É UTILIZADA PARA COBRIR A INFÂMIA E A COVARDIA...Castro Alves

Assassinado 19ºBPM Copacabana posto 2 Pasmem! AO MEIO DIA

Área do código da barras

JOVENS NA IMAGINAÇÃO

Marcel da Silva

JOVENS NA IMAGINAÇÃO

Marcel da Silva

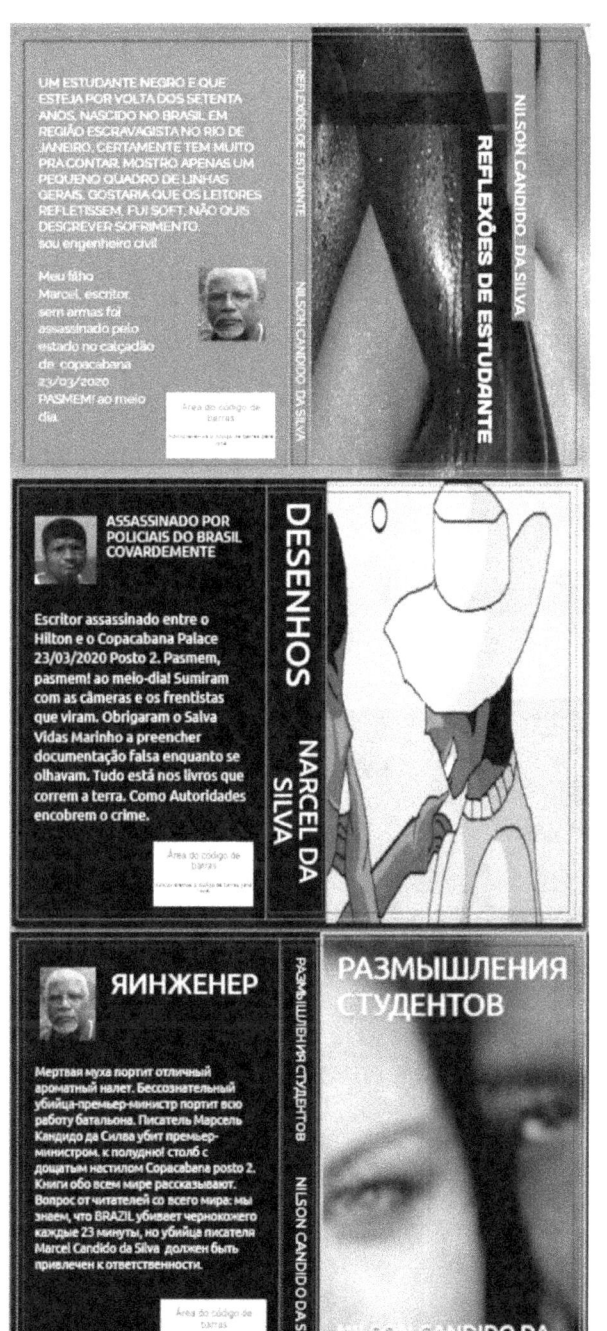

UM ESTUDANTE NEGRO E QUE ESTEJA POR VOLTA DOS SETENTA ANOS, NASCIDO NO BRASIL EM REGIÃO ESCRAVAGISTA NO RIO DE JANEIRO, CERTAMENTE TEM MUITO PRA CONTAR. MOSTRO APENAS UM PEQUENO QUADRO DE LINHAS GERAIS. GOSTARIA QUE OS LEITORES REFLETISSEM. FUI SOFT, NÃO QUIS DESCREVER SOFRIMENTO. sou engenheiro civil

Meu filho Marcel, escritor, sem armas foi assassinado pelo estado no calçadão de copacabana 23/03/2020 PASMEM! ao meio dia.

REFLEXÕES DE ESTUDANTE — NILSON CANDIDO DA SILVA

NILSON CANDIDO DA SILVA — REFLEXÕES DE ESTUDANTE

ASSASSINADO POR POLICIAIS DO BRASIL COVARDEMENTE

Escritor assassinado entre o Hilton e o Copacabana Palace 23/03/2020 Posto 2. Pasmem, pasmem! ao meio-dia! Sumiram com as câmeras e os frentistas que viram. Obrigaram o Salva Vidas Marinho a preencher documentação falsa enquanto se olhavam. Tudo está nos livros que correm a terra. Como Autoridades encobrem o crime.

DESENHOS — NARCEL DA SILVA

ЯИНЖЕНЕР

Мертвая муха портит отличный ароматный налет. Бессознательный убийца-премьер-министр портит всю работу батальона. Писатель Марсель Кандидо да Силва убит премьер-министром. к полудню! столб с дощатым настилом Copacabana посто 2. Книги обо всем мире рассказывают. Вопрос от читателей со всего мира: мы знаем, что BRAZIL убивает чернокожего каждые 23 минуты, но убийца писателя Marcel Candido da Silva должен быть привлечен к ответственности.

РАЗМЫШЛЕНИЯ СТУДЕНТОВ — NILSON CANDIDO O DA SILVA

РАЗМЫШЛЕНИЯ СТУДЕНТОВ

NILSON CANDIDO DA SILVA

НЕПРАВИЛЬНО УБИВАЕМЫЙ ПИСАТЕЛЬ

А РМ убийца по незнанию портит всю батальонную работу. Писатель MARCEL CANDIDO DA SILVA убит ПМ. к полудню! CALÇADÃO POSTO 2 COPACABANA. Книги рассказывают обо всем по всему миру. Вопрос от читателей со всего мира: мы знаем, что страна убивает чернокожего каждые 23 минуты, но убийца писателя должен быть привлечен к ответственности.

Área do código de barras

ГРАФИКА

MARCEL DA SILVA

ГРАФИКА

MARCEL CANDIDO DA SILVA

JAG ÄR EN INGENJÖR

en svart man mördas i Brasilien var 23:e minut. Författaren Marcel Candido da Silva mördad av premiärministern på Copacabana Calçadão, posto2Pasmem! vid lunchtid! 2020-03-23 Dina böcker (40 böcker) gråter över hela jorden och kommer att vara här till slutet av tiden. Varför överlämnar inte goda premier PM utan COGNITION till rättvisa? Giliar 3° GM med Marinho? Varför blir de smutsiga?

Área do código de barras

STUDENTREFLEKTION

NILSON CANDIDO DA SILVA

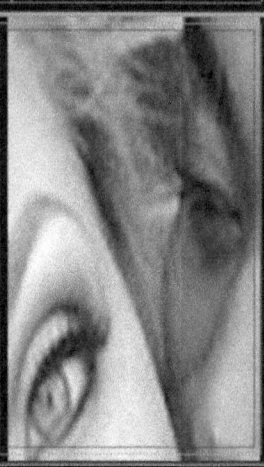

MORDAD SKRIVARE

Brasils rasistiska hand mördade alla Pelés och Machado de Assis. Var 23:e minut, så de mördade författaren Marcel Candido da Silva (PASMEM! I MELLAN! POSTO 2 COPACABANA). Nu BRAZIL 1 X 7 svarta från TYSKLAND

Área do código de barras

grafik

MARCEL DA SILVA

நான் ஒரு பொறியியலாளர்

அனைவரின் பார்வையில் பயனுள்ள நிதி இல்லாமல், நியாயத்திற்கு எந்த காரணமும் இல்லை, நல்வொழுக்கத்திற்கு தூண்டுதல் இல்லை, ஒழுக்கத்திற்கு அழுத்தமிழு இல்லை. எழுத்தாளர் மார்செல் கேண்டிடோடா சில்வா சோபக்யன இறுகையில் நன்பகலில் புலனாய்வு இல்லாமல் கொலை செய்யப்பட்டார 2. மெய்க்காவலர மரிஷேலுர் கொலையவாளியின் கண்களைப் பார்க்கும்போது ஆயினர்களை செடிப்பட்டதாளர். பிரதம அதிகாரிகள் கேமராக்கள் மற்றும் சர்ட்கேளுடன் காணாமல் போனார்கள். அதிகரிகள் கண்களையும் காதுகளையும் மறைத்திழாதர். புத்தகங்கள் நிமல முழுவதும் எல்லாவற்றையும் சொல்கின்றன.

மானவர் பிரதியெடுப்புகள்

NILSON CANDIDO DA SILVA

மூலம் முடக்கப்பட்டது
PM BRAZIL

பிரேசியின் இளவெறி கை ரீலேஸ் மற்றும் மர்சுடோ டி அரிஸ் அனைவரையும் கொலை செய்தது ஒவ்வொரு 23 நிமிடங்களுக்கும் ஒரு முறை, அவர்கள் எழுத்தாளர் மார்செல் கேண்டிடோ டா சில்வாளவ (PASMEM! AT HALF DAY! POSTO 2 COPACABANA) கொலை செய்தனர். இப்போது பிரேசில் ஜெர்மனியிலிருந்து ஏறப்பர்களுக்கு 7 எக்ஸ் 1 உ இழக்கிறது

கிராபிக்ஸ்

MARCEL DA SILVA

MARCEL CANDIDO DA SILVA

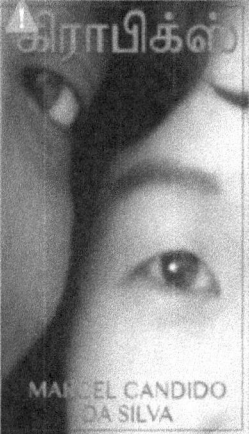

ENG CIVIL PROJETO E CONSTRUÇÃO , ENG CARTOGRÁFICA E OP. ELÉTRICA

O JAVA programado resultou em um produto único que funciona muito bem . É um impulso perfeito. Se alguém estiver interessado em programar não importando a linguagem, e quiser utilizar toda as minhas anotações em pascal poderá fazê-lo, pois todas as linhas de código estão publicadas em quatro livros: Engenharia .Teodolito,Vigas e pilares

JAVA - PRONTO PARA USAR - VOLUME I

NILSON CANDIDO DA SILVA

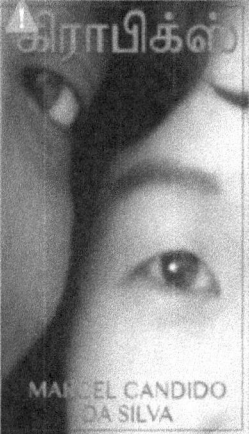